德国教育的昨天·今天·明天

陶翠屏　编著

西北工业大学出版社
西　安

图书在版编目(CIP)数据

德国教育的昨天·今天·明天／陶翠屏编著.—西安：西北工业大学出版社，2021.11
ISBN 978-7-5612-8037-9

Ⅰ.①德…　Ⅱ.①陶…　Ⅲ.①教育体系-研究-德国
Ⅳ.①G551.619

中国版本图书馆CIP数据核字(2021)第228471号

DEGUO JIAOYU DE ZUOTIAN · JINTIAN · MINGTIAN
德国教育的昨天·今天·明天

责任编辑：李文乾　呼延天慧　**策划编辑**：雷　鹏
责任校对：万灵芝　**装帧设计**：郭　伟
出版发行：西北工业大学出版社
通信地址：西安市友谊西路127号　邮编：710072
电　　话：(029)88491757，88493844
网　　址：www.nwpup.com
印 刷 者：西安浩轩印务有限公司
开　　本：710 mm×1 000 mm　1/16
印　　张：19
字　　数：341千字
版　　次：2021年11月第1版　2021年11月第1次印刷
定　　价：68.00元

如有印装问题请与出版社联系调换

前言

德国教育是什么样的？很多中国人可能不知道如何回答，但如果有人问到德国的产品怎么样？大部分中国人都会翘起大拇指。“德国制造”为何能名扬天下？“Made in Germany”字面的背后蕴涵着什么？它与德国教育有什么关联呢？笔者在德国学习、工作、生活了三十多年，深深地体会到，这不仅仅与日耳曼民族勤劳、智慧、严谨、认真等特点紧密相关，而且还得益于德国良好的教育系统，以及德国基金会组织发挥的作用。

在东、西德统一之际，笔者曾写过《联邦德国教育概况》一书，主要介绍了当时西德教育系统的情况。现在德国统一已有三十年了，德国从人口、面积、国情等各个方面均发生了巨大的变化。

进入21世纪，随着全球化的不断深入和发展，中国与德国之间的关系不断加强与深入，两国之间的相互交往日趋密切。中德两国之间既是合作伙伴，又是竞争对手。在这种情况下，我们有必要在多方面开展交流合作，从而达到相互了解的目的，德国教育系统主是其中的一个方面。

关于德国教育，不少人向笔者提出这样或者那样的问题，比如：为什么德国小学一般只上4年，德国为何没有高考一说，德国职业教育又有哪些独到之处，等等。这些问题使笔者萌生写这本书的想法。中国改革开放四十多年，中国人的生活越来越好，很多人选择出国旅游，送孩子出国留学，与德国做生意的企业逐步增多。笔者希望通过这本通俗易懂的书，让读者基本了解德国的国情、教育系统、每个教育阶段的特点，以及教育现状、历史发展、战略方向和基金会在其中发挥的作用等。这不仅对了解德国教育发展有重要的参考意义，还能给予准备留学德国的学生及其家长一定的帮助。

本书描绘了德国教育系统的一个轮廓。首先介绍德国的基本国情，然后分别介绍德国教育系统各阶段的特点，即学前教育、中小学教育、职业技术教育、特殊教育、高等教育、双轨制高等职业教育和成人教育与继续教育，还阐述了数字化教育对德国各教育阶段的影响和要求，最后介绍德国基金会对教育发挥的作用以及德国教育的战略计划与发展方向。在书中，还穿插了笔者的一些亲身经历和德国的风土人情。此外，笔者辑集了一些数据和资料作为附录，对读者较为全面了解德国教育会有所帮助。

本书得以出版，承蒙出版社编辑和亲朋好友的支持和帮助，借此机会，表示诚挚的谢意！

德国教育系统的涉及面非常之广和深，随时间推移也在不断地变化，故书中难免有疏漏之处，欢迎读者批评指正。

陶翠屏

2021年3月17日

于德国达姆施塔特(Darmstadt)

目录

第1章 德国简介

1.1 国情简介

德国是德意志联邦共和国的简称，德文为 Die Bundesrepublik Deutschland，英文为 The Federal Republic of Germany，一般简称为 Germany。德国首都设在柏林，国旗为黑、红、黄三色旗（见图 1－1），国徽是金黄色的盾徽上绘有一只红爪、红嘴和双翼展开的黑鹰（见图 1－2）。10 月 3 日是德国的国庆日，又称为德国统一日，因为东德与西德签订的条约中将 1990 年 10 月 3 日作为东德正式加入德意志联邦共和国的日期，标志着德国正式统一。德国国歌选取了《德意志之歌》的第三段（Das Lied der Deutschen），由 A. H. H. von Fallersleben（1798—1874）作词，Joseph Haydn（1732—1809）作曲。德国的官方语言是德语。汉诺威及其附近使用标准的德语，越往南走，方言越重，越不容易听懂。

图 1－1　德国国旗图案

图 1－2　德国国徽图案

德国位于欧洲中部，北临北海和波罗的海，北接丹麦，南接奥地利和瑞士，西边与法国、卢森堡、比利时和荷兰为邻，东边是捷克和波兰。德国与这 9 个国家相邻，是欧洲国家中邻国最多的国家。德国陆地边界全长约为 3 757 千米，海岸线约为 2 389 千米，其面积为 357 582 多平方千米。德国的国土面积在欧盟成员国中位列第四，排在法国、西班牙和瑞典之后。

德国的地理特点是南高北低。南部为高原山地和阿尔卑斯山山脉，中部为中等山脉和丘陵地带，北部为平原。因此，德国境内的绝大多数河流走向是从南向北，如被德国人称为“父亲之河”[①]的莱茵河(Rhein)，还有易北河(Elbe)、威悉(Weser)以及与波兰的界河奥德河(Oder)。只有多瑙河(Donau)是从西向东流的河流。莱茵河是德国最长的河流，其次是易北河。位于阿尔卑斯山的楚格峰(Zugspitze)海拔 2 962 米，是德国的最高点。诺伊多夫-萨克森班德是德国最低点，它低于海平面 3.54 米。德国的森林面积占全国面积的 1/3，农业用地大约为 48%。

德国位于北纬 47～55 度、东经 6～15 度之间，气候温和，西北部属于海洋性气候，越往东部、南部移动，气候逐渐过渡到大陆性气候。

德国人口为 8 320 万人(2019 年)，是欧盟成员国中人口最多的国家。在 8 320万人口当中，大多数是德意志人。德国的少数民族，主要有北部的丹麦少数民族、西北部的弗里斯兰族群、吉卜赛人和索布族人。德国联邦统计局于 2020 年统计的外籍人口(截至 2019 年 12 月 31 日)为近 1 123 万，约占总人口的 13.5%，其中外籍群体前五名的是土耳其(13.1%)、波兰(7.7%)、叙利亚(7%)、罗马尼亚(6.7%)和意大利(5.8%)。近年来，在德国寻求庇护和保护的人数急剧增加。2015 年 1 月—2016 年 4 月期间，约有 68.2 万人申请庇护。寻求保护的难民当中，来自叙利亚的最多，其次是来自阿富汗和伊拉克的。

在德居民中，约 226 万人信奉天主教，约 207 万人信奉基督教新教。2012—2019 年，按宗教信仰划分的人口分布见附录 3。

德国的历史要从奥托大帝(912—973)说起。公元 962 年，奥托大帝被加冕为神圣罗马帝国的第一任统治者，德意志民族的神圣罗马帝国建立；1871 年在普鲁士建立统一的德意志帝国，奥托·冯·俾斯麦(1815—1898)为帝国总理；1914 年德国发动了第一次世界大战，1918 年 11 月 11 日第一次世界大战结束；1919 年 6

① 德语称祖国为“Vaterland”，直译中文为“父亲之国”，河流也一样。

月22日在魏玛，国民议会通过新宪法，因而被命名为“魏玛共和国”；1939年9月1日德国发动了第二次世界大战；1945年5月德国投降，随后德国被分成美国、英国、法国、苏联四个占领区；1949年5月23日在美、英、法占领区的德国西部实施《德意志联邦共和国基本法》，建立德意志联邦共和国，简称西德；同年的10月7日在苏占领区的德国东部成立德意志民主共和国，简称东德。

联邦制，在德国已有百年历史。在联邦秩序的框架内，先后出现了不同形式的国家联盟，例如德意志联邦（1815—1866）、德意志帝国（1871—1918）和魏玛共和国（1919—1933）。

德国的行政区划分为联邦、州、市镇三级。1990年德国重新统一之后，将首都由波恩迁至柏林。德国由16个州组成，除了首都柏林之外，还包括西德的10个联邦州（巴登-符腾堡州、巴伐利亚州、萨尔州、莱茵兰-普法尔茨州、黑森州、北莱茵-威斯特法伦州、下萨克森州、石勒苏益格-荷尔斯泰因州、汉堡市和不来梅市），加上5个东德的联邦州（勃兰登堡州、梅克伦堡-前波莫瑞州、萨克森州、萨克森-安哈尔特州和图林根州）。德国各州面积和人口分布情况见附录4。北莱茵-威斯特法伦州是人口最多的州，约为1 790万人，巴伐利亚州是面积最大的州，约为70 540平方千米，首都柏林则是人口密度最大的州，每平方千米约4 000人。另外，德国有三个城市州，它们是柏林、不来梅和汉堡。德国的联邦各州都有自己的州徽。

节假日在德国不是统一的，它由各州政府决定。按一年的时间顺序来说，德国的重要节日有：新年（1月1日），复活节（每年春分月圆之后的第一个星期日），国际劳动节（5月1日），圣灵降临节（复活节后第七个星期日），国庆节（10月3日），圣诞节（12月25日—26日）。

人口发展变化直接影响德国的教育和经济。在20世纪70年代，德国是全球出生率最低的国家。图1-3是德国1950—2017年出生人数和死亡人数的变化情况。在20世纪70年代初期，德国的出生人数首次低于死亡人数，尽管出生率曾有所回升，但它始终为负值。与此同时，预期寿命逐年增加，到2017年男性平均为78岁，女性为83岁。表1-1是2012—2019年德国人口的出生率、死亡率和自然增长率。这些数据表明了德国人口发展的三个特点：出生率低、预期寿命增加、社会明显老龄化。尽管1996年出生人数有所增加，2015年大批难民涌入德国，但德国仍然是世界上出生率最低的国家之一。目前，德国缺乏专业人才，特别是技术工人。德国原本不是一个移民国家，为了解决专业人才紧缺，政府正准备制定移民法。

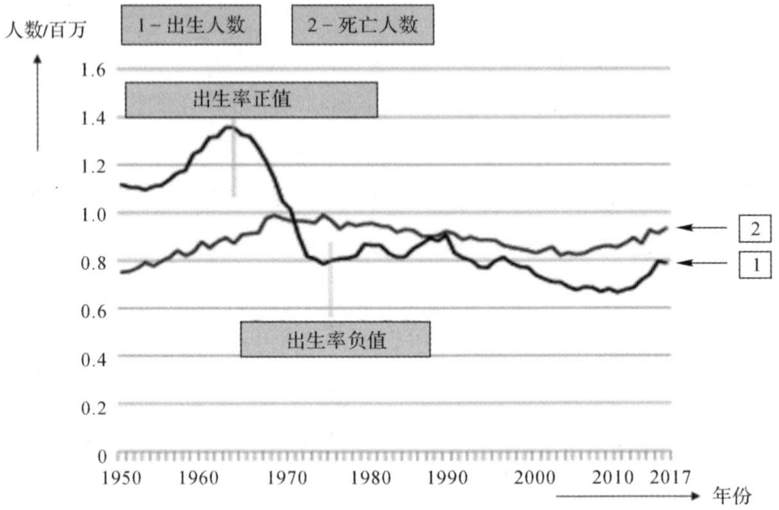

图 1-3　1950—2017 年德国出生人数和死亡人数的变化

（来源：德国联邦统计局网站）

表 1-1　2012—2019 年德国的出生率、死亡率和自然增长率①

年　份	2012	2013	2014	2015	2016	2017	2018	2019
出生率/‰	8.38	8.46	8.83	9.05	9.62	9.49	9.5	9.37
死亡率/‰	10.82	11.09	10.73	11.36	11.06	11.28	11.52	11.31
自然增长率/‰	−2.44	−2.63	−1.9	−2.3	−1.44	−1.78	−2.02	−1.94

注：①数据基于 2011 年人口普查的结果。

（来源：德国联邦统计局网站）

2019 年，787 129 名婴儿在德国出生，这比 2018 年减少了 9 394 名。数据显示，2018 年每名妇女平均生育 1.57 个孩子。在新联邦州（不包括柏林），每名妇女生育 1.60 个孩子，高于老联邦州（不包括柏林）的 1.58 个。值得注意的是，40 岁以上女性的生育率①上升。40 岁以上的女性在 2018 年生育了大约42 800名婴儿，尽管其生育率相对较低，但与 1990 年相比，几乎翻了好几番。2018 年德国各州出生人数和生育率的具体情况见附录 5。

近几年来，德国政府放宽了移民政策，许多外国人涌进德国。这些移民者的

① 生育率为每名妇女平均生育的孩子个数。

孩子上了德国中小学校，他们在德国教育系统的情况如何呢？2018年德国对15岁及以上有移民背景的人进行了统计，按选定的原籍国分类，2016年拿到大学入学资格的人数比例最高的是中国为80%，其次是美国和伊朗，分别为67%和65%，具体情况见图1-4。

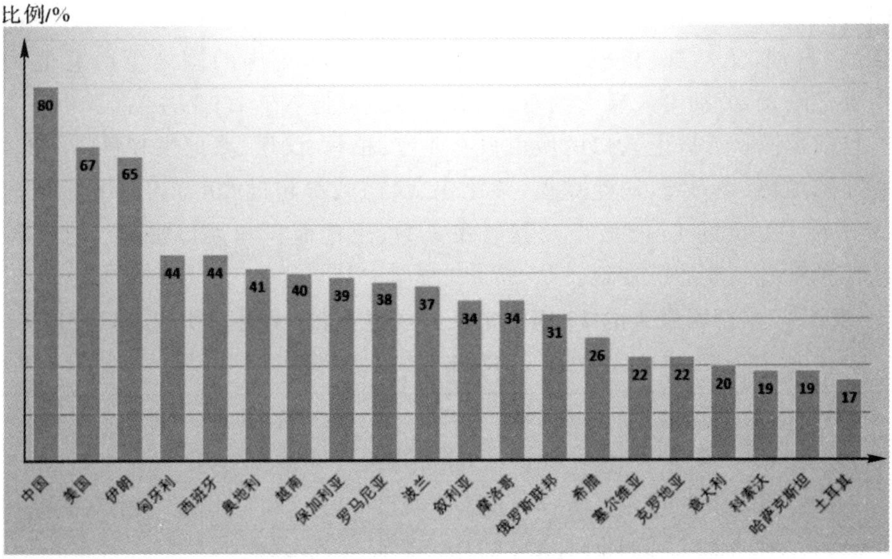

图1-4　2016年拿到大学入学资格并具有移民背景的人口比例

（按选定的原籍国分类在15岁及以上年龄）

（来源：德国联邦统计局网站）

德国的主要政治党派有德国基督教民主联盟（Christlich Demokratische Union Deutschlands，CDU）、德国基督教社会联盟（Christlich Soziale Union in Bayern，CSU）、德国社会民主党（Sozialdemokratische Partei Deutschlands，SPD）、绿党（Die Grünen）、德国自由民主党（Freie Demokratische Partei，FDP）、德国选项党（Alternative für Deutschland，AfD）和德国左翼党（Die Linke）。联邦议院中的两大政党为德国社会民主党和德国基督教民主联盟。德国基督教社会联盟只存在于巴伐利亚州，它与德国基督教民主联盟是姊妹党。现任德国总统是弗兰克·瓦尔特·施泰因迈尔（Frank-Walter Steinmeier，1956—　）。现届联邦政府由德国联盟党（CDU/CSU）和德国社会民主党（SPD）组成。自2005年以来，安格拉·默克尔（Angela Merkel，1954—　）已连续担任四届联邦总理。2000年4月10日—2018年12月7日，她任德国基督教民主联盟主席。2018年10月，她宣布最迟在2021年立法机构结束时退出政界。当德国下一届联邦总理宣誓就任之时，就意味着在德国长达16年之久的“默克尔时代”将落下帷幕。

德国是世界上最发达的工业国家之一，它在世界经济中具有重要地位，其汽车制造业以品种多、质量高、工艺精湛在世界享有盛名，如奔驰、宝马、保时捷和奥迪等。德国的主要工业有汽车、钢铁、采煤、机械制造、电子与电力、精密仪器、光学仪器、医学设备与药物等。在高科技领域，如化工、精密机械及通信等方面，德国技术也名列前茅。德国工业原材料和能源贫乏，主要依赖进口，进口产品有化学品、石油、天然气、机械和钢铁产品。2019 年，德国的国内生产总值约为 3.44万亿欧元，劳动力人口大约有 4 526 万人，失业率在 4.9%左右。

目前德国百万以上人口的城市只有 4 座：柏林、汉堡、慕尼黑和科隆。此外，还有斯图加特、曼海姆、法兰克福、莱比锡、汉诺威等超过 50 万人口的城市。表 1－2 是德国最大的 15 座城市及其居民人数、土地面积和人口密度。这些城市都是德国重要工业的所在地。

表 1－2　德国最大的 15 座城市及其居民人数、土地面积和人口密度

（截至 2018 年 12 月 31 日）

名次	城市名（中文）	城市名（德文）	居民人数/人	面积/平方千米	人口密度/（人・平方千米$^{-1}$）	所属州市名
1	柏林	Berlin	3 644 826	891.68	4.088	柏林（首都）
2	汉堡	Hamburg	1 841 179	755.22	2.438	汉堡市
3	慕尼黑	München	1 471 508	310.7	4.736	巴伐利亚州
4	科隆	Köln	1 085 664	405.02	2.681	北莱茵-威斯特法伦州
5	法兰克福	Frankfurt am Main	753 056	248.31	3.033	黑森州
6	斯图加特	Stuttgart	634 830	207.35	3.062	巴登-符腾堡州
7	杜塞尔多夫	Düsseldorf	619 294	217.41	2.849	北莱茵-威斯特法伦州
8	莱比锡	Leipzig	587 857	297.80	1.974	萨克森州
9	多特蒙德	Dortmund	587 010	280.71	2.091	北莱茵-威斯特法伦州
10	埃森	Essen	583 109	210.34	2.772	北莱茵-威斯特法伦州
11	不来梅	Bremen	569 352	325.56	1.749	不来梅市
12	德累斯顿	Dresden	554 649	328.48	1.689	萨克森州
13	汉诺威	Hannover	535 068	204.14	2.621	下萨克森州
14	纽伦堡	Nürnberg	518 365	186.38	2.781	巴伐利亚州
15	杜伊斯堡	Duisburg	498 590	232.80	2.142	北莱茵-威斯特法伦州

（来源：德国联邦统计局网站）

德国旅游业发达，每年有大量国内外游客在德国旅游。德国有各种酒店 6 万家，每年接待 4 000 万外国游客，旅游业收入达 150 亿欧元。2018 年，德国住宿机构接待国内外宾客 4.777 亿人次。联邦统计局统计结果显示，与 2017 年相比增加了 4%。因此，住宿数量连续第九次上升并创下新纪录。与 2017 年相比，2018 年外国人住宿的次数增加了 5%，达到 8 770 万人次。来自国内市场的客人住宿数量增加了 4%，达到 3.899 亿人次。在 2019 年，外国人在德国旅馆住宿次数的最多国家是荷兰、瑞士和美国，中国排在第十二位，见附录 6。

德国是欧洲高速公路最发达的国家。位于德国中部的法兰克福是欧洲大陆最重要、最繁忙的航空交通枢纽之一，平均每分钟就有一架飞机起飞或者降落。除了首都柏林以外，德国最大城市是汉堡，人口约 180 万人，它是德国最大的港口，也是德国造船业最发达的城市。德国运输基础设施：铁路网 3.8 万千米、公路网（国家公路系统）23 万千米、高速公路 1.3 万千米。

如果到汉堡旅游，一定会听人说起或者亲眼看到“Hansestadt Hamburg”（汉萨同盟城市汉堡）。“Hansestadt”一词来自于中世纪。当时，商人在漫长的贸易旅行中，经常受到来自陆地和水路的强盗和海盗的袭击，他们不得不考虑自身的安全。于是，他们自发地组织建立了汉萨同盟城市。开始只有沿海地区的港口城市，后来发展到内陆城市。自由贸易带动了许多汉萨城市的繁荣，在那里仍然保留着宝贵的文化和建筑古迹。在汉萨同盟城市最兴旺时期，成员城市高达 200 多个。随着时间和社会变迁，汉萨同盟城市逐渐减少。1669 年，在吕贝克举行的最后一次汉萨同盟城市会议上，只有 9 个城市出席了会议，它们是吕贝克、汉堡、不来梅、不伦瑞克、但泽、希尔德斯海姆、科隆、奥斯纳布吕克和罗斯托克。1990 年，汉萨同盟中只有吕贝克、不来梅和汉堡三座城市，它们也正式得到“汉萨同盟城市”的称号。在这三座城市的汽车车牌上也留着中世纪汉萨同盟城市的痕迹：HL 代表汉萨同盟城市吕贝克；HB 代表汉萨同盟城市不来梅；HH 代表汉萨同盟城市汉堡。在今天，汉堡和不来梅也在一定程度上还保持了“汉萨同盟城市”的独立性。除首都柏林外，汉堡和不来梅既代表德国城市，同时又表示德国的州名。

德国的主要农作物有麦类、玉米、甜菜和马铃薯等。莱茵河中上游沿岸是葡萄、苹果、梨子以及其他水果的主要生产基地。德国的粮食、蔬菜以及水果不能自足，主要由欧盟其他成员国提供，如西班牙、荷兰和意大利。啤酒是德国人最喜欢的饮料。每年 10 月在慕尼黑举办的“啤酒节”吸引了数以万计的游客，这也使德国啤酒名扬四方。

德国是世界上的高福利国家之一，如生育福利、住房福利、育儿福利等。此外，还有医疗保险、护理保险、养老保险、失业保险等。对于有工作的人，这些保险从他们的工资中扣除保额的50%或者全部;对于无工作的人,则由政府承担。

到2001年12月31日为止,德国的货币是德国马克。德国是欧元发起国之一。从1999年1月1日起,欧元作为账面资金在欧元区使用。2002年1月1日,欧元作为现金流通在欧元区全面推出。

1.2 教育系统概述

德国属于当今世界上工业最发达的国家之一。德国资源贫乏,但它靠着高技术和产品技术质量过得硬的特点走向全世界。"Made in Germany"不仅是通向世界各国的"通行证",还蕴含着德国人勤劳、智慧与执着,不断创新,积极发明新技术、新科学,提高产品质量。没有一大批有知识、有技术、有文化的科技人员和技术工人是做不到这一切的。

德国历来重视教育。早在1386年,德国人建立了海得堡大学,还设立了不同类型的基金会,它们促进了德国教育事业的发展。另外,在双轨制下的职业教育方面,学校与企业结合起着重要的推动性作用。这种重视教育的传统一直不断地向前发展和更新,使得德国的教育系统不断适应一个迅速变化的社会。学生教育人数和教育支出占GDP(Gross Domestic Product,国内生产总值)的比例也不断增长,表1-3是2005—2019年德国公共教育预算的支出。

表1-3 2005—2019年德国公共教育预算支出(基本资金)①

年份	2005	2010	2011	2015②	2016②	2017②	2018③	2018③	2019③
权力机构:(单位:百万欧元)									
联邦政府	4 290	7 769	9 080	8 810	9 818	10 581	9 987	10 596	10 765
州政府	64 393	75 039	77 674	88 491	90 583	94 309	97 765	98 887	103 727
市政当局和特殊目的协会	18 033	23 410	23 225	26 713	28 733	29 265	31 043	31 043	32 750
总计	86 716	106 219	109 978	124 015	129 134	134 154	138 793	140 526	147 242
教育指标(单位:%)									
欧元/人④	1 052	1 299	1 345	1 509	1 576	1 620	1 672	1 693	1 769
占国内生产总值的比例	3.8	4.1	4.1	4.1	4.1	4.1	4.2	4.2	4.3

注:①包括青年工作和青年协会工作以及儿童日托;
②暂时值;
③确定值;
④2011年数据是基于2011年人口普查结果而得来的。
(来源:德国联邦统计局网站)

德国的教育属于州政府管辖范围。德国教育系统共分为学前教育、初等教育、中等教育、高等教育以及成人教育与继续教育五个阶段(见图1-5)。

成人教育继续教育	非普通教育形式下对成人的普通和职业教育以及终身学习	第五阶段
高等教育	各种类型的大学、应用科技大学以及与企业合作的双轨制高等职业教育	第四阶段
中等教育(Ⅰ+Ⅱ)	初中、高中、职业技术教育	第三阶段
初等教育	小学	第二阶段
学前教育	托儿所、幼儿园	第一阶段

图1-5　德国教育系统的五个阶段以及教育机构

第一阶段是学前教育，指托儿所、幼儿园。

第二阶段是初等教育，指小学教育，一般为一年级至四年级，但有些联邦州还包括五和六年级。

第三阶段是中等教育，指初中、高中、职业学校和职业技术教育。

中等教育包括Ⅰ和Ⅱ阶段：Ⅰ阶段是指五年级至九年级或十年级，它相当于我国的初中；Ⅱ阶段则又分为普通教育和职业技术教育，普通教育的是指十一年级至十三年级的高中，职业技术教育指在不同的职业学校中的职业教育。

第四阶段是高等教育，指大学、应用科技大学(也称应用科学大学)、体育和艺术学院等的教育，以及高校与企业合作的双轨制高等职业教育。

第五阶段是成人教育与继续教育，指夜校、业余大学、函授、公司与协会等各种形式下的普通和职业继续教育，以及终身学习。

德国实施九年义务教育，中小学教育是免费的。德国的中小学教育系统计算方式是一年级至十三年级一贯制。根据年级来划分中小学不同的教育阶段。大多数大学也不用交学费。

2008—2017年，按教育程度分类的德国人口发展情况见表1-4。在所有就业人口当中，绝大多数受到初中以上文化教育和职业教育。

表 1－4　2008—2017 年按教育程度分类的德国人口发展情况[①] 单位:%

年　份	2008	2009	2010	2011	2012	2013	2014	2015	2016	2017[②]
人口总计[③④]	100	100	100	100	100	100	100	100	100	100
按普通学校教育分类										
还在校学习	3.8	3.7	3.5	3.8	3.7	3.7	3.7	3.6	3.6	3.6
初级中学(小学)毕业	39.3	38.4	37	36.3	35.6	34.7	33.8	32.9	31.4	30.4
东德普通高中毕业	6.6	6.5	7.1	7.1	6.9	7	6.9	6.7	6.7	6.6
普通中学文凭	21.1	21.4	21.7	21.8	22.1	22.3	22.7	22.7	22.7	23.1
应用科技大学/普通大学入学证书	24.4	25.3	25.8	26.6	27.3	27.9	28.8	29.5	30.8	31.9
没有给定文凭的类型	0.4	0.4	0.4	0.2	0.2	0.2	0.2	0.2	0.2	0.1
没有普通学校毕业证书[⑤]	3.9	3.9	4.1	3.8	3.8	3.8	3.6	3.7	4	4
按职业教育与培训分类										
学徒/双轨制职业培训系统[⑥]	50.8	50.4	50.2	50.2	49.9	50	49.3	48.5	47.2	47.5
(高等)专科学校毕业[⑦]	5.8	6.1	6.4	7.5	7.5	7.3	7.1	7.6	7.8	7.9
原东德(高等)专科学校毕业	1.2	1.3	1.3	1.3	1.1	1	1	1	1	0.9
大专学历[⑧]	5	5.1	5	4.9	5.1	5.3	.	.	.	.
大学学历	7	7.4	7.5	7.2	7.8	8.3	.	.	.	.
学士学位(Bachelor)	.	.	.	.	.	.	1.3	1.5	1.9	2.2
硕士学位(Master)	.	.	.	.	.	.	0.8	1	1.2	1.4

续表

年 份	2008	2009	2010	2011	2012	2013	2014	2015	2016	2017②
传统硕士学位(Diplom)⑨	.	.	.	.	.	.	12.7	12.7	12.8	12.9
博士学位	1	1.1	1.1	1.1	1.1	1.1	1.1	1.1	1.2	1.2
没有职业教育学历⑩	28.2	27.8	27.8	27	26.7	26.2	25.8	25.8	26	25.6
其中包含没有参加普通教育或职业教育	.	.	.	.	17.8	17.2	16.8	16.8	17.2	16.7

注:①微观统计 15 岁及以上人口的结果。2013 年,结果改为新的推断框架,其依据是当前人口更新的当前关键数据,这些数据基于 2011 年人口普查的数据(截至 2011 年 9 月 5 日)。

②私人家庭的人口。

③包括未提供普通教育信息的人(例如 2017 年:0.2%)。

④包括未提供职业教育和培训信息的人员(例如 2017 年:0.4%)。

⑤包括最多上了 7 年学的人。

⑥包括同等职业学校毕业证书、公共行政中层服务的实习、1 年保健和社会职业学校以及从 2010 年开始的学徒培训。

⑦包括高级技工/技师培训、完成保健和社会职业的 2 年或 3 年职业学校以及在幼师学校毕业。

⑧包括工程学院学位和行政学院学位。

⑨包括硕士文凭(应用科学)大学、教师考试、国家考试、硕士学位、艺术学位等。

⑩包括职业准备年和职业实习,因为他们还没有进入职业培训阶段。

(来源:德国联邦统计局网站)

对每个人来说,教育是一个终身的多样化的过程。官方的教育统计数据在很大程度上集中在正规教育系统的机构,如中小学校、大学以及职业培训机构。2019 年 2 月德国联邦统计局宣布,2017 年,20～24 岁年龄组中具有应用科学大学专科学院或者大学入学资格的人员比例为 53%,其中女性有 58%,男性为 49%。而在 60～64 岁年龄组中,只有 26%的人具有大学入学证书(包括应用科学大学),其中女性只占 23%,男性占 30%。在年轻的一代,具有大学入学证书的女性多于男性。

在德国,如果你要想从事某种职业,除了要经过普通教育,还必须经过职业教育,否则很难找到工作。为了让读者更好地理解德国教育系统,本书将德国教育系统划分成三大类型,即普通教育、职业教育、成人教育与继续教育。

普通教育就是学生在中小学的教育。职业教育指的是学生在职业学校、企业中培训，或者企业＋职业学校，即人们常说的双轨制系统培训，或者学生进入高等院校深造，成为工程师、科学家、建筑师等高端人才。学生离开学校参加工作之后，想要补回以前没有完成的学业，可以选择成人教育，再回到学校。如果在职人员，为了更新知识，学习新东西，提高专业水平，可以选择继续教育。图1－6是按教育目的划分的德国教育系统示意图。

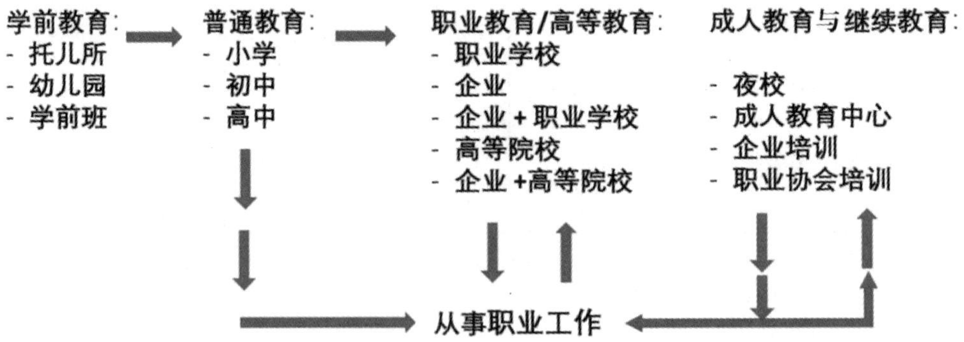

图1－6　按教育目的划分的德国教育系统

第2章和第3章分别介绍了学前教育和中小学教育。与职业教育相关的中等教育Ⅱ阶段和双轨制高等职业教育部分将在第4章“职业技术教育”和第7章“双轨制高等职业教育”进行重点说明。由于特殊教育贯穿学前教育、初级教育和中等教育三个层面，基于它的特殊性以及重要性，将在第5章单独叙述。第6章将重点介绍高等院校种类，包括高等学校入学条件、大学与工业大学的变化与发展等等。在第8章中概述成人教育与继续教育。21世纪是数字化时代，数字化影响着人们的生活、工作以及教育。第9章将描述数字化时代中的教育对教育各阶段的影响和要求。在第10章中讲述基金会与教育的关系之后，将在第11章“战略计划与发展方向”中，介绍德国教育发展战略。

第2章 学前教育

2.1 概述

学前教育，顾名思义，指的是对儿童在未进入正规小学之前的教育。以前一般是指对3～6岁儿童的教育，随着时代的发展，人们对教育越来越重视，现已将学前教育的年龄扩展到0～6岁了。

学前教育可分成0～3岁婴幼儿教育和3～6岁儿童教育两个阶段。除了家庭教育外，0～3岁婴幼儿教育通常由托儿所承担，3～6岁儿童教育主要在幼儿园进行。幼儿园和托儿所是专门为儿童设置的社会教育机构。根据资金来源不同，学前教育又分成政府承办的和非政府承办，也称为公办和民办，即由各级政府承办的幼儿园、托儿所为公办，由非政府承办的则为民办。

除了幼儿园和托儿所之外，在德国还有一种被称为儿童日托中心[①]的儿童教育机构，它包括如下三种类型：托儿所、幼儿园和学生托管所[②]。

学生托管所是德国一种特殊的机构，它接纳对象是6～14岁的中小学生。小学生或中学生因年龄小、自理能力不强，在放学后和放假期间可以去学生托管所。学生托管所提供午餐，辅导学生做作业，还举行各种课外活动。尽管学生托管所不属于学前教育，但德国联邦统计局把儿童日托中心与学前教育作为一个整体来看，因此，在下面的统计数据中会出现儿童日托中心的数据。

图2-1是1994年、2002年和2016年政府承办和非政府承办的儿童日托中心的发展情况。从图中可以看到，1994年政府承办的儿童日托中心略少于非政府承办的，而后逐年减少，与此同时，非政府承办的儿童日托中心的数量逐年增多，特别是在近几年来，发展得很快。1994—2016年，政府承办的儿童日托中心的数量下降了17.6%，而非政府承办的儿童日托中心的数量上升了51%。

---

① 德文为Kindertagesstätte，简称Kitas。

② 德文为Hort。

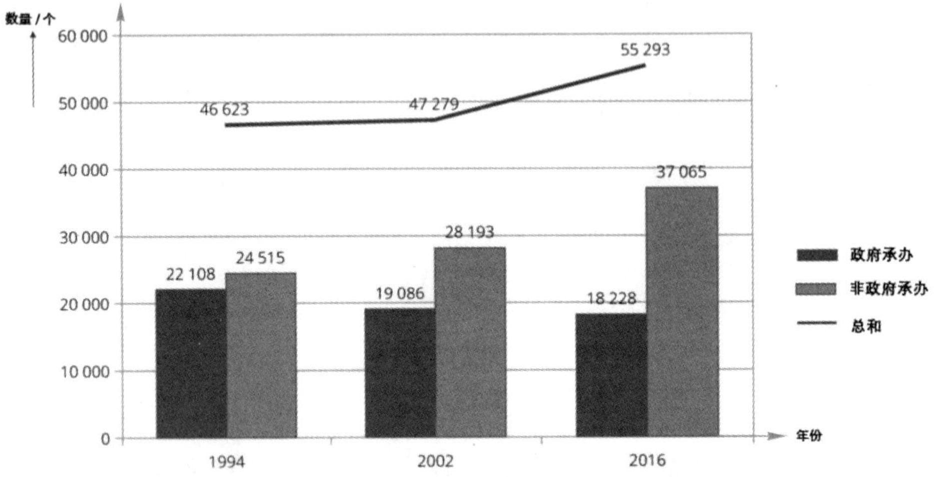

图 2-1 1994、2002、2016 年政府和非政府承办的儿童日托中心的数量

现在德国人对学前教育越来越重视，越来越多的家长乐意送自己的孩子去托儿所或者幼儿园。2020 年德国联邦统计局公布了联邦各州的 0～3 岁和 3～6 岁年龄段日托儿童率的统计结果，0～3 岁儿童为 35%，3～6 岁儿童为 92.5%，具体数据见表 2-1。

表 2-1 联邦各州 6 岁以下日托儿童[1]的百分数[2] 单位：%

联邦州名	日托儿童年龄范围	
	0～3 岁	3～6 岁
巴登-符腾堡(Baden - Württemberg)	30	93.9
巴代利业(Bayern)	29.6	92.3
柏林(Berlin)	44.9	92
勃兰登堡(Brandenburg)	57.7	95.6
不来梅(Bremen)	29	86
汉堡(Hamburg)	46.7	89.9
黑森(Hessen)	31.9	91.7
梅克伦堡-前汲英瑞州(Mecklenburg - Vorpommern)	57.6	95.6
下萨克森(Niedersachsen)	32.9	92.2
北莱茵-威斯特法伦(Nordrhein - Westfalen)	29.2	91.1

续表

联邦州名	日托儿童年龄范围	
	0～3 岁	3～6 岁
莱茵兰-普法尔茨(Rheinland - Pfalz)	31.2	94.5
萨尔(Saarland)	29.8	91.6
萨克森(Sachsen)	52.8	94.7
萨克森-安哈尔特(Sachsen - Anhalt)	58.3	93.9
石勒苏益格-荷尔斯泰因(Schleswig - Holstein)	35.2	90.4
图林根(Thüringen)	54.8	95.7
德国	35	92.5
前西德(不包括西柏林)	31	92.1
前东德(包括西柏林)	52.7	94.3

注:①儿童日托中心的儿童,以及公共赞助而又不在儿童日托中心或全日制学校中的儿童;

②在同一年龄组的所有儿童中,接受照料儿童的比例。

(来源:德国联邦统计局网站,截至 2020 年 3 月 1 日)

由于德国缺少劳动力,特别是技术人才,一些失业率高的欧盟国家的年轻人纷纷来到德国找工作,有的全家移民到德国。此外,2015 年有许多难民涌入德国。因此,移民和难民问题已成为德国人关注的话题。表 2 - 2 是对有无移民背景的 6 岁以下儿童入托率的统计,可以看出,无移民背景的儿童与有移民背景的儿童是否入托有很大的区别,就全德国而言,前者入托率比后者高出一倍多,其中前者上幼儿园的比例高达 100%,而后者只有 81%。

表 2 - 2　按联邦州分列的有无移民背景在 6 岁以下儿童日托中心的入托率

单位:%

联邦州名	儿童日托中心的入托率[①]					
	有移民背景			无移民背景		
	年龄范围			年龄范围		
	总共	0～3 岁	3～6 岁	总共	0～3 岁	3～6 岁
巴登-符腾堡州	58	22	96	63	35	93
巴伐利亚	49	20	82	65	34	98
黑森州	54	22	88	67	40	96
下萨克森州	45	16	78	70	41	100

续表

联邦州名	儿童日托中心的入托率①					
	有移民背景			无移民背景		
	年龄范围			年龄范围		
	总共	0～3 岁	3～6 岁	总共	0～3 岁	3～6 岁
北莱茵-威斯特法伦州	44	17	74	69	36	105
莱茵兰-普法尔茨州	50	21	80	71	38	106
石勒苏益格-荷尔斯泰因州	50	22	77	68	39	98
德国	50	21	81	70	42	100
新的联邦州(即前东德)以及柏林市	48	26	73	80	60	100

注:①儿童日托中心的儿童加上公共资助日托机构中未参加日托中心或全日制学校的儿童在同一年龄段的所有儿童中所占的比例。

(来源:德国联邦统计局网站,截至 2019 年 3 月 1 日)

2004 年德国联邦各州达成日托中心早期教育的共同框架协议,明确规定了日托中心的 6 个教育领域。

1. 语言教育

语言教育的目的是使儿童以有意义和不同的方式表达其思想。语言发展扎根于儿童个人关系和交往的行动之中。语言教育的核心内容是围绕孩子读书、讲故事和识字。

2. 个人发展

促进儿童的个人发展包括加强儿童的个性、促进认知与推动力以及身体发展与健康。为了成为负责任的社会成员,儿童需要社交技巧和定向知识。价值观教育包括处理和认同价值观和规范以及解决宗教问题。

3. 自然科学教育

这个年龄段的儿童对自然现象、实验和观察会产生极大的兴趣。因此,应该利用儿童的好奇心和发现自然的欲望,使其掌握数字、数量和几何形状以及初步的数学知识和技能的发展处理能力。这也与技术、信息技术设备的使用和功能的知识密切相关。这些均包含着儿童日常生活的特点。

4. 音乐教育和媒体教育

从审美教育、早期音乐教育和艺术创作的意义上讲,音乐教育可以吸引感官和情感,促进儿童的想象力和创造力,有利于个人、社会、运动和认知的发展,从而可以增强儿童的文化包容性,并支持跨文化交流。媒体素养是媒体教育的主要目标，培养儿童有针对性和创造性地使用媒体，并创造自己作品的能力。

5. 健康教育

儿童要学会为自己的身体健康负责。除了运动在这里起着关键作用之外，还有儿童的认知、情感和社会发展也特别重要。健康教育是日托中心在日常活动中必须做到的。

6. 环境教育

适合发展的环境教育影响儿童生活的许多方面，内容从与大自然的接触到健康与价值观，再到休闲和消费行为。环境教育的核心是努力打造健康环境(主要是在儿童环境中)，给儿童提供各种各样的机会去接触自然和各种文化环境。

学前教育该怎样进行？联邦各州达成日托中心早期教育的共同框架协议在托儿所和幼儿园中如何予以实施呢？德国政府对早期教育又采取了哪些措施？下面将对此逐一加以介绍。

2.2 0～3岁阶段

婴儿一旦出生，他将与其家庭环境有着千丝万缕的联系。在0～3岁婴儿教育阶段，教育的承担者以婴儿父母为主，托儿所为辅。可以这样说，在大多数情况下，父母是孩子的第一位老师。

自2013年8月1日起，德国所有满1岁的儿童均有上托儿所、幼儿园或者儿童日托中心的法定权利。孩子是否上托儿所和儿童日托中心，最后决定权在其父母。孩子满3岁后，他们离开托儿所，开始上幼儿园，这将在下一节“3～6岁阶段”中重点介绍。

托儿所的中心教育任务是促进幼儿沟通和语言发展。在托儿所内，老师创造语言发展的环境，儿童不是孤立地学习语言，而是在与成人和其他儿童的日常互动中获得的。教学方法包括歌曲、指法、诗歌、图画等。

托儿所的另一个发展主题是促进儿童身体发展。在确保安全的前提下，运动可提高儿童的身体素质，对儿童的身体发展有利。这些包括丰富的运动项目与自由空间、有节奏的早期教育、唱歌和移动游戏等。此外，托儿所还给予孩子足够的时间来实现自主运动的发展。

2006—2020年，3岁以下儿童入托儿所人数，见图2-2。

就拿我自己来说吧，我儿子刚满1岁时就进了托儿所。这里的托儿所均为混合班，即0～3岁孩子合为一个班。混合班的好处是大孩子既是小孩子的玩伴，也是小孩子的榜样。我儿子刚进托儿所时，走路不稳，还要有人牵着。一周以后，他能自己稳步行走。两周以后，他学会了用勺子吃饭，当然不一定都放到嘴里。一个月以后，他会自己脱衣服了。虽然他做得还不是那么好，但这是孩子向自我独立迈出的第一步。我儿子在托儿所能在这么短的时间内，学会这么多东西，完全出乎我的意料。我认识到，榜样的力量是无穷的，孩子的学习能力和模仿能力比我们家长的想象要强得多。家长要鼓励自己的孩子与其他孩子一起玩，让孩子们相互学习、相互帮助，家长不要小看自己孩子的能力。

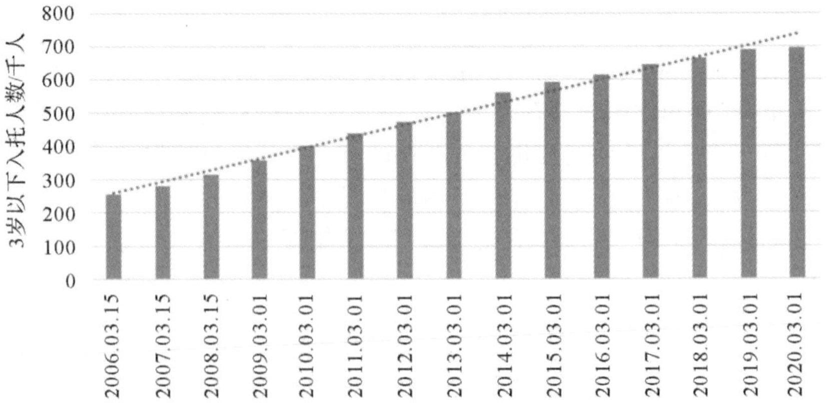

图 2-2　2006—2020 年 3 岁以下儿童入托儿所人数
（来源：德国联邦统计局网站）

2020 年 9 月 30 日联邦统计局发布第 380 号新闻稿，截至 2020 年 3 月 1 日，日托 3 岁以下儿童的数量比上一年增长了约 10 700 人。这意味着 3 岁以下的儿童日托的数量比 2019 年 3 月 1 日增加了 1.3%。全德国范围内的儿童保育率为 35%（2019 年为 34.3%），在德国西部的联邦州，3 岁以下儿童入托平均率为 31%，在东德（包括柏林）为 52.7%。

在德国东部，3 岁以下的儿童一半以上在儿童日托中心，在德国西部则不到三分之一。从对联邦州的比较来看，到 2020 年 3 月 1 日为止，Sachsen - Anhalt 是德国儿童日托率最高的州，为 58.3%。其次是 Brandenburg（57.7%）和 Mecklenburg - Vorpommern（57.6%），它们均位于德国的东部。Hamburg（46.7%）在德国西部联邦州的儿童日托率最高。在德国联邦各州中，Nordrhein - Westfalen（29.2%）和 Bremen（29%）最低。

各个年龄段的儿童入托率差异很大。从全德国范围来看，有 1.8% 的 1 岁以下儿童在日托中。相比之下，三分之一以上的 1 岁孩子的父母（37.5%）利用了托儿服务，而对于两岁孩子来说，这一比例接近三分之二（64.5%）。自 2013 年 8 月 1 日起，1 岁以下的儿童在全德国范围内享有进入公共资助的托儿所的合法权利。

截至2020年3月1日,德国有近57 600个日托中心。这比2019年增加了1.6%。受雇于该处担任教育人员或管理和行政人员的人数上升4.5%,高达到约682 900人;儿童保育人员的人数略微增长了0.1%,达到约44 800人。

自从引入父母津贴以后,幼儿父母对幼儿的照顾与教育投入发生了重大变化。以前幼儿一般在母亲的照顾和教育下成长,现在越来越多的父亲也加入这一行列。

什么是父母津贴呢?这是德国政府为了提高出生率以及加强儿童早期教育所采取的措施。目前,德国政府推出三种对婴儿父母的补助方式:基本父母津贴、额外父母津贴、父母合作奖金。父母根据自己的生活和工作的情况决定申请的类型。

婴儿出生后,通常婴儿母亲可领取14个月的育儿津贴,其中有10个月的基本父母津贴,4个月的额外父母津贴。基本父母津贴只能在孩子出生后的14个月内领取。在此之后,他们只能领取额外父母津贴或者父母合作奖金。

额外父母津贴加强了工作与家庭生活的兼容性,尤其是那些希望能够重新回到工作岗位的人。这给父母带来了比以前获得更长时间的补贴机会。

父母合作奖金也是为了给共同分担家庭与工作共同分担的父母而提供的,父母可以再获得4个月的父母津贴,前提条件是父母双方在这段时间均兼职工作,每周至少25小时,最多30小时。

在这里用图2-3来举例说明基本父母津贴、额外父母津贴和伙伴奖金之间的关系。婴儿出生后,婴儿母亲领取全额基本父母津贴。婴儿母亲可领取14个月的育儿津贴,或者如图2-3标明那样,婴儿母亲只领取10个月的基本父母津贴,再加上4个月的额外父母津贴。这时父母双方都使用所谓的额外父母津贴,他们均为兼职工作,因此,婴儿母亲可以返回工作岗位,婴儿父亲有时间和机会加入整个教育幼儿当中。不过父母双方每周工作时间不能超过30小时。婴儿的父母双方都可以通过父母合作奖金额外获得4个月的津贴收入。

基本育儿津贴是婴儿出生前最后12个月平均净收入的65%,最少300欧元,最高1 800欧元。

2021年1月29日,德国联邦议院通过了《联邦育儿津贴和育儿假法》的修正案,它于2021年9月1日生效。该修正案对兼职父母有许多改进,如父母津贴和育儿假期间的允许工作时间将从每周30小时增加到32小时,父母合作奖金期间的兼职工作时间由原来每周25～30小时改成每周24～32小时。

这三种育儿津贴方式,从时间、经济、人员上解决了婴儿父母的后顾之忧,鼓励他们多生孩子、多花时间教育孩子,特别针对在职的年轻人。越来越多的父亲申请了额外育儿津贴和父母合作奖金，使得育儿生活在经济上和时间上均得到保障。2015—2019年，德国各州申请父母津贴的总数以及父亲所占的比例变化情况见附录7。各州申请父母津贴的总数逐年增加，2019年父亲申请父母津贴所占的数量为22.4%，这说明了德国政府的父母津贴政策，被年轻父亲广泛接受。同时，它也打破了过去妇女"3K"现象（Kinder、Küchen、Kirchen）："孩子""厨房""教堂"。过去的德国妇女在家带孩子，整天围着锅台转，周末全家去教堂，这三个"K"形象地反映了过去德国妇女的生活。

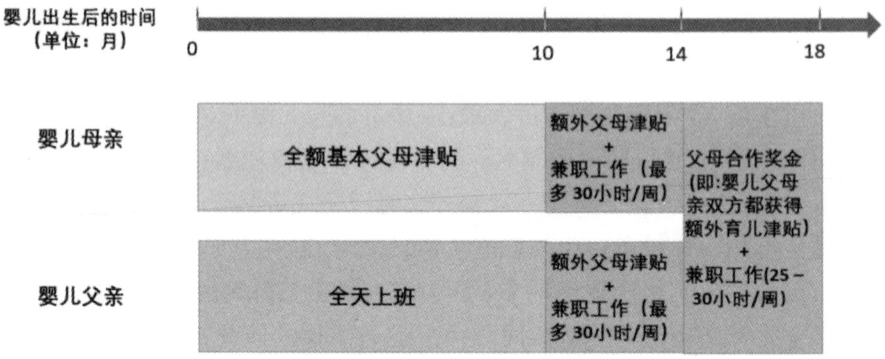

图2－3　德国政府所提供的三种育儿津贴的用法之一

（来源：德国联邦家庭事务、老年公民、妇女和青年部网站）

德国政府除了推行三种育儿津贴之外，还规定了育儿假。育儿假是给照顾和教育自己孩子的父母提供的无薪假期。育儿假最多为3年。在这36个月中，父母必须在孩子3岁之前使用12个月。他们也可以在孩子3～8岁之间分配的剩余24个月时间。如果孩子的父母是雇员，他们可以向雇主要求育儿假。在此期间，孩子的父母可以不工作，当然也就没有工资，但可以申请育儿津贴。

在育儿假期间，孩子的父母以特殊方式受到"解雇"。育儿假期结束后，在大多数情况下，孩子的父母又可以回到他们原来的工作岗位上。不过，不是每一个婴儿父母都有育儿假，能否获得育儿假有一个先决条件，那就是婴儿的父母必须是雇员或者公务员。如果他们不是，则没有资格获得育儿假，比如失业者、家庭妇女、学生等。很明显，育儿假针对的就是在职的父母。

德国联邦政府在2014年之前为各州提供了54亿欧元的资金，用于扩大托儿所，增加3岁以下儿童的儿童日托中心数量。自2015年以来，联邦政府一直以每年8.45亿欧元的资金支持新建日托中心的永久运营。

2.3　3～6岁阶段

幼儿过了3岁，就能走、会跑，基本能表达自己的意愿，可以与成人进行交流了。这时的幼儿慢慢走出家庭，进入由各种家庭组成的集体——幼儿园。对于3～6岁的儿童教育，幼儿园教育逐步上升为主体，家庭教育为辅，幼儿园是为这些儿童做入学准备的最佳选择。

随着早期教育不断提前，幼儿园的作用也在不断提高。2006—2020年幼儿园儿童人数的统计结果，证实了幼儿园在早期教育重要性以及被广大的家长们接受的发展趋势(见图2-4)。

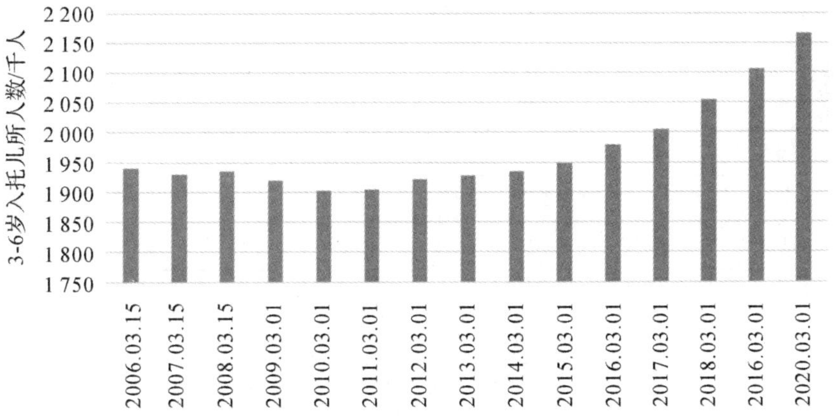

图2-4　2006—2020年幼儿园儿童人数

(来源：德国联邦统计局网站)

在幼儿园里老师不是以教儿童认字、算术为主，而是为儿童创造从幼儿园到小学阶段过渡的必要条件，培养儿童的入学能力。如何为入学做好准备工作，幼儿园主要从以下四个方面入手：第一，良好的运动技能；第二，社交和情感能力；第三，认知能力；第四，语言能力。

良好的运动技能是指儿童拿笔杆、自己独立穿和脱衣的能力，比如，系蝴蝶结、写字母和数字的能力等。

社交和情感能力、认知能力涉及面比较广，前者是指挫折容忍度、计划与组织能力、理解规则的能力、执行力、自信以及解决问题的能力等；后者是指数字理解、同时获取数量、集中和记忆、获得专业知识的能力，还有对事实关系的理解、对事实问题的兴趣等。

在3～6岁儿童中，语言能力是体现幼儿成熟程度的一个标准，例如，儿童是否能表达被动与主动词汇，形成复杂、语法正确的句子，用自己的语言表达听到和看到的内容等。语言能力是圆满完成学业、成功就职和积极参与社会的基本要求。因此，提高幼儿园、儿童日托中心、中小学儿童和青少年的语言教育是德国教育的重点。只有在从幼儿园到中学教育的有效支持下，所有人才能获得公平的教育并参与其中。截至 2020 年 3 月 1 日，联邦统计局统计各州公共资助的日托儿童人数见表 2 - 3。

表 2 - 3　联邦各州公共资助的日托儿童人数①

州名和地区	总计人数	0～3 岁	0～3 岁			3～6 岁	6～14 岁
			0～1 岁	1～2 岁	2～3 岁		
BW	19 825	15 446	582	7 089	7 775	1 288	3 091
BY	12 383	9 237	339	3 836	5 062	2 087	1 059
BE	5 740	4 078	107	2 134	1 837	1 511	151
BB	4 106	3 448	109	1 754	1 585	596	62
HB	1 130	905	22	428	455	149	76
HH	3 171	2 156	66	987	1 103	722	293
HE	10 612	9 489	329	4 353	4 807	703	420
MV	3 770	3 194	123	1 592	1 479	506	70
NI	21 790	16 237	405	7 300	8 532	3 026	2 527
NW	58 620	51 083	1 264	24 685	25 134	6 174	1 363
RP	3 822	3 002	144	1 819	1 039	261	559
SL	970	737	37	307	393	150	83
SN	7 320	6 979	228	3 321	3 430	331	10
ST	844	653	50	267	336	173	18
SH	7 993	6 469	190	2 860	3 419	1 274	250
TH	1 015	1 002	48	663	291	13	—
D	163 111	134 115	4 043	63 395	66 677	18 964	10 032
West (o. BE)	140 316	114 761	3 378	53 664	57 719	15 834	9 721
Ost (m. BE)	22 795	19 354	665	9 731	8 958	3 130	311

注：①不包括另外在日托中心或全日制学校中的儿童。

* 表格中的符号解释见附录 0，下同。

（来源：德国联邦统计局网站）

2007—2018 年,德国新设立了 7 282 个儿童日托中心。2018 年,近 360 万儿童进入托儿所、幼儿园或者学生托管所,比 11 年前增加了 20%。教育和管理人员数量增长最为明显,比同期增加了 71%,从 363 115 人增加到 620 652 人。这些数据表明了早期教育发展如此之快。受照顾儿童人数增加有两个因素,一方面上幼儿园数量有所增加,3 岁以下儿童入托率较高;另一方面家长们对儿童早期教育越来越重视了。

幼儿园要能培养儿童的入学能力,没有合格的幼儿教师队伍是做不到的。近几年来,德国不仅不断加强和扩大幼儿教师培养工作,提高幼儿教师队伍整体素质,还不断提高幼儿教师待遇。到 2020 年,有 785 670 名员工在日托中心工作,与前一年相比,员工人数增加了约 4%,创新纪录。图 2－5 是 2010－2020 年德国日托中心工作人员数量变化情况。数据显示,德国幼儿教师数量持续增长,每年增长的速度在 4%～6%之间。自 2010 年以来,日托中心共创造超过 295 000 个新工作岗位。在日托中心的 785 670 名员工中,约 676 000 名员工主要在教育和管理领域工作。与上一年相比,公共和独立的儿童和青年福利机构共征聘了 33 000 多名新员工。

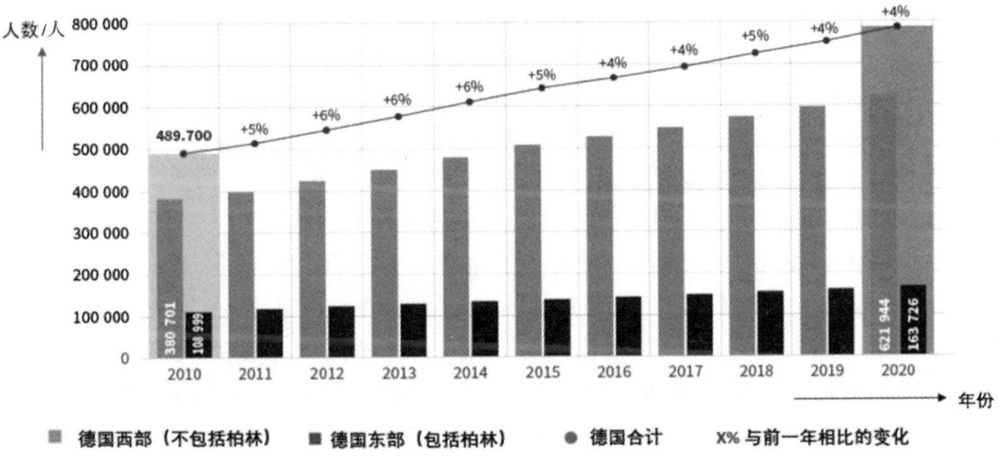

图 2－5　2010—2020 年德国日托中心工作人员数量

* 其中还包括行政管理、家政服务、学生托管所

(来源:fachkraeftebarometer.de 网站)

尽管日托中心员工人数持续增长,但仍需要更多的幼儿教师来满足托儿所不断增长的需求。因此,目前的主要目标是消除教师的短缺,从而提高对儿童教育和照料的质量。

fachkraeftebarometer.de 网站于 2020 年 9 月公布的"月数据"显示了 2004—2019年德国幼儿教育学士学位专业数量及其相关大学数量(见图 2-6)。2004 年只有 3 个幼儿教育学士学位专业。2019 年德国有 55 个大学有 76 个幼儿教育学士学位专业,它们遍布联邦州。

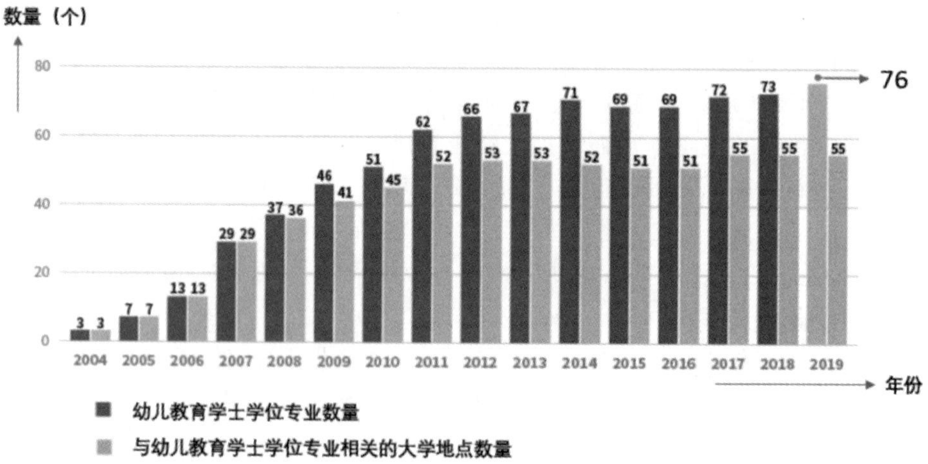

图 2-6　2004—2019 年幼儿教育学士学位专业及其相关大学数量
(来源:fachkraeftebarometer.de 网站)

增设这些专业是为了使早期教育越来越专业化。到目前为止,各大学提供的各种幼儿和儿童教育课程尚未对日托中心人员的组成产生任何重大变化。根据官方统计数据,2019 年幼儿教育专业毕业的工作者仅占工作人员的 1.1%。

据德国联邦统计局统计,目前德国有 3 600 万儿童分布在 57 000 多所儿童日托中心,3～6 岁儿童入园率超过 92%(见表 2-1),也就是说,绝大多数儿童在上小学之前上过幼儿园,说明德国已普及了学前教育。在这些为儿童设置的社会教育机构中,政府资助的约占 1/3,非政府资助的占 2/3,可见非政府承办者在儿童教育中发挥着重要的作用。截至 2020 年 3 月 1 日,按日托机构的类型和承办者不同分类的儿童日托机构情况见表 2-4。

表 2-4　按日托机构的类型和承办者不同分类的儿童日托机构情况

单位:个

日托机构的类型	合计	承办者	
		公办	民办
日托中心			
0～3 岁	1 992	522	1 470

续表

日托机构的类型	合计	承办者	
		公办	民办
2~8岁(不含学生)	17 518	5 701	11 817
5~14岁(只含学生)	3 852	1 837	2 015
所有年龄段在一起	34 232	10 824	23 408
其中			
按年龄分组	12 882	4 479	8 403
混合分组	6 632	1 964	4 668
按年龄分组和混合分组	14 718	4 381	10 337
总计	57 594	18 884	38 710
更具体的类型			
综合护理的日托机构	22 007	6 917	15 090
残疾儿童的日托机构	221	16	205
员工子女的日托机构	762	86	676
家长倡议的日托机构	4 188	—	4 188

(来源:德国联邦统计局网站)

儿童的早期教育和学习从家庭开始,在日托中心继续,最后在学校进行正规的义务教育。因此,日托中心、小学和家长在持续教育方面紧密合作,只有这样才能更好地支持和促进儿童的个人发展和学习。

为了儿童更好地从日托中心向小学过渡,要加强日托中心和小学这两个教育机构之间以及与家长的紧密合作。

德国上小学通常规定:儿童在夏天满了6岁,便可以上小学了。不过,联邦州各有各的规定,对当年满6岁的儿童,又分为“Muss - Kind”和“Kann - Kind”:“Muss - Kind”(必上儿童)指在新学年之前满6岁的儿童,他们必须当年报名上学;“Kann - Kind”(能上儿童)指的是在新学年之后(即8月或9月至12月)满6岁的孩子,他们当年可以报名上学,也可以不报名上学,决定权掌握在家长手中。中国家长想尽早送孩子上学,让孩子早点学到知识,而德国人的想法却与中国人相反,他们中大多数人宁愿让孩子在幼儿园多呆一年。德国人认为,孩子一旦踏入学校门槛,也就是正式走入社会。他们不想看到孩子过早承受学习的压力。

笔者认为，送不送孩子早上学主要取决于孩子的现状和发展潜力，单从孩子年龄上判断是不够全面的。五六岁的孩子发展快、变化大，如果留在幼儿园当“老大”，可能学不到更多的东西，容易失去对新鲜事物的兴趣。当然，如果孩子不够成熟，没有具备去学校的能力，还是晚点进学校为佳。

第3章 中小学教育

3.1 概　　述

中小学教育是义务教育的重要组成部分。从教育阶段来划分，它包括初等教育和中等教育两个层次。更详细而言，它指的是初等教育、中等教育的Ⅰ阶段、中等教育的Ⅱ阶段，即以教育水平为准则来划分学校层次。不同层次的学校有小学、初级中学、普通中学、高级中学、综合中学、职业学校、职业专科学校、特殊学校等，它们以学校的教育目的为基点来区分学校的类型和形式。

学校通常又可分为如下两大类：

第一类是以基础教育为主。它常被人们称为普通学校，如小学、初级中学、普通中学、高级中学和综合中学。这类学校基本上沿着传统的教育方向，以基础教育为主，学校本身无明确的职业目标，学生在学校中接受社会的基本知识、基本技巧和基本能力的教育。

第二类是以职业教育为主的。职业技术培训学校与前一类学校最主要的区别在于学校的教育准则不同，学生在学校中通过学习，学到一门职业技术或者手艺，它有着极其明确的职业目标。这类学校种类很多，凡是一切与职业直接相关的学校均属此类。

尽管第二类学校种类较多，但总体上还是可分成非全日制和全日制职业培训学校。譬如，德国有名的“双轨制系统”便属前一种，学生1/3时间在职业学校学习理论，2/3时间在企业学习实际技术。职业专科学校、专科高等学校等属全日制职业培训学校。这类学校依专业方向划分学校的形式，学生与普通学校学生一样，全天在校学习，不同点在于学校的教育目的。职业技术学校中受教育者的职业方向明确。德国的职业教育在世界工业化国家中别树一帜，成为一种既省时省钱又效率高的教育模式。有关职业教育学校系统将在第4章“职业技术教育”中介绍。

从形式上来看，第一类学校没有像第二类学校那样与职业紧密相连，实质上它为学生在今后漫长的人生中，打下了坚实的基础。无论是职业生活还是日常生活，它都起着重要作用，蕴含着极大的动力。第一类学校是本章主要介绍的内容。图 3-1 是德国初等教育与中等教育中不同类型学校之间的关系。

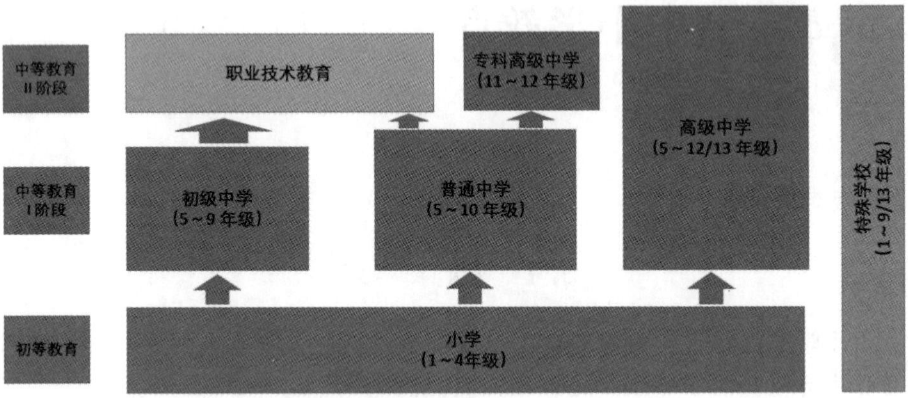

图 3-1　德国初等教育与中等教育中不同类型学校之间的关系①

从图 3-1 中可以看出，德国的初级教育学校形式单一，到了中等教育，教育框架具有学校形式多样化、教育方向复杂化的特点。若以中等教育结束时毕业文凭分类的话，中等教育的中学可分为研究型、职业型和研究兼职业型三种类型：研究型中学主要体现在高级中学上，因为它的毕业生可以直接进入高等学校继续深造；职业型中学中最典型的例子是职业学校，谋一技之长是这类学校的宗旨；介于前两种类型之间的学校便是职业兼研究型，例如专科高级中学、职业高级中学。

德国中小学教育的管辖权归属各个联邦州，因此，16 个联邦州中存在着不同的学校形式，特别是在中等教育。

另外，德国的中小学校假期与中国不同，它们不仅有寒暑假，还有长短假。由于德国教育是由州政府负责，各州的中小学新学年开学时间大不相同。通常德国中小学新学年从 8～9 月开始，到次年 6～7 月结束，在此期间有秋假、圣诞节假、寒假、复活节假、圣灵降临节假以及暑假。假期分为长、短两种形式。长假指的是数周的假期，例如暑假有 6 周，还有大多数是相连的节日，如圣诞节和复活节假，一般有 2～3 周。短假指秋假和圣灵降临节假。秋假大约在一周以内，而圣灵降临节假的天数不等，多则 1 周，少则 1 天，或者没有，因为圣灵降临节属于天主教的节日，所以在以天主教为主的联邦州普遍放假，在以基督教为主的联

① 综合中学是将高级中学、普通中学、初级中学综合在一起的学校，不属于德国传统学校类型，因此，在图中没有标注，在下面图中同理。

邦州则无此假。寒假也不是每一个州都有，比如在黑森州就没有寒假，它将寒假并入圣诞节假之中。德国各州2019年中小学校假期见表3-1。

表3-1　德国各州2019年中小学校假期一览表

州　名	2018—2019学年			2019—2020学年		
	寒假	复活节假	圣灵降临节假	暑假	秋假	圣诞节假
巴登-符腾堡州		4.15—4.27	6.11—6.21	7.29—9.10	1.28—1.30	12.23—1.4
巴伐利亚州	3.4—3.8	4.15—4.27	6.11—6.21	7.29—9.9	1.28—1.31，11.20	12.23—1.4
柏林市	2.4—2.9	4.15—4.26	5.31，3.11	6.20—8.2	1.4，10.7—10.19	12.23—1.4
勃兰登堡州	2.4—2.9	4.15—4.26		6.20—8.3	4.4—10.18	12.23—1.3
不来梅市	1.31—2.1	4.6—4.23	5.31，6.11	7.4—8.14	10.4—10.18	12.21—1.6
汉堡市	2.1	3.4—3.15	5.13—5.17，5.31	6.27—8.7	10.4—10.18	12.23—1.3
黑森州		4.14—4.27		7.1—8.9	9.30 10.12	12.23—1.1
梅克伦堡-前波莫瑞州	2.4—2.15	4.15—4.24	5.22，6.7—6.11	7.1—8.10	1.4，1.7—1.12，11.1	12.23—1.4
下萨克森州	1.31—2.1	4.8—4.23	5.31，6.11	7.4—8.14	10.4—1.18	12.23—1.6
北莱茵-威斯特法伦州		4.15—4.27	6.11	7.15—8.27	1.14—1.26	12.23—1.6

续表

州 名	2018—2019 学年			2019—2020 学年		
	寒假	复活节假	圣灵降临节假	暑假	秋假	圣诞节假
莱茵兰-普法尔茨州	2.25—3.1	4.23—4.30		7.1—8.9	9.30—10.11	12.23—1.6
萨尔州	2.25—3.5	4.17—4.26		7.1—8.9	10.7—10.18	12.23—1.3
萨克森州	2.18—3.2	4.19—4.26	5.31	7.8—8.16	10.14—10.25	12.21—1.3
萨克森-安哈尔特州	2.11—2.15	4.18—4.30	5.31—6.1	7.4—8.14	10.4—10.11，11.1	12.23—1.4
石勒苏益格-荷尔斯泰因州		4.4—4.18	5.31	7.1—8.10	1.4—1.18	12.23—1.6
图林根州	2.11—2.15	4.15—4.27	6.31	7.8—8.17	10.7—10.19	12.21—1.3

（来源：ferienwiki.de 网站）

中小学假期有58～68天(周末和法定节假日不计入)。例如，2019年莱茵兰-普法尔茨州中小学校放假天数最少，只有58天，而汉堡市为68天，为全德国最多的。法定节假天数最少的是10天，最多的是13天。

目前的德国中小学层次和形式与德国中小学教育系统发展过程紧密相连，因此，在本章首先介绍德国中小学教育系统的过去，然后讲述中小学的结构与现状，最后描述德国政府对中学生和中学毕业生了解社会采取的政策与措施。

3.2 中小学教育结构的发展过程

在人类历史的发展过程中，印刷技术的发展以及在18世纪和19世纪初期欧洲民族国家的兴起，将德国中小学教育建立和发展成为现在的德国中小学结构。由于德国在帝国建立之前由许多大小不同的联邦州组成，因此，各个地方的教育发展情况非常不平衡。即使在帝国建立之后，各学校仍然是由所在州管辖。

全德国范围内的法规在德意志联邦共和国联邦州文化教育部长常务会议(KMK)①上达成协议，教育属于州政府的管辖范围。

下面从1919年之前、1919—1945年期间、东德的中小学教育结构变化、第二次世界大战后的联邦德国中小学教育结构这四个层面来介绍德国中小学教育发展过程。

3.2.1 1919年前德国的中小学教育

到了19世纪初，社会和政治动荡使学校成为国家关注的焦点，建立了两个各自独立的学校体系：一个是面向广大民众的普通的大众学校②，另一个是只对一小部分人的精英的高级中学③。

1763年8月12日，《普鲁士普通学校条例》在弗雷德里克大帝④(1712—1786)的统治下获得通过，它不仅为普鲁士中小学系统的发展奠定了基础，而且帮助德国在义务教育上取得了突破。虽然在开始推行义务教育之初，上学的适龄人数占50%，但在19世纪末上升到几乎100%。在强制实施普通义务教育的过程中，大众学校和高级中学根据自己的合法性而发展起来。

大众学校建立于1763年，“大众学校”一词与人民教育机构的思想以及义务教育的引入有关。当时“大众”一词指的是生活在下层阶级的人群。但是随着时间的流逝，它的含义已经转移到每个人都必须接受的最低程度教育。高级中学正好相反，它的宗旨是让学生成为公务员或者为上大学做准备，它的学制最长，从1～12年级。

虽然大众学校与高级中学平行存在，但是学校的课程没有明显的高低之分。19世纪下半叶，在人口增长、移民和工业化的压力下，学校课程不得不加以调整，以满足技术、贸易、商业和不断扩大的行政管理的新要求。无论是高级中学，还是大众学校，都无法满足当时的社会需求。因此，1870年之后，慢慢出现了中学⑤，它从1年级到9年级，是如今普通中学的前身。这样最终在德国形成了平行运行的三种类型学校，即大众学校、中学和高级中学。

另外，还有特殊学校。它始于19世纪，其德文为Hilfsschule，专门为由于

---

① KMK是德意志联邦共和国联邦州文化教育部长常务会议(Ständige Konferenz der Kultusminister der Länder in der Bundesrepublik Deutschland，简称：Kultusministerkonferenz)的德文缩写，它是由负责教育、研究以及文化事务的联邦州部长和参议员共同自愿结合的组织。

② 德文为Volksschule。

③ 德文为Gymnasium。

④ 德文为Friedrich der Große，也称Friedrich Ⅱ.。

⑤ 德文为Mittelschule。

各种原因不能进入普通学校的儿童而开设，学制为 8 年。Hilfsschule 这个名称如今已不再用于所有说德语的国家[①]，它被其他的词所取代，例如，在德国用 Förderschule，在奥地利用 Sonderschule。

1919 年之前的德国中小学教育结构可以用图 3-2 来描述 。从图中可以明显看到，儿童从一开始入学，就已分成下、中、上三种等级。

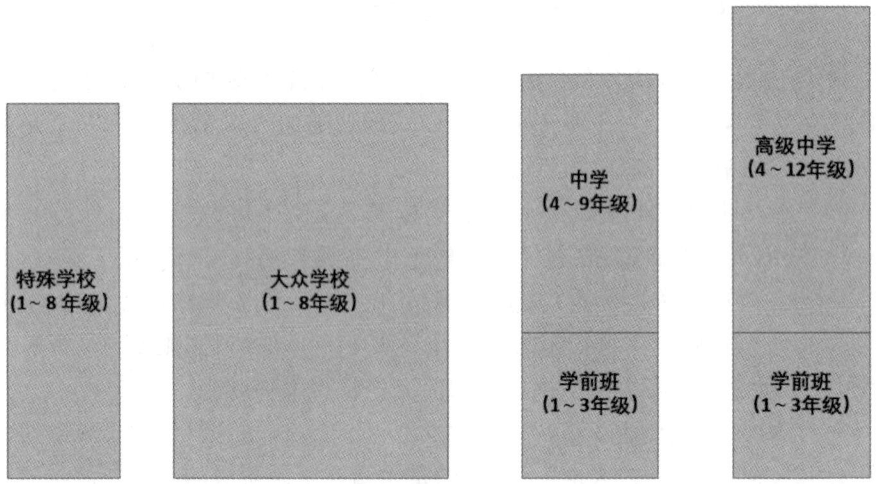

图 3-2　1919 年之前的德国中小学教育结构
(来源：Universitat Duisburg-Essen 网站)

3.2.2　1919—1945 年德国的中小学教育

1918 年，在第一次世界大战和皇帝退位之后，德国首次获得了民主形式的政府，从君主制转向共和国制。当时的政府试图将学校系统更加集中化。尽管《魏玛宪法》提供了法律上的可能性，但最终还是失败了，学校仍然属于各州管辖。

1920 年，德国联邦议院进行了一次引人注目的教育改革，提出了《帝国小学法》[②]，首次提出了小学，从而取代了学前班，创建了所有儿童共上统一的"小学"[③]。首先所有儿童一起上小学，小学毕业后进行分流，将学生再分到不同类型的中学。根据今后职业的多样性，中学学校分为初级、中级(普通)和高级。这种形式一直保留到现在。

---

① 说德语的国家指的是德国、奥地利和瑞士。
② 德文为 Reichsgrundschulgesetz。
③ 德文为 Grundschule。

尽管在魏玛共和国期间，学校制度没有任何重大的改革，但改革教育的思想在 20 世纪 20 年代初首次出现。在这期间，彼得·彼得森[①]（1884—1952）创建了“耶拿计划”，它打破了以往以班级为单位，而以跨学科的研究小组为核心。

1929 年的经济大萧条影响了教育发展，给每个人均等的上学机会、给每个孩子“通过教育取得进步”的民主目标似乎更加难以实现。虽然受过教育的中产阶级将对教育野心勃勃的新贵视为对他们威胁，但工人子女的教育前景仍然很差。

1919—1945 年德国中小学教育结构如图 3-3 所示。

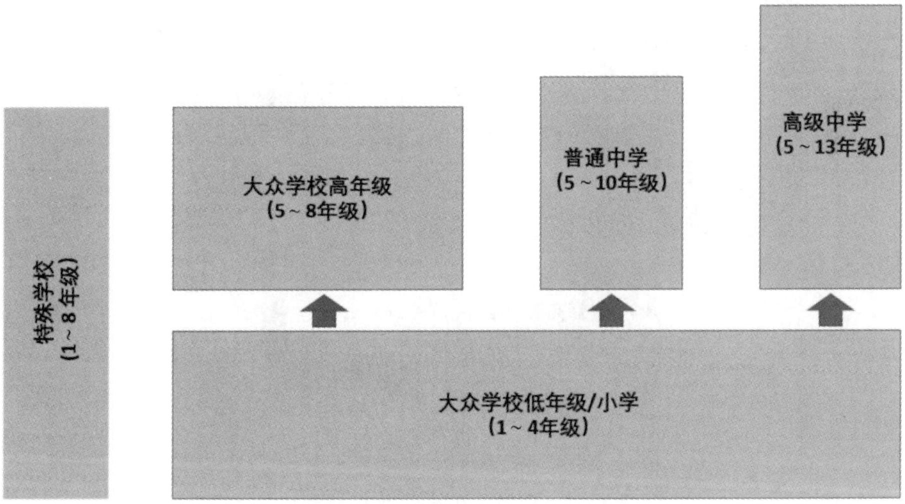

图 3-3　1919—1945 年期间德国中小学教育结构

（来源：Universität Duisburg - Essen 网站）

3.2.3　东德的中小学教育结构变化

东德教育系统的核心是理工高中[②]。东德实行十年一贯制的义务教育，所有儿童共同从小学上到初中。后来将不同类型的学校变成了“理工高中”（1～10 年级），所有儿童上这类学校，在结构与统一学校的原则下，与“扩展高中”（11～12 年级）[③]联系在一起。从教学大纲到教学方法和设备，教学得到了集中控制，因此非常统一。在苏联的影响下，俄语成为第一外语。

① 德文为 Peter Petersen。

② 德文为 Polytechnische Oberschule，简称 POS。

③ 德文为 Erweiterten Oberschule。

在 POS 的低年级中，还有学生托管所。几乎所有儿童上过学生托管所，这是因为东德持续的劳动力短缺，要求妇女，特别是孩子的母亲就业。在东德在职母亲的比例超过 90%。

此外，还有人才中心的特殊学校。在这类学校，选拔了具有特殊才能的青少年，如有专门的体育、数学或专科学校。

自东西德国统一之后，东德的中小学体制在很大程度上接受了西德的教育系统。图 3－4 是东德的中小学教育结构变化过程。

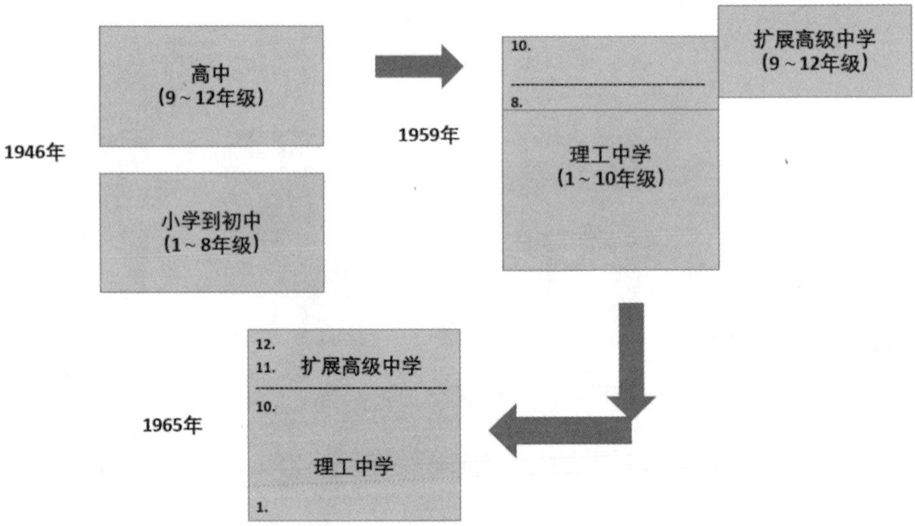

图 3－4　东德的中小学教育结构变化

（来源：Universität Duisburg－Essen 网站）

3.2.4　第二次世界大战后的联邦德国中小学教育结构

第二次世界大战后，魏玛时期的大众学校、中学和高级中学三种类型学校制度得以恢复。1949 年，成立了州文化部长常务会议，该会议在超地区性主题（例如证书的可比性）方面提供了必要的共识。在 20 世纪五六十年代，各方面达成了几项协议，实现了德国学校系统的基本统一。然而，本着 20 世纪 60 年代乐观主义的教育精神，结构性问题又回到了政治议程上，在有些州出现了综合中学[①]，它将传统的德国三种类型学校综合在一起。但综合中学存在争议，社会支持也有限。

---

① 德文为 Gesamtschule。

图 3-5 是自 1969 年以来联邦德国中小学教育结构，它与 1919—1945 年中小学教育结构(图 3-3)相比，有如下几个变化。

(1)更改了学校名称：

—大众学校 1～4 年级改为小学；

—大众学校 5～8 年级改为初级中学[①]；

—中学改为普通中学[②]。

(2)高级中学学制不是 12 年，而是 13 年。

(3)出现了综合中学。

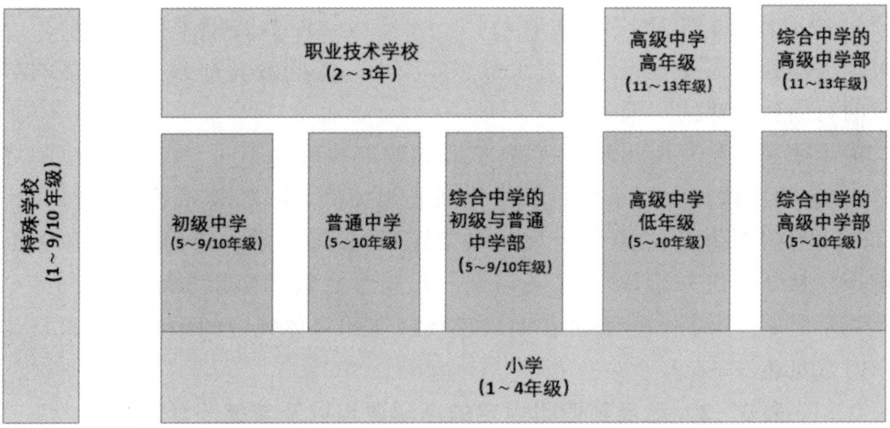

图 3-5　自 1969 年以来联邦德国中小学教育结构

(来源：Universität Duisburg - Essen 网站)

3.3　1～4/6 年级(小学)

2020 年是德国 Grundschule(小学)建立 100 周年。它让德国每个儿童在入小学时人人平等，结束了上、中、下三种等级的小学时代。

小学教育阶段属于初等教育，它也是一切教育的基础。目前在德国，所有满 6 岁的学龄儿童都必须上小学。德国小学通常为 1～4 年级，只有柏林和勃兰登堡州的小学上到 6 年级。为了完成义务教育，原则上满 6 岁的学龄儿童在住处附近的小学上学，类似于中国的就近入学原则。在德国，所有孩子都必须上 9 年学，它包括小学 4 年和初中 5 年，也称为 9 年义务教育。

① 德文为 Hauptschule。

② 德文为 Realschule。

在德国，义务教育的开始指的是所有在法定截止日期之前年满6岁的儿童将被要求在学年开始时上学。另外，给当年满6岁的儿童提供入学机会，其目的是鼓励父母尽早送孩子入学。这个法定截止日期由各联邦州政府确定。

小学是学生受正规教育的开端，这决定了它的任务和目标。小学老师应引导学生从有趣的学习形式转向系统的学校学习形式，同时将学习内容与个人学习条件相结合。小学的任务是在所有儿童共有的课程中提供基础教育。学生在这里学习社会与自然的基本知识和技能，这包括阅读、写作以及数学等关键能力，为今后学习其他知识打下基础。

以前的小学生只是上午有课，现在扩大到全天，增加了学生在校其他活动。1～2年级阶段，每周18～24学时，到3～4年级学时数逐渐上升，达到25～29学时。上课通常需要45分钟，每天最多六节课。各州教育部为不同类型的学校设定的每周教学时间不同。

由于德国的教育由州政府负责，联邦州政府执政党不同，教育政策也随之不同。不过，学习课程大同小异。以巴伐利亚州为例，德语、算术、地理与常识、美术和音乐五门课为1～2年级阶段的基础课程，另外宗教与道德、体育和手工等辅助课。从3年级开始，增添了英语课。每周学时数每年逐步增加，从1～4年级每周学时23小时上升到29小时。巴伐利亚州具体规定的小学课程以及其每周学时数见表3－2。

表3－2　巴伐利亚州规定的小学课程以及其每周学时数

<table>
<tr><th colspan="2" rowspan="2">课　程</th><th colspan="4">每周学时数</th></tr>
<tr><th>1年级</th><th>2年级</th><th>3年级</th><th>4年级</th></tr>
<tr><td rowspan="5">基础课程</td><td>德语</td><td rowspan="5">16</td><td rowspan="5">16</td><td>6</td><td>6</td></tr>
<tr><td>算术</td><td>5</td><td>5</td></tr>
<tr><td>地理与常识</td><td>3</td><td>4</td></tr>
<tr><td>美术</td><td>1</td><td>1</td></tr>
<tr><td>音乐</td><td>2</td><td>2</td></tr>
<tr><td colspan="2">体育</td><td>2</td><td>3</td><td>3</td><td>3</td></tr>
<tr><td colspan="2">宗教/道德</td><td>2</td><td>2</td><td>3</td><td>3</td></tr>
<tr><td colspan="2">英语</td><td>—</td><td>—</td><td>2</td><td>2</td></tr>
<tr><td colspan="2">手工</td><td>1</td><td>2</td><td>2</td><td>2</td></tr>
<tr><td colspan="2">自由课</td><td>2</td><td>1</td><td>1</td><td>1</td></tr>
<tr><td colspan="2">每周学时数总计</td><td>23</td><td>24</td><td>28</td><td>29</td></tr>
</table>

（来源：巴伐利亚州教育文化部网站）

在大多数联邦州，必修外语教学始于 3 年级，学习活动从日常的生活实践开始。另外，从儿童的认知潜能入手，向自动化和语言反思迈出了第一步，从而为双语教育打下了基础。双语教育近年来在德国有了相当快的发展。个别小学提供双语教育，学生可以通过简单的方式进行交流，理解和使用日常用语和非常简单的短语。在边境地区，学校开设邻近国家语言的课程，如丹麦语、荷兰语、波兰语、捷克语。与此同时，学校还推行大多数移民者使用的语言，例如意大利语、葡萄牙语、俄语、西班牙语、土耳其语。

1、2 年级的学生在每学期结束时没有各科成绩单，而是获得每科教师对学生学习能力等方面的评语。学习进度的审查通常是通过不断观察学习过程和使用口头和书面学习来控制完成的。在小学 1 年级和 2 年级，教学的重点是观察学生。从 3 年级开始，学生要完成他们在某些科目(特别是德语，数学和学科教学)的书面作业。4 年级(或 6 年级)结束时，学生将获得小学证书。学生上完小学后，将进入不同类型的中学，开始了分流。

在德国绝大多数联邦州，小学是一个独立体。随着联邦德国出生率下降，小学入学人数随之减少，已降到历史最低点。因此，有些学校破例接受不满 6 周岁的儿童入学，有些小学合并到综合中学之中。根据普通教育学校类型分类，德国普通教育学校 2017 学年、2018 学年、2019 学年、2020 学年，每学年小学新生入学人数变化情况见表 3－3。

表 3－3　2017 学年、2018 学年、2019 学年、2020 学年小学新生入学人数

年　份	2017—2018	2018—2019		2018—2019①	2019—2020①	
学校类型	绝对值/个	绝对值/个	变化②/(%)	绝对值/个	绝对值/个	变化②/(%)
总计	725 257	728 334	0.4	728 334	733 443	0.7
小学	678 121	679 812	0.2	679 812	684 948	0.8
综合中学	18 353	18 546	1.1	18 546	18 198	−1.9
华德福学校③	6 599	7 041	6.7	7 041	7 215	2.5
特殊学校	22 184	22 935	3.4	22 935	23 079	0.6

注：①从 2018—2019 学年起，为了保密起见，结果进行了三舍五入处理；

②与上一学年相比；

③华德福学校是德国私立学校，德文为 Waldorfschule。

(来源：德国联邦统计局网站，截至 2020 年 8 月 27 日)

笔者在达姆斯塔特工业大学留学期间，无意间发现房东的孩子们使用的课本全是旧的，翻开课本的第一面有一张表格，列着学生的名字、班级、使用时间。

与他们交谈才知道，中小学生课本通常由学校购买，每当新学年开始时，老师从学校领出课本，然后分发给每个学生，或者学生直接到学校图书馆领取。当学期结束时，学生将课本交还给老师或者学校图书馆，课本由学校图书馆保存，等到下一个新学期到来时，再分发给下一级的新学生，就这样，循环使用这些课本。课本分发到每一位学生手中时，由学生填上自己的名字、所在班级和时间。学校不收书费，这既节省了学生家长的开支，又减少了不必要的重复印刷，同时，培养了学生爱惜书籍的好习惯。学生弄坏了书由其家长赔偿。课本用得时间过长，或者改换课本，以致下一批学生无法再使用，则由学校购买新的。课本最后一批使用的学生可以将课本归己所有。因考虑到下批学生还要使用课本，很少有学生在书上做标记。这件事虽小，却给笔者留下极其深刻的印象。

笔者还将此事写了一篇名为《课本的启示》散文，于 1990 年 12 月 2 日发表在《人民日报》上。德国在世界上是数得着的工业发达和生活富裕的国家，每个家庭完全有能力为自己的孩子购买新课本，可他们却采用了既节省又能教育孩子的办法。

3.4　5～9/10 年级（初中）与初中文凭（mittlere Reife）

在德国，中学教育属于中等教育，中等教育又分为Ⅰ阶段和Ⅱ阶段。Ⅰ阶段相当于中国的初中，Ⅱ阶段相当于中国的高中。5～9/10 年级为中等教育Ⅰ阶段，高级中学的 11～12/13 年级或者职业教育为中等教育Ⅱ阶段。

德国的中学教育主要由初级中学、普通中学、高级中学担负。前两类学校只能完成中等教育的Ⅰ阶段，学生还必须在职业技术教育之后，才能完成中等教育的Ⅱ阶段。唯有高级中学能够独立完成整个中等教育的全过程（见图 3－6）。

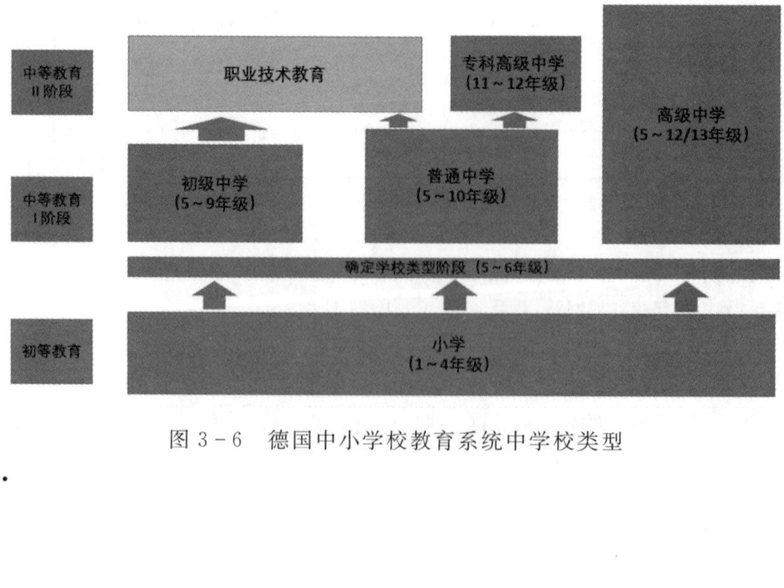

图 3－6　德国中小学校教育系统中学校类型

3.4.1 确定学校类型阶段(5～6年级)

学生在读完小学4年级之后[①]，直接上中学，此时为第一次分流，进入中等教育的I阶段，也就是5～9/10年级，相当于中国的初中。在这一阶段中，有四种类型的中学供学生选择：初级中学、普通中学、高级中学、综合中学。

学生根据自己的情况，选择其中的一种。这些不同模式的学校提供侧重点不同的课程，不再像小学那样只有单一的模式。

1972年2月28日，联邦德国州文化部长常务会议提出在5～6年级之间设立确定学校类型阶段，其目的是让学生及其家长根据自己的特长、能力和爱好，正确选择适合自己今后发展的学校形式。德国多数州不限制学生上哪一类学校，也就是说学生可以自由选择学校，但是学校有确定权。

3.4.2 初级中学

初级中学一般包括5～9年级。在德国的各州有不同的名称，大多数联邦州称它为Hauptschule，巴伐利亚州称之为Mittelschule[②]。初级中学向学生提供基本的普通教育，其特点是在学生明确的职业定位基础上，加强学生动手能力。学生完成技术、商业和社会事务的职业主题，可以做出准确的职业选择。

初级中学课程主要有社会科学、自然科学、德语、外语、数学、音乐、艺术、综合技术、宗教以及体育等。通常社会科学课包括历史、地理、政治与经济三门课，自然科学由物理、化学、生物三门课所组成，还有其他的学科结合范围。表3-4是黑森州初级中学课程以及其每周学时数(2019年)。

表3-4 黑森州初级中学课程以及其每周学时数(2019年)

课 程	5年级	6年级	7年级	8年级	9年级	10年级
德语	14			8		4
数学	14			8		4
英语	13			6		3
体育	9			5		2
宗教/伦理学	6			4		2
美术/音乐	6			4		2
生物	5			2		

① 只有柏林和勃兰登堡州，小学上到6年级。

② 巴伐利亚州的“Mittelschule”包括5～9年级或者5～10年级。

续表

<table>
<tr><th>课　程</th><th>5 年级</th><th>6 年级</th><th>7 年级</th><th>8 年级</th><th>9 年级</th><th>10 年级</th></tr>
<tr><td>化学</td><td colspan="3"></td><td colspan="2">4</td><td>2</td></tr>
<tr><td>物理</td><td colspan="3">1</td><td colspan="2">4</td><td>2</td></tr>
<tr><td>地理</td><td colspan="3">4</td><td colspan="2">3</td><td></td></tr>
<tr><td>政治与经济</td><td colspan="3">2</td><td colspan="2">2</td><td>2</td></tr>
<tr><td>历史</td><td colspan="3">3</td><td colspan="2">2</td><td>2</td></tr>
<tr><td>工作课程</td><td colspan="3">7</td><td colspan="2">6</td><td>3</td></tr>
<tr><td>选修课程</td><td colspan="3">2</td><td colspan="2">4</td><td>2</td></tr>
<tr><td>班主任老师时间</td><td colspan="3">1</td><td colspan="2"></td><td></td></tr>
<tr><td>合计</td><td colspan="3">87</td><td colspan="2">62</td><td>30</td></tr>
</table>

（来源：rv. hessenrecht. hessen. de 网站）

初级中学的学生在 9 年级时参加毕业考试。它包括笔试和口试两个部分，德语、数学、英文作为书面考试，其他科目考试形式为口试。

初级中学毕业的大多数学生直接进入职业技术教育，因此，初级中学的主要任务是如何引导学生进入社会工作，如何选择自己今后的职业。首先，学校在学习课程中的内容和范围上考虑这一点，其次，开设一门外语课程，通常为英语，某些地区例外，如与法国交界的萨尔州便以法语作为中学的第一外语。

学生读完初级中学 9 年级，并且通过初级中学毕业考试之后，可获得初级中学证书①。初级中学毕业生有两种去向：转入普通中学上 10 年级，如果考试通过，也可获得与普通中学毕业生一样的毕业文凭；或者进入职业技术学校。目前，初级中学大多数学生选择后者。

初级中学是从以前的大众学校演变而来的，大众学校包括小学和初级中学，类似于我国的九年一贯制学校。在 100 年前，德国将小学与初级中学分开之后，一直保持到现在。

随着进入这类学校的学生越来越少，有些联邦州已决定取消这种独立式的初级中学。例如，2018 年，黑森州有 104 所初级中学，教师 644 名，在校学生 10 331名，其中只有 3 所属于完全独立的初级中学。据媒体报道，这种完全独立的初级中学在黑森州最迟于 2022 年关闭。

① 德文为 Hauptschulabschluss。

3.4.3　普通中学

普通中学学习时间比初级中学多一年，即 5～10 年级。普通中学教育是给学生扩展的普通教育，为今后成为技术工人打下基础。在普通中学学习的大多数学生今后会从事技术工作。

普通中学的课程通常包括德语、外语(通常是英语)、数学、物理、化学、生物学、地理、历史、政治、音乐、艺术、体育和宗教。在一些州，还将相关的课程结合在一起。到了 7 年级或 8 年级，增加每周 3～6 个小时的必修课，还教授一般的必修选修课程，根据学生个人喜好和能力进行选择，到 7 年级或 8 年级的第二外语(通常是法语)作为选修课程。

表 3 - 5 是 2019 年法兰克福一所普通中学课程内容和时间安排，从中可以看到，在普通中学，德语、数学科目和第一外语为重点。第一外语通常是英语，第二外语通常是法语。如果英语不是第一外语，则必须选择它作为第二外语。

从 7 年级开始，普通中学为学生提供各种选修课程。学生可以从“工作课程”中选择主题，也可以选择加强必修科目，或者学生可以选择第二门外语。这为学生从普通中学毕业后进入高级中学提供了良好的先决条件。

随着学生进入中等教育 I 阶段，跨学科的重点放在职业定位上，比如，使学生了解公司对专业能力的要求。

表 3 - 5　2019 年法兰克福一所普通中学课程内容以及每周学时

课　程	5 年级	6 年级	7 年级	8 年级	9 年级	10 年级	合计
德语	5	5	4	3	4	4	25
数学	5	5	4	4	3	4	25
英语	4	4	4	4	4	4	24
体育	3	3	2	2	2	2	14
宗教/伦理学	2	2	2	2	2	2	12
美术	2	2		2		2	8
音乐	2		2		2		6
生物	2	2	2		2		8
化学				2	2	2	6
物理			2	2		2	6
地理	2	2			1	2	7
政治与经济			2		2	2	6
历史		2		2	2	2	8
工作课程	2	2		2	2		8

续表

课　程	5 年级	6 年级	7 年级	8 年级	9 年级	10 年级	合计
选修课程							
法语或者(第二外语)			5	4	3	3	15
从必修课中选择			4	3	3	3	13
班主任老师时间	1						1
学生学习时间	30	29	29/30	29/30	31	31	177/179

(来源:gss-ffm.de 网站)

学生在离开普通中学之前,必须参加 10 年级的毕业考试。以黑森州为例,普通中学 10 年级的毕业考试包括两部分:①考试的中心内容是德语、数学和第一外语,它们作为笔试内容;②以家庭作业为基础,从必修课科目上选择主题,写成文稿,然后就其演示,它们作为口试内容。

考试结果和基于论文的演示文稿计入最终成绩。学生读完普通中学 10 年级之后,获得普通中学毕业证书,也被称为 mittlere Reife,相当于中国的初中毕业文凭。

普通中学毕业生通常有三种去向:其一,进入"双轨系统",进行职业技术培训;其二,持有普通中学毕业证书的学生可以有继续提高教育的机会,那就是加入中等教育Ⅱ阶段的全日制职业技术学校学习,完成整个中等教育;其三,转向专科高级中学或者高级中学高年级。

3.4.4 高级中学低年级

高级中学通常从 5～12/13 年级。该学校以加深普通教育为目标,为今后向高等院校提供人才。5 年级至 10 年级属于高级中学的低年级,11～12/13 年级属于高级中学的高年级。

在高级中学的低年级中,第一外语可以在小学外语的基础上继续发展,或者重新选择外语。在绝大多数高级中学,英语作为第一门外语学习。此外,每个学生最迟从 7 年级开始,必须选择第二外语课程。根据学校的特点,可选择英语、法语、拉丁语、西班牙语、意大利语、俄语和古希腊语等常用的外语课程。

许多高级中学和合作的综合中学也制定了不同的措施,以促进学生的个人特长。例如,通过双语教学促进学生外语方面的发展,学生可参与语言证书以及音乐或数学与自然科学重点的培训。

中学课程内容有德语、数学、两门外语、艺术、音乐、体育、宗教/伦理、生物、物理、化学、地理、政治与经济和历史等。表 3－6(a)和(b)分别为 Darmstadt 的 GBS 高级中学对于 G8 和 G9 的课程以及其每周学时数。G8 和 G9 是德国的专用名称，G 是德语高级中学“Gymnasium”的第一个字母，后面的数字 8 和 9，是表示从上高级中学第一年(5 年级)算起，到高级中学毕业时(12/13 年级)的年数。从表中看出，高级中学低年级与初级中学和普通中学相比，不仅多一门外语，而且学时多。

表 3－6(a) GBS 学校内部 G8 课程以及其每周学时数(2019 年)①

课　程	5 年级	6 年级	7 年级	8 年级	9 年级	合计
德语	5	6	4	4,5	4	23
第一外语	5	4	4	4	4	21
第二外语	2	3	4	3	4	16
数学	5	5	4	4.5	4	22
体育	3	3	3	3	2	14
宗教/伦理学	2	2	2	2	2	10
艺术	2	2	1*	1*	1*	7
音乐	2	2	1*	1*	1*	7
生物	1	2	2		2	7
化学			2	2	2	6
物理		1	2	2	2	7
地理	2	1*		2		5
政治与经济			2	2	3	7
历史		1*	2	2	2	7
选修课/第三外语	1			2～3	2～3	5～7
班主任老师时间	1					1
学生总课时数	31	32	33	34/35	35/36	165/167

注：* 可以合为 2 小时学时。

①对于 6～8 年级额外加上 1 小时的双语课程。

(来源：gbs－darmstadt.de 网站)

表 3－6(b) GBS 学校用于 G9 的课程以及其每周学时数

课程项目	5 年级	6 年级	7 年级	8 年级	9 年级	10 年级	合计
德语	5	5	4	4	4	3	25

续表

课程项目	5 年级	6 年级	7 年级	8 年级	9 年级	10 年级	合计
第一外语	5	4	4	4	4	3	24
第二外语		3	4	3	3	3	16
数学	4	4	4	4	4	4	24
体育	3	3	3	3	2	2	16
宗教/伦理学	2	2	2	2	2	2	12
艺术	2	1*	2	1*	1*	1*	8
音乐	2	2	1*	1*	1*	1*	8
生物	2	2	2**	—	2	—	8
化学				2**	2	2	6
物理			1*	2	2	2	7
地理	2	1*	1	2*			6
政治与经济			2	2	3①	3	8
历史		2	2①		2①	2	8
选修课/第三外语	1				2～3	2～3	4～6
班主任老师时间	1						1
学生时间总课时数	31	32	33	34/35	35/36	35/36	180/182

注：* 可以合为 2 小时学时。

* * 实验教学。

①双语课程。

（来源：gbs－darmstadt. de 网站）

2001—2007 年，德国通过了 G8 改革。它将毕业的学年数从 13 年减少到 12 年。但是，在 G8 改革的实施受到了多方面的阻力。许多老师认为 9 年的课程用 8 年来完成，内容太多，大多数学生接受不了。家长反对的理由是，每周学时多，孩子压力学习大，另外没有时间参与课外活动，如踢足球、弹钢琴。因此，现在有些学校又改回了 G9。目前，德国重返 9 年制高中的趋势越来越明显了。

读完 5～9/10 年级高级中学低年级的学生，从理论上讲也有与普通中学毕业生一样的三种去向，不过有的学生在上完小学后选择高级中学是为了今后能获普通大学入学证书，直接进入高等学校学习。因此，绝大多数学生选择继续留在高级中学，进入高级中学高年级（11～13 年级），或者转到专科高级中学（11～12 年级）。

3.4.5　综合中学

综合中学的组织方式与课程描述不同，并采用不同的教学理念和课程体系。它属于新生事物。在1969年初，联邦德国教育委员会建议将综合中学作为教育试点，同年，联邦各州文化部长常务会议协商同意实行这一建议，并将综合中学划分为两种类型，即协作式综合中学和整体式综合中学。协作式综合中学是将传统的初级中学、普通中学和高级中学均放在一个学校里，保留它们的基本特点，这三种传统的学校形式在综合中学中均有它们自己的独立性。整体式综合中学与协作式综合中学相比，它已没有了传统三种类型学校的特点，自己形成一种新体系。在这类学校里，通常的班级已不存在，而是以核心小组为基本单位，根据学生的成绩、特长和爱好划分为不同的课程小组。

3.5　11～12/13年级(高中)与高考(Abitur)

11～12/13年级属于中等教育Ⅱ阶段，在普通教育学校中，只有如下两种类型的学校，可以完成这一阶段的学习：高级中学[①]，专科高级中学[②]。它们相当于中国的高中。不过严格来讲，专科高级中学属于职业技术教育学校，但人们往往将它与高级中学相提并论，因此，笔者按德国人的习惯放在这里介绍。

高级中学与专科高级中学有很大的区别，主要体现在如下三个方面。

(1)学习时间长短不同。

高级中学(11～13年级)是德国传统的高中形式，学习时间为3年，专科高级中学(11～12年级)是新的模式，比高级中学少1年。

(2)学习内容的要求不同。

与专科高级中学相比较，高级中学对学习内容既广又深，要求既高又严。就拿外语为例，高级中学的学生必须掌握两门外语，专科高级中学学生只需要一门，这就是它们之间的“分水岭”。

(3)毕业文凭不同。

高级中学毕业生通过Abitur，便获得普通大学入学证书[③]，可直接进入德国任何一所高等学校学习。专科高级中学毕业生通过Fachabitur，可得到的文凭称为Fachhochschulreife(专科大学入学证书)，即可获得有相关科目的大学入学资格。

---

① 德文为Gymnasium。

② 德文为Fachgymnasium。

③ 德文为Allgemeine Hochschulreife。

高级中学学生在读13年级时要进行毕业考试，德文称为Abitur。这种毕业考试的证书与我国有同有异，相同的是，它表示学生高中毕业，结束了高中的学习生涯，是一张高中毕业证书；不同的是，德国高中毕业生可凭该证书直接进入高等学府深造，是一张普通高等学校的入学资格证书。换句话说，德国的高中毕业考试相当于中国的高考，但Abitur又不能与中国的高中毕业证书完全等同。

3.5.1 分数

德国学生的每科成绩是综合评估得到最终结果的，对学生成绩评估来自于学生书面作业、课堂口头表达、实际工作和考试。成绩评估通常根据德国文化部长常务会议商定的评级系统进行，即6分制。德国学校成绩分数是越小越好。高于4分属于不及格（或5分制）。具体划分如下：1分（很好，即超出考试要求）；2分（好，即完全符合要求）；3分（满意，表示符合一般要求）；4分（及格）；5分（差，即不及格，但有一定基础知识）；6分（劣，也表示不及格，基础知识太差）。

为了更详细地区分成绩，在每一档次中，又引入了“＋”与“－”。“＋”表示要好一些，“－”表示要稍差一点。如果以满分为15点为例的话，德国学校学分数与积分点之间的关系见表3－7。

表3－7 德国学校学分数和积分点之间的关系

	很好			好			满意			及格			差			劣
学分数	1＋	1	1－	2＋	2	2－	3＋	3	3－	4＋	4	4－	5＋	5	5－	6
积分点	15	14	13	12	11	10	9	8	7	6	5	4	3	2	1	0

我亲戚从中国来德国旅游，当时德国学校正开始放暑假，那天我儿子拿着成绩单高高兴兴地走进家门，先把成绩单放客厅的桌上，然后想出门与他的朋友们一起去玩，就听到从客厅传来喊声：“等一等！”我儿子问：“什么事呀？”我亲戚拿着成绩单走过来说：“你怎么差不多都是1分呀！难道你不怕你父母说你吗？”我儿子边走边说：“我爸爸妈妈不会说我的。”说完他转身跑了出去。我亲戚心里一直忐忑不安，成绩单上“1分”在中国算是最差的了，怎么这孩子还这么高兴地跑出去玩。直到我回到家，她们才知道其原因。中国与德国有许多不同的地方，尤其是在一些小事中，如果你不了解的话，往往容易造成误会。

为此，笔者将自己的经历和感受特地写了一本书，书名为《第一次去德国》[1]。这本书的目的是让读者了解德国的风土人情，理解东西方文化的不同，尽量避免和减少误会。

3.5.2 Abitur 的过程

德国的高中毕业考试(Abitur)相当于中国的高考，所以高中各科的成绩很重要，它决定了学生高中毕业后能否上大学。

高级中学毕业考试比较复杂，德国教育是由各州政府负责的，各州对高级中学毕业考试规定又有所不同，但是大同小异。在这里以黑森州高级中学毕业考试为例。

在高级中学的学习过程完全不同于初中，它打破了以往以班级为单位的组织方式，按学生选择的课程项目不同，组成所谓的课程系统，整个学习过程分成三个阶段：第一，引导阶段；第二，资格认证阶段；第三，高中毕业考试。

1. 引导阶段(11 年级)

引导阶段为期一年，用于准备资格阶段。最大的变化是组织方式，它从以班级为单位过渡到以课程为单位，形成了课程系统。在这段时间里，学校提供机会专门提高学生的个人、社交和专业技能。例如，有些学生去国外中学学习几个月。此外，学生还可以使用适当的数量示例来深入了解资格阶段的学习工作，这也是引导阶段必修课之一。总之，学生可选择合适自己的课程，为下一阶段“资格阶段”做准备。

在入门阶段，德语、一门外语和数学是必考课程，在社会科学内所有其他科目中可选一项考试。如果学生考试成绩不及格，则不能进入资格认证阶段。

2. 资格认证阶段(12～13 年级)

资格认证阶段总共四个半年，即 Q1、Q2、Q3 和 Q4。高中毕业成绩由资格阶段(第一部分)和高级中学毕业考试(第二部分)的课程成绩两部分组成。

在高级中学高年级，可以选择 2 门课程作为绩效课程[2]，它们在 Abitur 考试(即高级中学毕业考试)中以笔试形式进行检查。此外，还有两门高中毕业考试，其中一个是书面的，另一个是口头的，它们是在基础课程[3]当中选择。期末考试可以口试或作为特殊学习成绩[4]进行。

在为期两年的资格认证阶段，学生将通过完成能力课程和基础课程来获得参加高级中学毕业考试的资格。学生从学校提供的必修科目中选择 2 门课程作

---

① 陶翠屏.第一次去德国[M].武汉：湖北科学技术出版社，2016.

② 德文为 Leistungskurs，简称 LK。

③ 德文为 Grundkurs，简称 GK。

④ 德文为 Besondere Lernleistung，简称 BLL。

为能力课程，其他课程均作为基础课程。基础课程和绩效课程有所区别。能力课程每周授课时间为 5 个小时，德语和数学基础课程的授课时间为 4 个小时，其余基础课程的授课时间为 2～3 个小时。学生把自己感兴趣的课程或者最拿手的课程作为绩效课程，因为绩效课程分数是基础课程的 2 倍。

高中毕业总成绩按点系统(0 ～15 点)计算(见表 3 - 7)，而不是采用德国学校通常的 5/6 分制。Abitur 的总成绩由如下三部分所组成：基础课程，每门点数为 0～15 点；绩效课程，每门点数为 0～45 点；毕业考试成绩，每门点数为 0～60 点。

在这四个半年内中，对于高级中学高年级学生有如下七门必修科目：德语、外语(初中学过)、历史、宗教或伦理、数学、自然科学、体育。其他的科目是选修课，也可作为基础课程。

在全黑森州范围内，对于以下科目进行统一标准化的笔试，它们分为三个课程范围：

课程范围Ⅰ(语言与文艺)：德语、英语、法语、意大利语、西班牙语、俄语、拉丁语、希腊语、艺术、音乐。

课程范围Ⅱ(社会科学)：历史、政治与经济、经济学、地理学、天主教和新教宗教研究、伦理学和哲学。

课程范围Ⅲ(数学与自然科学)：数学、生物、化学、物理和信息学。

3. 高中毕业考试

高中毕业考试(Abitur)在毕业前最后一个学期进行，它有五门考试科目。其中三门进行书面审查，第四考试科目口试，在第五考试科目中，学生可在口试、演示考试或特殊学习成绩三种方式中任选一种。

考试科目必须涵盖所有三个课程范围，同时必须有德语和数学。此外，还要包括一门外语、一门自然科学或者计算机科学。

4. 高中毕业总成绩的计算

高中毕业总成绩是资格认证阶段的四个半年(第Ⅰ阶段)成绩和高中考试(第Ⅱ阶段)成绩的总和。在第Ⅰ阶段中，分成基础课程领域和能力课程领域。

(1)基础课程范围(第Ⅰ阶段)

在这阶段中学生有 24 门基础课程，每门基础课程点数为 0～15 点。在四个学期中，必须修读的 24 门基础课程中的 18 门，每门至少达到 5 分。在基础课程领域中要合格的话，学生必须最低分 120 分。满分为 360 分。

(2)绩效课程范围 (第Ⅰ阶段)

中学生必修八门课程，每门能力课程点数是基础课程的 2 倍，每门满分 30 分。学生至少获得 80 分，最多获得 240 分。

(3)高中考试范围(第Ⅱ阶段)

高中考试范围包括五门课程考试结果,其每门绩效课程点数是基础课程的4倍,即每门点数为0～60点。在至少三个考试科目中,包括绩效科目,在Abitur考试中必须达到5分。

在高中考试范围中,学生必须取得至少100分的分数。可获得最高分数为300分。

高中考试总成绩满分为900分。图3-7是高中考试总体资格评估方案,这里不包括特殊学习成绩。特殊学习属于特例。德国高中毕业考试总积分与平均成绩对照表见附录9。

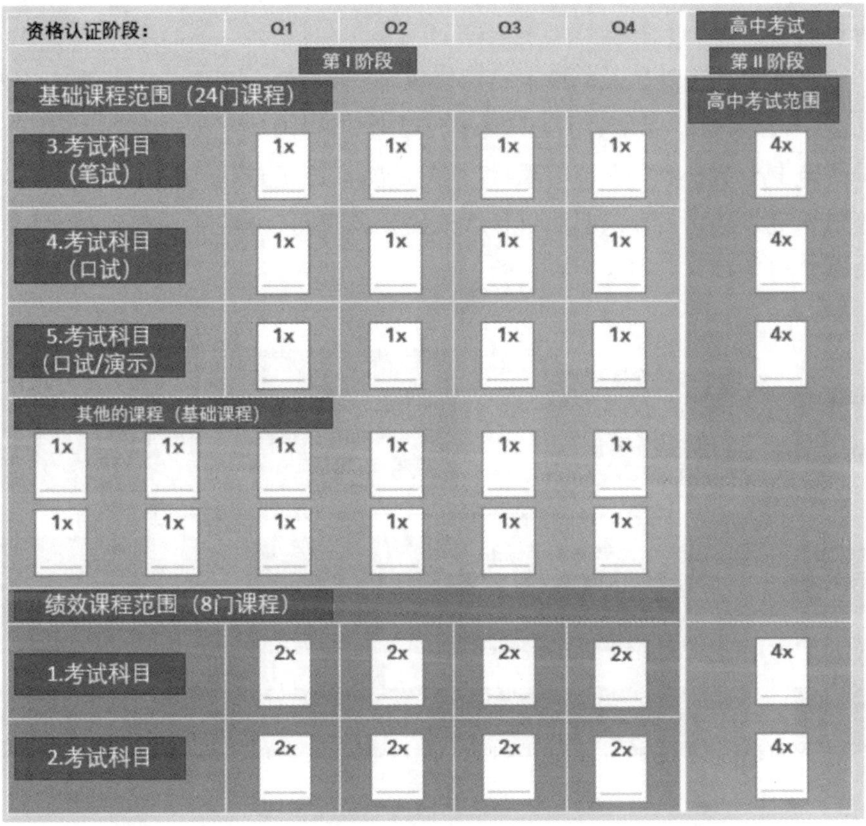

图3-7　高中的总体资格评估方案(不包括特殊学习成绩)

(来源:黑森州文化部网站)

3.6 中小学分流与现状

在德国，学生上完小学 4 年级，最迟 6 年级之后，便要决定今后向什么方向发展。由于学生分流过早，德国学生选错学校类型的比例要比其他欧洲国家高。当然，学生选错学校类型以后可以加以纠正，但这是一条坎坷的路程，对于学生发展不利。

在中等教育的 I 阶段结束时，出现了第二次分流，它比小学毕业生后的分流去向要多得多，情况也要复杂得多。初中毕业生选择向什么方向发展，是他们重要转折点。

中小学学习阶段是人生最重要的阶段，它影响到人生今后的发展。在本章前几节中，分别向读者介绍了德国小学、初中和高中的情况。在这里用图 3-8 展示德国中小学校教育系统的现状，其中还将标注了这一阶段与各种学校之间的关系和毕业文凭。有关职业教育这一部分放在第 4 章“职业技术教育”中，这里重点介绍普通教育学校。

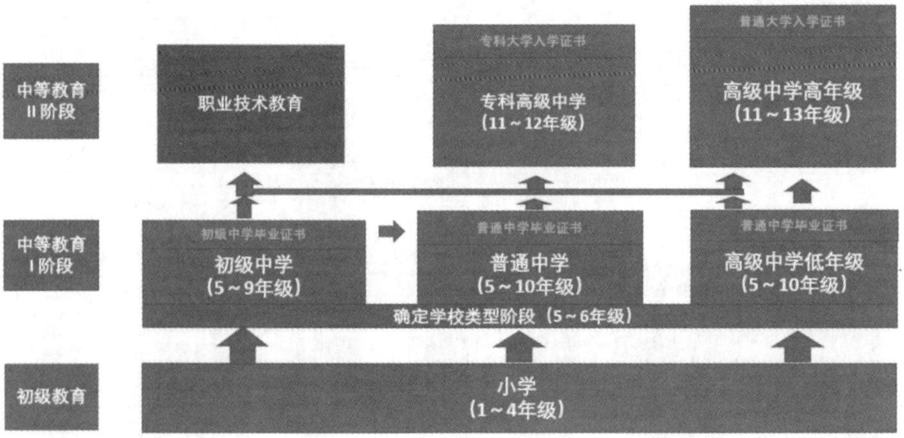

图 3-8　德国中小学校教育系统

正如在前面几节所介绍的那样，德国的中小学学校以年级为基本单位，从 1 年级一直到 12/13 年级，包括了小学、初中和高中，依年级划分学校层次，其具体划分如下：小学（1～4 年级①），初级中学（5～9 年级），普通中学（5～10 年级），高级中学（5～13 年级），综合中学（5～13 年级）。5～6 年级为学生选择中学学校类型的阶段。

中学学校类型主要有初级中学、普通中学和高级中学这三种类型。它们是德国传统形式的学校，它们之间存在着很大的区别，其主要不同点有如下几个方面：

第一，课程科目的深度与广度不同，课程科目数量不同。就拿外语而言，对于初级中学的学生，只需要一门外语，普通中学的学生第二门外语可以当作选修课，而对于高级中学的学生，第二门外语是必修课。另外，在高级中学中还提供双语言课程，例如：地理课、生物课等，这在初级中学和普通中学中是没有的。

第二，师资培训过程不同。德国不仅对小学与中学师资培训过程不同，而且对初级中学、普通中学和高级中学的教师要求也不同。比如，在初级中学培训过的教师，是不能到普通中学和高级中学中当教师的，但他可以到小学任教。以前，教师属于国家公务员（因为中小学教育由各联邦州政府管辖，所以这里指的是联邦州的公务员），现在国家公务员当教师的比例逐渐地降低，主要原因是学校聘请越来越多的合同制教师，而不是公务员了。

第三，学校教学目的不同。最主要的区别在于初级中学、普通中学和高级中学三种学校教学目的不同。高级中学的学生为今后上大学做准备，初级中学的学生则以职业教育为目标，普通中学的学生介于这两者之间。

因为综合中学在德国不算传统类型的学校，所以将其省略，在本书中没有单独标明。

从 2004—2005 至 2018—2019 学年间，按学校种类分类的普通学校数量、学生人数以及平均学校规模，见表 3－8。2006—2007 学年小学人数为最多，约 315 万人，2004—2005 学年中小学学校个数为最高，分别为14 451所和16 932所。同期中学在校学生达到峰值，大约为 500 万。15 年来，每所学校的学生人数（平均学校规模）在 230 至 250 人之间。

图 3－9 是 2008—2017 年中学毕业生在同龄人中所占的比例。目前中学生毕业生持有普通中学毕业证书大约 50%，大学入学资格大约 40%，初级中学毕业证书大约 20%，无初级中学毕业证书在 10%以下。

① 只有柏林和勃兰登堡州，小学上到 6 年级。

表 3-8 2004—2005 至 2018—2019 学年按学校种类分类的普通学校数量、学生人数以及平均学校规模*

学校种类	2004—2005	2006—2007	2008—2009	2010—2011	2012—2013	2014—2015	2016—2017	2018-2019[①]
中小学校数量								
合计	34 859	33 192	32 264	31 902	31 510	30 967	30 304	29 548
小学	16 932	16 743	16 500	16 290	15 971	15 578	15 456	15 398
中学教育 I	14 451	13 054	12 434	12 292	12 281	12 272	11 935	11 315
初级中学	5 195	4 812	4 383	3 883	3 416	3 039	2 625	2 111
普通中学	3 003	2 939	2 704	2 593	2 525	2 313	2 070	1 853
两种类型的综合中学[②]	2 224	1 322	1 364	1 489	1 828	1 802	1 849	1 878
三种类型的综合中学[③]	729	692	705	1 019	1 175	1 778	2 058	2 121
高级中学	3 120	3 097	3 074	3 101	3 122	3 125	3 110	3 124
华德福学校	180	192	204	207	215	215	223	228
特殊学校	3 476	3 395	3 330	3 320	3 258	3 117	2 913	2 835
在校学生人数								
合计	8 579 195	8 280 494	7 852 897	7 502 704	7 320 152	7 113 464	7 103 832	7 131 459
小学	3 149 546	3 156 524	2 997 074	2 837 737	2 746 379	2 708 752	2 768 899	2 802 189
中学教育 I	5 005 878	4 715 885	4 462 332	4 287 045	4 218 634	4 069 704	4 017 323	4 008 483
初级中学	1 084 300	953 401	825 730	703 525	607 878	507 502	427 674	363 057
普通中学	1 351 452	1 300 537	1 262 545	1 166 509	1 080 598	950 706	852 514	796 128
两种类型的综合中学[②]	379 468	311 987	302 269	370 852	433 637	477 102	520 145	526 014
三种类型的综合中学[③]	450 960	420 601	415 346	484 128	561 252	660 378	758 947	834 192

续表

学校种类	2004—2005	2006—2007	2008—2009	2010—2011	2012—2013	2014—2015	2016—2017	2018－2019[①]
高级中学	1 702 399	1 691 274	1 617 271	1 521 175	1 493 415	1 432 241	1 416 610	1 447 608
华德福学校	37 299	38 085	39 171	40 856	41 854	41 775	41 433	41 484
特殊学校	423 771	408 085	393 491	377 922	355 139	335 008	317 610	320 787
平均学校规模(每所学校的学生人数)								
合计	246	249	243	235	232	230	234	241
小学	186	189	182	174	172	174	179	182
中学教育Ⅰ	346	361	359	349	344	332	337	354
初级中学	209	198	188	181	178	167	163	172
普通中学	450	443	467	450	428	411	412	429
两种类型的综合中学[②]	171	236	222	249	237	265	281	280
三种类型的综合中学[③]	619	608	589	475	478	371	369	393
高级中学	546	546	526	491	478	458	456	464
华德福学校	207	198	192	197	195	194	186	182
特殊学校	122	120	118	114	109	107	109	113

注：* 不包括确定学校类型阶段、夜校、学院以及没有确定学校类型的学生。

①从2018—2019学年开始，萨克森-安哈尔特州和德国总数值基于三舍五入而保密。

②包括初级和普通中学的综合中学。

③包括初级、普通、高级中学的综合中学。

（来源：2020年德国教育报告）

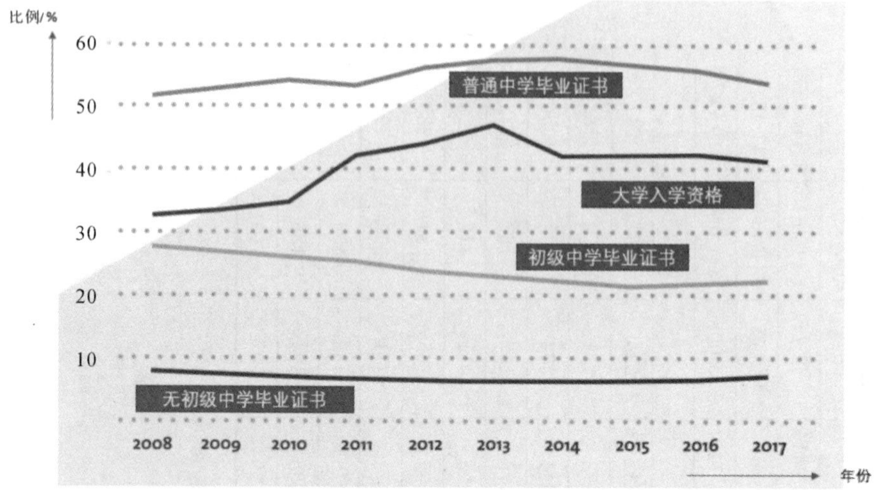

图 3-9　2008—2017 年中学毕业生在同龄人中所占的比例
（来源：kmk.org 网站）

KMK 在 2018 年对 2018—2030 年中学毕业生进行了预测，具体结果见图 3-10。

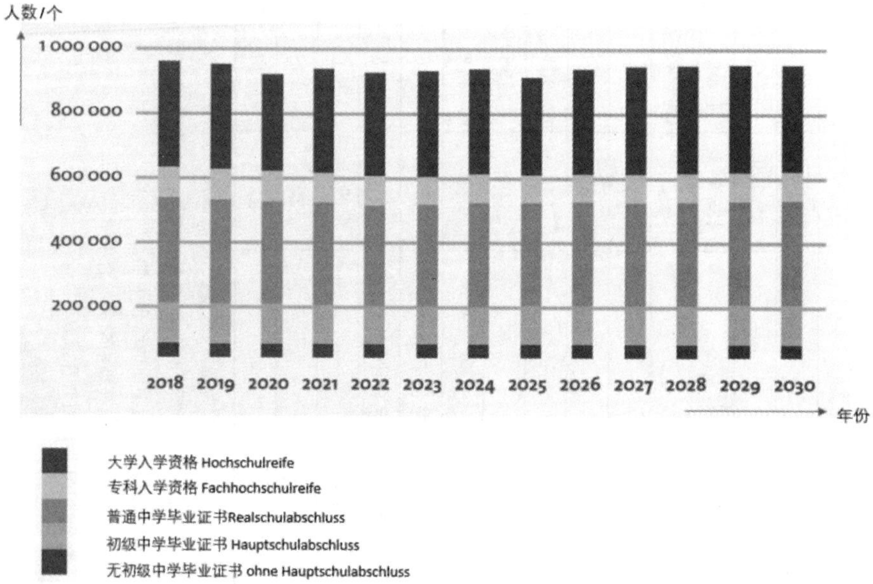

图 3-10　2018—2030 年对中学毕业生的预测
（来源：kmk.org 网站）

3.7　学生接触社会的方法和政府措施

从目前的德国中小学教育系统来看，在此期间有二次分流。在中等教育的Ⅰ和Ⅱ阶段结束时，学生均存在向什么方向发展的问题。许多中学生在毕业后有很多疑问，例如现在该怎么办，职业培训还是继续上学学习，实习还是工作，休息还是旅游，等等。即使那些已获普通大学入学证书的高中毕业生，也要面临选择专业和学校的问题。

如何让中学生和中学毕业生认识社会，如何让他们正确选择适合自己未来的发展方向，这不是一件容易的事，它需要学生、家长、学校、政府、企业以及社会共同协调合作。德国政府为此制定了一系列的法规，如《联邦志愿服务法》①《青年志愿服务法》②，为学生提供各种各样的机会，确保他们能深入社会，为社会做有意义的事情。同时，将志愿社会年③和志愿生态年④作为教育和定向年。下面介绍中学生接触社会的几个主要的方法和政府措施。

3.7.1　实习

德国人一向重视实习，常常把实习作为衡量一个人的动手能力和工作能力的标准之一。实习通常可分为学校实习和大学实习两种。学校实习指的是中学生第一次实习，所以也称为中学生实习。通过实习，中学生会对工作生活有一个初步的了解，有助于他们选择今后的职业。大学实习大多数与专业方向或者课程内容相关，为特定的工作做准备。有些专业需要有实习证明，在这种情况下，实习也可以称为强制性实习。

在德国中等教育的Ⅰ阶段中，学校对初中生通常有实习两周的规定，根据学校不同的类型，一般在8至10年级进行，目的是让初中生在完成初中教育之前，了解企业和社会，为今后选择职业方向和专业时提供初步的实际感受和经历。中学生实习是必修课。实习的公司和地点完全由学生自己选择，学校通常给出两周实习的时间，也有的为三周。在实习期间，学生不去上学，他们与公司职员一样时间上下班。

中学生实习是如何进行的呢？首先，学生自己找一家公司去实习，然后，学生与公司制定一个实习计划，如第一周做什么，第二周要完成什么。最后，学生

---

① 德文为Bundesfreiwilligendienstgesetz，简称BFDG。

② 德文为Jugendfreiwilligendienstegesetz，简称JFDG。

③ 德文为Das Freiwillige Soziale Jahr，简称FSJ。

④ 德文为Das Freiwillige Ökologische Jahr，简称FÖJ。

到公司实施实习计划，如到各个部门了解公司的工作过程，看工作人员如何工作，自己再独立去做。在实习的最后一天，学生从公司得到一份实习证明，并且自己写一份实习报告，一起交给学校。

不要小瞧这两周实习的作用。笔者的儿子从小爱画画，立志长大要当建筑师。万万没想到，两周的实习彻底改变了他原来的梦想。当他第一天从一家建筑事务所实习回来时，就告诉笔者："妈妈，我长大了绝不会去当建筑师。"笔者问他："为什么?"他回答地很简单："在建筑事务所的工作与我的想法完全不同，那不是我想要做的事。"实习就是学生衡量自己的梦想是否与社会和企业相符的最好途径。

中国有一句老话："百闻不如一见。"通过实习，初中生看到了具体的工作情况，亲身体验比任何说教要强一百倍。因此，许多初中生通过实习确定了或者否决了自己原先的想法。

高中毕业生拿到普通大学入学证书之后，有一些毕业生还不知道今后从事什么职业。这时，他们往往会选择工作实习，这可能是一个正确的选择。因为通过紧张的高中毕业考试之后，高中毕业生可以在各种各样的职业和领域中实习，找到一份适合自己的工作。工作实习的优点在于具有高度的时间和内容灵活性。这类实习的要求通常低于学徒或学习的要求，虽然薪酬往往很低，但可以把它当作是休息时间，放松自己，为了今后读大学做准备。

3.7.2 联邦志愿服务

在2011年以前，联邦德国年满18岁的男子必须服兵役。高中毕业生正好满足这一条件，他们当中有许多人想去读大学，但是他们必须在上大学之前到德国军队里至少当一年兵，或者去代替服兵役的民事服役。2011年德国政府结束了服兵役义务，同时制定了《联邦志愿服务法》，建立联邦志愿服务①，用联邦志愿服务代替了之前的民事服役，并且还补充了现有的志愿服务，促进公民积极参与社会活动。此外，服兵役还放宽了年龄限制，就是将志愿服务的概念放在更广泛的社会基础上。联邦志愿服务由联邦家庭与公民社会事务办公室②管理。

年满15岁以上的公民均可加入联邦志愿服务行列。联邦志愿服务范围非常广，如老人院、儿童之家、学校、青年设施、残疾人设施、体育俱乐部、博物馆、文化机构、民用和灾害保护设施、生态项目等。

联邦志愿服务通常持续12个月，最少6个月，最长不得超过18个月。在特

---

① 德文为Bundesfreiwilligendienst，简称BFD。

② 德文为Bundesamt für Familie und zivilgesellschaftliche Aufgaben，简称BAFzA。

殊情况下，可延长到24个月。联邦志愿服务根据个人的情况，可以全职，也可以兼职。

据联邦家庭与公民社会事务办公室统计，截至2020年7月1日，一共有39 141人参与了联邦志愿服务，其中26 961人年龄在27岁以下，占联邦志愿者总人数的75.2%。这说明有许多年轻人加入这个队伍，乐意为社会做有意义的事情，同时也证明这是让中学生毕业生了解社会的一种好方法。表3-9为各州联邦志愿者具体情况。

表3-9 各州联邦志愿者情况

州名	<27岁		27～50岁		51～65岁		>65岁		合计		总和
	女	男	女	男	女	男	女	男	女	男	
石勒苏益格-荷尔斯泰因州	838	526	47	28	18	28	2	2	905	584	1 489
汉堡市	490	256	78	34	14	16	1	2	583	308	891
下萨克森州	2 055	1 373	132	119	42	90	8	11	2 237	1 593	3 830
不来梅市	177	152	19	19	11	8	1	1	208	180	388
北莱茵-威斯特法伦州	4 822	3 123	297	189	96	150	23	34	5 238	3 496	8 734
黑森州	823	551	112	65	30	66	3	11	968	693	1 661
莱茵兰-普法尔茨州	485	357	72	48	23	42	8	6	588	453	1 041
巴登-符腾堡州	3 447	2 095	354	167	43	92	16	16	3 86	2 370	6 230
巴伐利亚州	1 950	1 282	168	81	42	90	11	10	2 171	1 463	3 634
萨尔州	107	101	18	13	4	20	1	4	130	138	268
柏林市	541	360	168	141	100	125	13	15	822	641	1 463
勃兰登堡州	255	206	257	192	242	212	29	28	783	638	1 421
梅克伦堡-前波莫瑞州	389	283	163	193	174	207	14	14	740	697	1 437
萨克森州	784	525	524	435	475	357	95	87	1 878	1 404	3 282
萨克森-安哈尔特州	301	247	324	236	300	312	50	62	975	857	1 832
图林根州	306	245	234	243	235	209	28	40	803	737	1 540

续表

州名	<27 岁		27～50 岁		51～65 岁		>65 岁		合计		总和
	女	男	女	男	女	男	女	男	女	男	
德国 总计	17 770	11 682	2 967	2 203	1 849	2 024	303	343	22 889	16 252	39 141

（来源：联邦家庭与公民社会事务办公室网站，截至 2020 年 12 月 1 日）

3.7.3 志愿社会年与志愿生态年

1. 志愿社会年

志愿社会年是社会领域的志愿服务，为已经完成全日制 9 年义务教育，但未满 27 岁的青少年提供的，也就是说初中或者高中毕业生均可申请。

联邦州州政府负责志愿社会年，联邦政府负责联邦志愿服务。前者有年龄限制，后者没有。

志愿社会年的志愿服务者虽然与服务单位不是雇佣关系，可志愿者与受职业培训者具有相似的法律地位。因此，除了在志愿社会年的框架之外，还适用劳动法规，特别是与学徒相关的法规。志愿社会年的志愿服务者有经济补偿，它通常被称为零用钱。另外，还有午餐，住宿和旅行津贴。零用钱的数量因服务单位不同而有所不同。

志愿社会年的服务单位主要是在社会和慈善或非营利部门。例如：医院、疗养院、门诊护理和社会服务、历史保护机构或文物保护俱乐部、纪念馆、体育俱乐部、体育协会、托儿所或日托中心、卫生和救援等。在文化领域可以是剧院、博物馆、广播或电视公司、文化协会。

2. 志愿生态年

志愿生态年是一项自然和环境保护的志愿服务，志愿者必须在 16～27 岁之间，由各个联邦州政府负责。志愿生态年通常为期 12 个月，但也可以在 6 到 18 个月的时间内完成，通常从 9 月 1 日开始，到第二年 8 月 31 日结束，也可延长至 24 个月。

与志愿社会年的志愿服务者类似，志愿生态年的志愿服务者也有经济补偿，报酬金额因联邦州而异。补助金最高为 363 欧元，一般是 150 欧元。

志愿服务者必须参加研讨会，每周进行五次。它涉及生态系统、全球化或可持续性等生态问题。

3.7.4 工作与旅行

工作与旅行是一种旅行形式，它特别受年轻人欢迎，因为它给年轻人了解不同的国家、文化、语言以及风土人情提供了机会和可能性。

工作与旅行与其他类型的旅行不同，旅行者通过短期或者更长时间的工作，即“跳槽”方式，获得必要的财务资源。因此，通过这样方式的工作，为旅行者提供了一种替代传统住宿的方式，例如，当保姆、农场帮工。对于某些国家/地区，将在旅行期间签发特殊签证，一个人可以工作和旅行长达12个月，而不需要额外签证。所以，对于德国年轻人，把澳大利亚、新西兰、美国和加拿大作为首选目的地，这些国家提供工作假期签证。有了这个签证，便可以在这个国家停留长达12个月，在那里工作和社会旅游，从中获得许多从课本中学不到的东西，了解社会，积累经验和教训。这对今后的学习、工作和生活也是一笔难得的财富。

第4章 职业技术教育

4.1 概述

与其他国家相比，德国的职业技术教育有着独特之处，它不仅有以“学徒期”为教育形式的传统职业教育方式，还有将企业与职业学校紧密结合在一起的双轨制职业教育系统。

在德国中教育系统中，存在着两大类型的学校，即普通教育学校和职业教育学校。前面已介绍的初级中学、普通中学和高级中学属于前一类，而与职业培训有关的职业学校归属于后一类，这也是本章要介绍的内容。

在德国，职业技术教育属于中等教育Ⅱ阶段。在完成中等教育Ⅰ阶段的中学毕业生(相当于中国的初中)中，出现了第二次分流，主要分成如下三种情况：①高级中学低年级学生。他们中的大多数直接进入高级中学高年级，为将来到大学深造打基础，他们是职业高级人才的主要来源。②初级中学和普通中学的毕业生。他们中间的大多数人进入双轨制职业教育系统，接受职业技术教育，少数人上职业技术学校。他们将来向社会和企业输送既有基础知识又有实际工作能力的就业者。③没有获得任何文凭的初级中学肄业生。他们很难进入双轨制系统，因为进入双轨制系统的前提是具有初级中学及其以上毕业文凭的中学毕业生，他们只能从事无技术的工作或者补习初级中学的课程。

随着社会和科学技术的不断向前发展，社会对中学毕业生的要求不仅是要有一定素质的专业工人，而且能够在他们自己的职业生涯中发挥所需要的高效率，以便适应现代职业和劳务市场的需要。

在德国，职业培训的方式基本上有三种：①在企业进行的双轨制职业培训；②在职业技术学校的培训；③在高等学校接受高等教育。

所有培训途径均建立在完成全日制义务教育基础上的。图4-1展示了德国规范的职业教育三种方式以及其需要的培训时间。人们通常把高等学校归入大学教育范畴。在本章重点介绍前两种方式，第三种方式将在第6章“高等教育”中讲述。基于双轨制高等职业教育的特殊性，将其放在第7章进行描述。

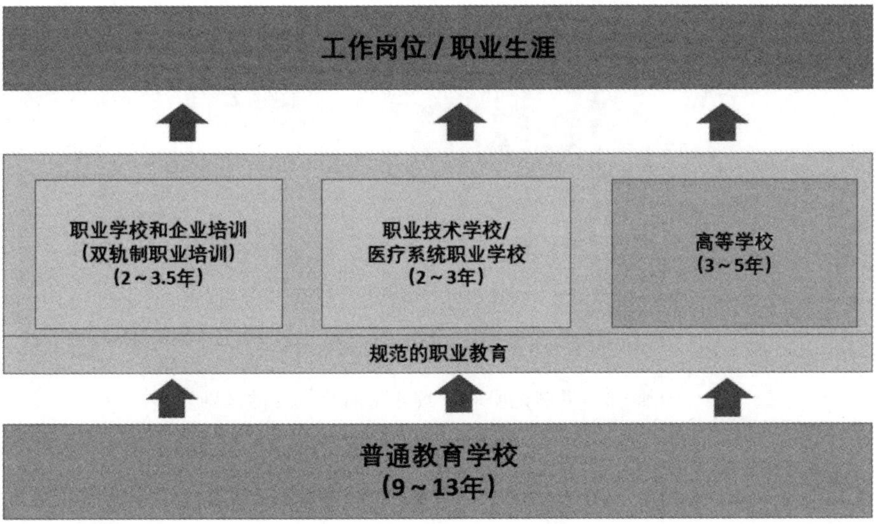

图 4－1　德国规范的职业教育方式

2019 年，德国联邦统计局对联邦各州按年龄段和性别对职业培训者进行了统计，在 2018 年，德国职业受训者人数最多的是 19 岁，其次是 20 岁和 18 岁，职业培训人数最多的三个联邦州为北莱茵-威斯特法伦州、巴伐利亚州和巴登-符腾堡州。2018 年，联邦各州职业培训者人数见附录 10。

职业型教育方向的学校不同于普通教育学校，它的目的是为学生进入某一职业工作做准备，教学内容尽量符合学生个人职业工作的发展要求，学生一方面在职业学校学习理论，另一方面在企业实践，或者在全日制职业学校学习，从而结束中等教育Ⅱ阶段学习任务。

通过职业技术教育，学生不仅能学到足够的专业基础知识，还使得职业变动更加灵活。这种教育既有一定深度，还有一定的广度。因此，它使受教育者——将来的工作者，有能力与企业和同事们共同思考、共同决策和共同负责。在从事职业工作以后，可通过继续教育，调整职业基础，提高从业技能，以适应经济和技术不断发展的形势。在这里要注意的是，职业技术教育不要与继续教育相混淆，继续教育的目的是更新知识和适应不断变化的职业技能要求。

在德国，第一次的职业培训通常属于职业教育，而后面的技术提高，被称为职业继续教育。例如，从学徒到技工的过程，称为职业培训，属于职业教育阶段。如果有些人不甘心一辈子当技工，想成为高级技师的话，那么从技工到高级技师的过程，称为职业继续培训，它属于继续教育范畴，如图 4－2 所示。

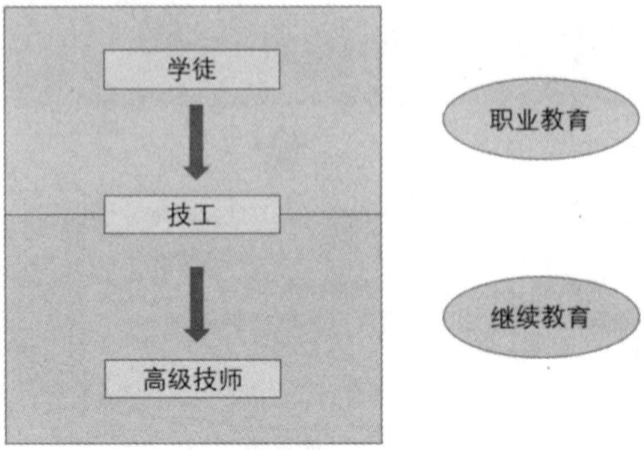

图 4－2　举例说明职业教育与继续教育的区别

4.2　双轨制职业教育系统的来由

双轨制职业教育系统是德国特有的一种对青少年的职业培训方式，培训地点为企业和职业学校，即双轨制。世界上许多国家纷纷效仿这种职业培训方式，以提高职业培训的效力，减少年轻人的失业率。那么双轨制职业培训是如何演变而来的呢？这要追溯到中世纪。那时德国大多数城市的商业和手工业正逐步发展，有些公司内部对学徒进行商业和手工业方面的培训。当时的学徒只在公司内部为今后的职业做准备，并没有进学校学习文化知识。职业培训通常意味着学徒纯粹凭直觉试图模仿师傅的技能和工作方法。通常许多学徒没有上过学，他们阅读、书写和计算比较困难。后来因专业领域发展变化得越来越快、越来越复杂，这种培训学徒的方法无法满足需求。大约在 17 世纪，德国一些地方成立了第一批针对手工业者、商人、建筑商和矿工的技术学校。随着工业化的发展，德国的职业培训发生了翻天覆地的变化。学徒只从师傅接受知识的传统方式已经过时，出现了越来越多的职业培训学校。在职业培训学校，老师对受训人员进行理论上的培训。在工业、贸易和手工业中率先实行了这种培训制度。

1869 年的《工商业管理条例》首次引入了针对 18 岁以下工人的义务教育，直到今天仍然有效。那时，一般不强制学徒上一所进修学校。公司可以自行决定是否要派遣学员到学校学习。1871 年德意志帝国建立之后，引入了新的《帝国工商业管理条例》。地方新成立的进修学校可以得到帝国政府的补助，但前提条件是必须接受州政府对学校的监督，还必须为所在地区的 18 岁以下学徒提供义务教育。

1897 年，德国最重要的手工业法规——《手工业保护法》规定，由手工业商会实施对学徒制度和工人制度的监督，到目前还在继续使用。

一直到20世纪，新兴行业长期以来均没有经过定量和定性培训的劳动力。因此，行业代表努力建立适当的监管框架，以招聘和鉴定急需的工人。在这种情况下，1908年德国工程师协会①和德国机械与设备工程协会②成立了德国技术教育委员会③，致力于工业职业培训的标准化。该委员会属于私人法律协会。德国技术教育委员会与德国企业和经济领域积极合作，制定了课程和培训计划的指南，并在月刊《技术教育》上发布。德国技术教育委员会的宗旨是收集和总结公司实践的技术知识，使其普及化，并不断改变和发展职业技术教育。

第一个有意义的关于学徒培训的法律是第一次世界大战前后产生的。《魏玛宪法》第145条，规定了所有离开学校的青少年，到满18周岁为止都有接受培训义务。

1919年，德国技术教育委员会出版了第一批系统课程教材，开始了双轨职业培训的合并阶段(1920年)，包括行业典型的学徒培训和职业学校课程。在20世纪20年代初，"职业学校"④一词开始代替以前的"进修学校"⑤。从此以后，"职业学校"开始流行于全德国，一直延续到今天。

1938年，国家社会主义者提出了普通的国家义务职业学校问题，法律上首次将所有不再上小学或其他高中的年轻人规定了三年义务教育。这不仅影响到正在做学徒的年轻人，而且还包括失业的年轻人。

第二次世界大战结束后，新成立的德意志联邦共和国基本上从第三帝国手中接管了义务教育。并非所有联邦州都适用完全相同的规则，但是在大多数情况下，以公司为单位的学徒制的年轻人必须同时上职业学校，至少要到21岁。双轨制扩展阶段开始于1970年，引入分级培训课程，使培训适应经济的不同技能需求以及年轻人的个人兴趣。

1969年8月14日，德国通过《职业教育法》⑥，于同年9月1日生效。《职业教育法》规范了公司内部的职业培训(双轨制度)、职业培训的准备、进一步培训和职业再培训，还明确了职业培训关系的要求。它与2005年4月1日实施的《职业培训改革法》和1981年实施的《职业培训促进法》合并，进行了根本性改革。这项改革的目的是扩大和确保培训机会，并且保持高质量的职业培训。修

① 德文为 Verein Deutscher Ingenieure，简称 VDI。
② 德文为 Verband Deutscher Maschinen－und Anlagenbau，简称 VDMA。
③ 德文为 Deutscher Ausschuss für Technisches Schulwesen，简称 DATSch。
④ 德文为 Berufsschule。
⑤ 德文为 Fortbildungsschule。
⑥ 德文为 Berufsbildungsgesetz，简称 BBiG。

改后的《职业教育法》使德国的职业培训制度更加灵活，适应社会、技术、经济、工作组织和年轻人的要求和变化。特别是涉及关于职业培训关系、培训中心和培训人员的适用性以及考试制度的规定进一步建立。该法律还包括职业培训的组织、职业培训的研究，以及与联邦职业培训学院有关的规定等内容。

随着 1990 年德国统一，《职业教育法》和《手工业法规》[①]也适用于新的联邦州。

德国双轨制职业教育系统发展到今天，可总结为以下 4 个阶段。

(1)初始阶段(中世纪—1870)。

从中世纪到工业化传统手工业和商业模式社会化，出现了商业与培训学校。

(2)建设阶段(1870—1920)。

大量建立手工业培训和继续教育学校，在传统的培训模式开始在手工业中重新确立自己的地位的同时，将课程方法引入工业，确定了双轨制职业培训制度。

(3)巩固阶段(1920—1970)。

在 1920 年的帝国学校会议上，决定对 18 岁以下的青少年进行义务继续教育。1938 年，通过了《德国学校义务法》，最终巩固了职业学校制度。从 1960 年开始，职业学校的教师在技术大学接受了培训。在巩固阶段，职业培训的内容和教学发展过程得以开展。

(4)扩大阶段(1970—2005)。

1969 年 8 月 14 日，《职业教育法》的实施标志着巩固阶段的结束和扩大阶段的开始。在德国，职业培训准备、双轨制体系内的职业培训、持续职业培训和职业再培训均受《职业教育法》的约束。

德国职业教育的双轨制系统从无到有，从以恢复手工艺培训和进修学校的职业培训到行业典型的学徒培训和职业学校，在一个复杂的历史过程中逐步形成了独立的职业培训双轨制度。

4.3 企业职业培训(学徒)——双轨制职业培训

在德国职业教育中，企业职业培训(学徒)扮演着不可估量的作用。德国许多企业每年寻找学徒，希望在学徒中发现有工作能力、适合工作需要的未来公司员工。在世界上绝大多数国家中，学徒培训通常只在职业学校学习或者只在企业培训，而德国企业培训学徒的方法是将职业学校学习与企业实际工作有机地结合在一起，采用双轨系统，即双轨制职业培训。

---

① 德文为 Gesetz zur Ordnung des Handwerks，简称 Handwerksordnung，缩写 HwO。

双轨制职业培训(Duale Berufsausbildung),指的是两个合作伙伴共同负责两个学习地点的职业培训:企业和职业学校。中学毕业生以学徒身份,在企业学习实际操作技术;以学生身份,在职业学校学习理论基础。职业培训的目的是在有序的培训计划中为学生提供必要的专业技能能力和知识,以便在不断变化的工作环境中工作能力,同时提供所需的工作经验。

大约有50%的中学毕业生接受《职业教育法》,在国家《手工业法规》认可的325项培训职业中选择一种或者多种职业进行职业培训。在双轨制度下,根据职业不同培训时间为两年、三年或三年半。

4.3.1 职业基本培训年和职业培训准备年

并不是每个人都能在学校结束后直接找到学徒的位置。有些人可能还不知道他们的职业生涯将何去何从。为了不浪费时间,中学毕业生可以在职业学校完成职业技术基本培训年或职业培训准备年。在有些联邦州,未满17岁的青少年必须参加职业基本培训年(Berufsgrundbildungsjahr,BGJ)或职业培训准备年(Berufsvorbereitungsjahr,BVJ)。

1.职业基本培训年

为了缓解因申请职业技术教育的人数多于所提供的培训位置,1978年德国首次推行职业基本培训年。它是联邦政府、州政府、工会、雇主组织和政党支持的最重要的教育政策项目之一。BGJ是为那些已经拿到初级中学毕业证书的中学毕业生,在没有开始常规学徒开始之前提供一个机会,为其今后职业培训做好准备。

BGJ学校是全日制的,为学生提供专业领域的基础职业培训,如果考试合格毕业,则可以通过缩短培训时间将其计入双轨体系的职业培训中。没有得到学徒位置的年轻人,可在职业基本培训年中"等待位置"。

2.职业培训准备年

职业培训准备年与职业基本培训年有不同的地方,它不能算作培训的第一年,只是为职业培训做准备的一年。它适用于没有上完初级中学或初级中学文凭不合格的毕业生,特别针对那些有学习障碍、社会弱势群体。通过职业培训准备年,提高了这些年轻人成功开始职业生涯的机会。一方面,他们可以完成职业义务教育并获得初级中学毕业证书或相当的文凭;另一方面,他们在理论和实践中了解了职业领域。在德国大多数州称它为职业培训准备年,但在北莱茵-威斯特法伦州称其为"职业导向年",在石勒苏益格-荷尔斯泰因州则称之为"培训准备年"。

4.3.2 双轨制职业培训中各方面的责任

由于德国双轨制职业教育系统是很复杂的,在这里只能给读者一个大概的轮廓。

联邦政府、州政府、社会伙伴和企业共同讨论双轨制职业培训的计划和发展,在各自的责任范围内达成共识,并将其付诸实践。因此,参与者既是双向职业培训确保其质量的监督者,又是促进双向职业培训向前发展的促进者。所有相关方均遵守具有约束力的联邦框架,特别是《职业教育法》和《手工业法规》。

在基础职业教育和培训方面,联邦政府的法定咨询机构是联邦职业教育研究所(BIBB)的主要成员之一。

联邦各州政府承担职业教育系统的全部责任。在各州之间以及参与双轨制系统职业培训的其他方面进行协调之后,由各州文化部长决定学习课程内容。法规培训和框架课程是双系统职业培训的基础。

在双轨制职业培训的背景下,商会和行业协会作为主管机构,在组织和实施职业教育与培训方面有不同的公共服务任务。来自商会的培训顾问检查培训师是否适合为公司和受训人员提供培训和建议。

各方面通过设立任命和审查委员会来组织整个考试制度。此外,商会还颁发考试证书和文凭。考试委员会由雇主,雇员和职业学校的代表组成。在职业培训的重要事项中,应通知职业教育与培训委员会。该委员会由同等数量的公司、工会代表和职业学校的顾问组成。

图4-3是德国双轨制职业培训教育系统的结构图,显示了德国双轨制职业培训教育系统中政府机构、企业、商会等方面的职责与关系。职业学校和企业职业技术培训的总体规划和具体学习计划由各州文化部掌握,而有关培训条款和法律属于联邦范围,具体由联邦教育与科学部以及涉及的各类职业和技术领域的联邦部负责。还有一个在联邦政府直接管理下的联邦职业教育研究所,它与各州文化部和雇主、雇员组织配合,从各个角度出发,全面地研究德国的职业教育系统。由联邦政府、雇主联合会以及工业与贸易协会所组成的考试委员会承担评价和监督学生的任务。

4.3.3 双轨制职业培训过程

双轨制职业培训是职业技术教育的一种特殊形式,在国际上别具一格,不同于我们常说的“学徒”。从“双轨制职业培训”这一名称便可以得知,它需要两个合作伙伴共同负责两个学习地点的职业培训,这两个合作伙伴就是公司和职业学校。

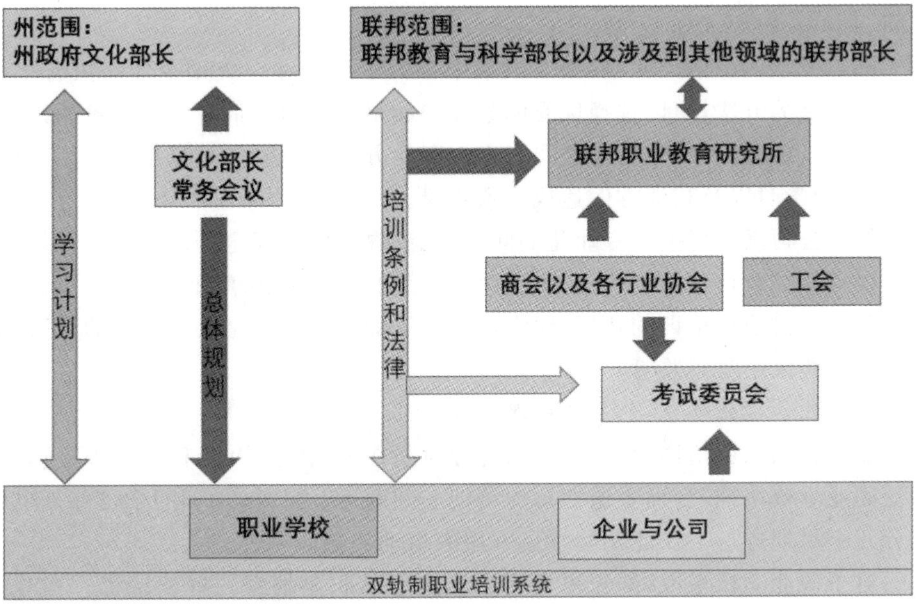

图4-3 德国双轨制职业培训系统结构图

公司培训伴随着职业学校的课程。在框架课程的基础上，职业学校的学徒接受职业专业、实践和普通教育。双轨制职业培训过程由如下三部分组成。

1. 公司培训的部分：培训条例和培训合同

双轨职业培训条例主要包含国家对该专业的认可、培训职业名称、培训时间、学徒简介（最低要求）、框架培训计划（关于事实和时间结构的说明）、考试要求等内容。

公司内部培训是根据《职业培训法》或《手工业法规》订立的。它包含一些特殊性，由负责机构（通常是商会）的公法来控制。未经商会的审查和注册，公司与受训者之间订立的培训合同将不能生效。对受训者的培训时间、培训内容和考试要求在培训法规中作了规定。在合同中，公司承诺确保相关培训法规中描述的所有培训内容，从而确保受训者的全部专业能力。

根据职业的不同，职业培训持续两年至三年半。在某些条件下，公司和受训人员共同申请可以缩短培训时间。申请的前提条件是受训者的专业知识达到一定水平。培训也可以兼职进行。如果受训者未通过期末考试，则延期至下一次期末考试，但最长不得超过一年。

如果学徒找到想从事的职业，那么与企业签订了培训合同之后，他便知道自己应当去什么样的职业学校，因为职业学校是根据职业来划分的。公司与受训者所签订的培训合同上有如下内容:国家颁布的培训职业名称、培训内容、培训时间、月工资数额、休假天数。

国家所承认的培训职业,大多数集中在大中型企业。大型企业一般有自己考试或测试的方法,用以选择优秀的学徒。如果企业与申请者相互满意的话,便签订合同。在合同中,学徒与公司双方在职业方面、学徒时间、试用期限、工资待遇、上课周学时以及其他方面达成一致协议。

如果公司因其规模或专业化的问题,无法提供所有规定的培训内容,那么学徒可以进行综合培训,即参与两个或两个以上的公司职业培训。

公司支付公司培训的费用,向学徒支付培训津贴。这是法律规定的,且在部门的集体协议中受到监管。

2.职业学校的部分:职业学校课程计划

在双轨制职业培训中,受训者大部分时间在公司学习和工作。此外,还必须接受职业学校培训,受训者通常每周培训一到两天。另外,培训的学校部分也可以分几个星期进行。在此期间学员不用去培训公司。

对于职业学校来说,部长级文化会议决定了职业教育的框架课程。在时间和内容上,这与公司作为学习地点的相关联邦培训法规相协调。在职业学校中,除了基于框架课程的德语、英语或历史等通用科目外,学员还将接受通用理论科目和实践教学单元的培训。

文化部长常务会议提出职业学校课程计划以初级中学毕业证书的水平为基础,各联邦州可直接采用,也可以在单独的课程中实施。职业学校的目标是根据复杂的程序传授技能。不同的理论教学内容不是孤立的,而是尽可能融入专业环境中(即所谓的学习领域)。

职业学校的课程包括普通教育和与职业相关内容。普通教育内容约占1/3,职业相关内容约 2/3,这部分内容在学习领域的框架内以面向实践的方式进行传授。

3.结业考试/熟练工考试

双轨制职业培训以根据 BBiG 进行的结业考试或者熟练工考试而结束。结业考试/熟练工考试由负责机构(通常是商会)组织。考试方式分为实际操作、笔试和口试。它由雇主、雇员和职业学校教师的代表组成的独立考试委员会负责。

在传统的考试结构中,需要进行中期考试。结业考试在培训期结束之前以整体考试的形式进行。中期考试成绩不包括在最终成绩结果中。

根据 BBiG / HwO 在国家认可的行业中进行期末考试,在通过期末考试之后,学生将获得三份证书:①考试证书(根据结业考试或熟练工考试的等级);②职业学校证书(由职业学校颁发);③培训公司的职业培训证明。

虽然双轨制系统的实施和学徒位置只取决于企业与学徒本人，与政府无直接关系，但适用于每一种职业的企业培训章程和培训计划，由所属专业的联邦政府部门所制定，通常是经济部制定，也有其他的情况，如医生助手属卫生部、农业助手属农业部等。归纳所有双轨制系统可划分为两大类：工业中的技术工人，如电工、车工、钳工等；经济领域以及公共行政部门中的技术职员，如秘书、护士、出纳员等。

职业技术培训的数量在近几年来急剧下降。1950 年约有 900 种职业，1970 年还有 600 种，现在只有约 330 种，许多传统职业被淘汰，有的合并或变成复合职业，这是职业种类减少的主要原因。另外，随着社会和科学技术的发展，专业之间的联系加深，它向人们提出了多面的要求，从而使学校的专业不能划分得太窄太细，而需要一定的宽度和深度；同时，也向人们提出了终身教育的要求。

近十年以来，由于学徒位置紧张，供求不平衡，人们对双轨制系统教育展开了激烈的讨论。目前的劳动力市场形势不理想，虽然培训位置供大于求，但企业找不到合适的学徒，造成技工短缺，成为德国经济发展的难题。

迄今为止，双轨制职业教育制度是中等教育Ⅱ阶段中重要的教育领域。双系统学徒制的大多数毕业生将成为技工，其中不少人会进一步接受的职业培训。在一定条件下，毕业生还可以在全日制学校获得（应用科学）大学入学证书，然后进入（应用科学）大学继续深造。成功接受高等教育继续职业培训的参与者也越来越多。

职业培训与职业继续培训密切相关，学徒进一步培训通过考试后，可以获得新的职称，培训考试和职业继续教育考试通常由商会或相关机构举办。有关职业继续教育将第 8 章“成人教育与继续教育”中介绍。

4.4　职业技术教育学校

德国的职业技术教育学校种类繁多，涉及面广，覆盖了几乎所有的国民经济领域，如工业与商业（包括银行、保险）、手工业、农业、公共事业、家庭经济（在城市范围内）和自由职业（如法律、公证、专利、税收以及医疗等）等。

要了解和理解德国的职业技术教育，就要知道德国教育的方针和理念。德国人在求职时，不仅要提供自己的学历，还需要有职业培训的证书。

职业技术教育若从培训方向和目的来说，可分为如下两种类型的职业学校。①职业型：职业学校、职业专科学校。②职业＋普通教育文凭提高型：职业高中、专科高级中学、职业高级学校。

此外，还有职业基本培训年或职业培训准备年，便于中学毕业生从学校过渡到职业培训中。

职业型教育方向的职业技术学校是为了将青年人引入职业工作做准备。培训内容尽量符合他们个人职业工作的发展,部分时间在职业学校学习理论,部分时间在企业实践,或在全日制职业学校完成中等教育高级阶段。职业+普通教育文凭提高型教育方向的职业技术学校则不同,它在学习职业相关知识的同时,还提高自己的文化水平,拿到更高一级的普通教育文凭,为今后继续深造创造有利条件。

大多数中学生在完成普通教育学校后进入职业教育学校。一方面,他们可以为自己想从事的职业做准备;另一方面,他们有机会获得普通教育学位,即从初中到高中的文凭。职业技术教育学校将普通教育与职业教育结合在一起,这也是为什么有50%以上的德国中学毕业生选择它。

职业技术教育学校主要分为六类学校,包括了在德国各地约330个学徒职业。在各种类型的学校中,职业学院和职业高中各自具有不同的特点。职业技术学校的特点是使学生能够提前接受职业培训,即使在职业培训后,年轻人仍然有机会获得额外的普通中学文凭,直至获得普通大学入学资格。

职业技术教育学校又可分为全日制和非日制职业学校两大类。这些学校名称有所不同,下面对这些职业技术学校逐一介绍①。

1. 职业学校②

职业学校是双轨职业培训中的一部分。职业学校在年轻人在完成普通学校全日制义务教育之后,处于对职业技术初次培训或准备参加工作状态之中。职业学校的义务教育也包括年龄不到18周岁的失业青年。职业学校提供的课程内容约1/3是基础课,2/3是技术课,学习时间一般为3年。

2. 职业专科学校③

职业专科学校属于全日制职业学校。它向学生传授一种或多种职业,为他们提供一个或多个公认的培训职业的部分职业培训,或引导他们获得职业的职业培训资格。这类学校的教育课程范围非常广泛,有商业、外语、工业技术和手工业,国内经济、社会教育和护理、艺术和联邦政府的医疗保健等职业的职业学校。

这类职业学校的入学要求取决于所期望的教育目标,通常是普通中学毕业证书。职业学校的职业教育和培训的持续时间不同,具体取决于专业领域和目标。职业学校可以在特定的公认职业中获得职业资格。在某些条件下,应用科

① 严格来讲,有些职业技术学校属于职业继续教育范围,由于它们与职业教育分不开,受训者从职业学校直接进入到这类技校,所以放在本章便于读者理解。

② 德文为 Berufsschule。

③ 德文为 Berufsfachschule,简称 BFS。

学大学入学证书也可以在职业学校获得。

职业专科学校有两种形式：一年制职业专科学校和两年制职业专科学校。

(1)一年制职业专科学校。

顾名思义，一年制职业专科学校为期一年，它是针对尚未接受过公司内部培训的普通中等教育成功毕业生的培训课程。目标是以下学科领域的职业基础教育：农业、结构工程、印刷和媒体技术、电气工程、汽车技术、色彩技术和室内设计、花艺、园艺、烹调、家务和照顾、科技、健康与护理、食品行业、金属技术、纺织技术和服装、经济等。

在一年制职业学校的最终证书上，列出了培训第一年的理论和实践能力的培训职业。在成功进入这所职业学校后，有可以直接进入相应的双轨制职业培训的第二年培训。

(2)两年制职业专科学校。

为期两年的职业专科学校是在一年制职业专科学校的基础教育之后，提供更高的学力。它为初级中学毕业生开辟了特殊的机会，基于职业主题和重点来激励年轻人，为他们进行职业培训做好准备。期末考试的合格者可获得普通中学毕业证书，还可以过渡到两年制的高等职业学校或者专科学院。

3. 专科高级学校[①]

入专科高级学校的学生，必须持有普通中学毕业证书，可以没有进行过职业培训。在申请时，申请者要确定一个职业方向。专科高级学校的特点是将实践培训以指导实习或职业培训的形式与理论教育相结合，最后还可获得一个文凭，即(应用科学)大学入学证书。

专科高级学校的学习时间为2～3年，即11年级、12年级和13年级。由于学生还没有职业培训，他们将在11年级时接受为期半学年实践培训，公司实习是由学校组织的。学习内容取决于各州确定的学科。拿黑森州来说，当前提供以下五个主要学科：①技术学科包括建筑技术、化学/物理技术、电气工程、信息技术、机械工程、纺织技术与服装；②经济学科包括农业、营养和家政、经济与行政管理、商业信息；③保健与卫生；④塑造与装饰；⑤社会福利。

通过12年级期末考试后，学生将获得应用科学大学入学资格证书。13年级期末考试合格者，可获得与学科相关的高等教育入学资格证书[②]，或普通高等教育入学证书。

---

① 德文为 Fachoberschule，简称 FOS。

② 德文为 Fachgebundenen Hochschulreife。

4.职业高级学校[①]

职业高级学校属于第二教育途径,是给没有在普通教育学校获得大学入学资格的人再提供一次机会。职业高中为全日制学校,进入职业高中没有年龄限制。

第二教育途径属于成人与继续教育范畴。什么是第二教育途径?它有什么样的特点?读者可在第8章中寻找到答案。

职业高级学校分为中级班和高级班两种类型。

(1)中级班。

在这所全日制学校上学一年后,持有普通中学毕业证书并完成职业培训的学生可以接受中等教育(中等程度)。基于学生到目前为止所获得的知识和技能,可以接受一般教育,尤其是技术和经济领域的一般教育,并准备从事更高级的工作。

(2)高级班。

职业高级学校的高级班学习时间为两年。入学的前提条件是完成至少两年的职业培训,而且持有普通中学毕业证书。高级班的学习内容是多方面的,如社会事务、技术和商业。

5.职业高级中学/专科高级中学[②]

与普通5~12/13年级高级中学相比,职业高级中学/专科高级中学通常没有设置低年级(5~10年级)。它们几乎在所有联邦州内均以高中形式出现,以职业为主题。一般为11年级到12年级或者13年级,学制两至三年。毕业生可获得与所学专业相关的大学入学证书,即只能在普通大学中学习所限定的专业。如果通过第二外语补充考试,学生便能获得普通大学入学证书。进入职业高级学校的要求是结束了职业教育培训以及相应实习,而且获得普通中学毕业证书。

学生从各种各样的学科中选择个人倾向和目标,学科包括计算机科学学科(专注于实用计算机科学)、营养、健康与社会问题、工程专业(建筑工程专业、生物、化学工程、电气工程、设计和媒体技术、机械工程,机电一体化、环境技术)和经济专业。

职业高级中学和专科高级中学是向高等学校输送学生的渠道之一。这类学校的毕业生已经与职业专业紧密相连,会在大学里继续深造,或者在专科学院学习,他们大多已获得与专业相关的大学入学证书或应用科学大学入学证书。

根据国际标准教育分类,技术学院的继续职业培训被归类为高等教育。因

---

① 德文为Berufsoberschule,简称BOS。

② 德文为Berufliches Gymnasium/ Fachgymnasium。

此，(高等)专科学校[①]将在第 8 章中加以介绍。

在上面介绍的职业技术学校中有关卫生与保健方面的学校，即卫生与保健学校，它在德国是很特殊的一类职业学校，这是因为它所培训的职业不属于 BBiG / HwO 规定的职业培训范畴。在职业专科学校和医疗保健系统的学校中的培训不同于其他职业培训。通常，学生在学校接受三年培训。进行实践培训的学习场所包括门诊或住院医疗设施。

此外，在健康、教育和社会服务方面，学校设置了有许多国家规定的培训课程(例如护理助理、保姆)和助理培训领域的培训课程(例如技术助理、商务助理)。这些主要培训课程为期两年，学生在培训期间进行实习。这与双轨制培训相反，学生通常没有任何培训津贴，卫生保健职业学校大多数是私立学校，学生常常要自己付学费。

4.5　职业技术教育学校之间的关系以及最热门的培训职业

4.5.1　职业技术教育学校之间的关系

前面所介绍的德国职业技术教育学校之间的关系见图 4 - 4。学生进入什么样的职业技术教育学校取决于入学条件，即学生入学之前拥有的中学毕业证书。从第 3 章“中小学教育”中读者已经了解到德国中学阶段有三种毕业文凭：初级中学、普通中学和高级中学毕业证书。起点不同，后续受教育所走的路线也不同。

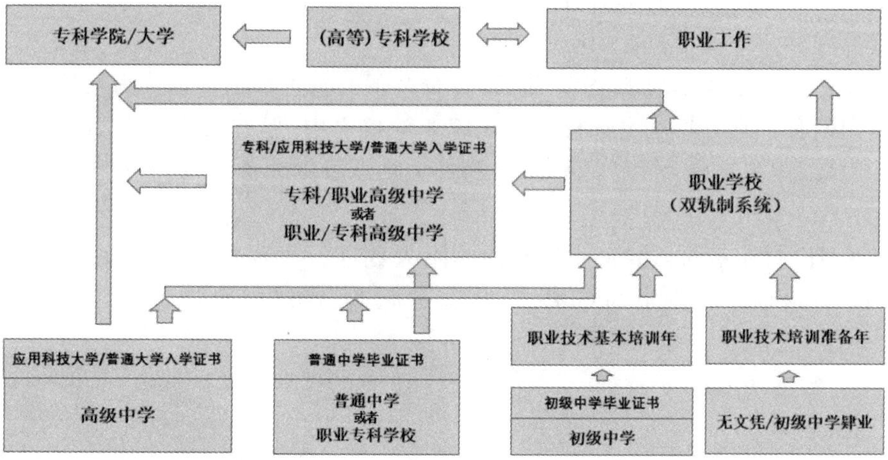

图 4 - 4　德国职业技术教育学校、职业学校和高等学校的关系

① 德文为 Fachschule。

在初级中学9年级毕业的学生，大多数还不满18岁，如果想进入双轨制系统的职业教育，但还没有选择专业的，可以先去职业基本培训年或者职业培训准备年，然后进入双轨制系统的职业教育。如果持有初级中学毕业文凭毕业生想获得更高的中学文凭的话，可进入职业专科学校。在职业专科学校学习两年，获得普通中学毕业证书之后，有两条路可供选择：一条路是直接上两年制的专科高级学校，在那里获得专科大学入学证书，便可进入专科学院或者应用科技大学深造；另一条路是先到双轨制系统中进行职业教育，然后再上一年制的专科高级学校。通常完成了双轨制系统的职业教育之后，大多数人直接迈进职业生涯。若想要更上"一层楼"的话，可去（高等）专科学校或者应用科技大学或者大学深造学习。

持有普通中学毕业文凭的人，可以直接上专科高级学校或者进行双轨制系统的职业培训。持有高级中学毕业证书的人，大多数人一般进入大学深造，但也有一部分人进入双轨制系统的职业教育。随着科学技术不断地向前发展，对进入职业教育的人要求越来越高了。比如：警察这个职业，以前只需要有普通中学毕业文凭，现在则必须是高级中学毕业生。当完成双轨制职业教育之后，可以直接参加工作，也可以直接上大学。

德国的职业高中对教育系统的渗透性越来越广泛，它对德国的普通教育和职业教育的等同性做出了重要贡献。

在职业高级学校与专科高级学校中可以补上Abitur。但并非在所有德国联邦州都提供这两种类型的学校，有的联邦州将职业教育和培训处在较大组织形式的框架下以自己的形式存在，例如，巴伐利亚的职业高中（BOB）①、在柏林和勃兰登堡州的高中教育中心（OSZ）②。

专科高级学校出现于1960年，是教育改革的新生事物。它分为全日制或部分时间两种。官方将这类学校统计在职业学校之中，但有人认为它不属于职业技术教育，因为它是为了进入（高等）专科学院学习做准备，以获得专科学院入学证书。

KMK对在不同类型职业学校的学生人数进行了调查，其结果是学生在双轨制职业培训中比例最高（62%），其次是职业高级中学（18%），具体情况见图4－5。

---

① 自2008/09学年起，巴伐利亚州将技术高中（FOS）与职业高中（BOS）合并为巴伐利亚职业高中（Beruflichen Oberschule Bayern，简称BOB）。

② 德文为Oberstufenzentrum，简称OSZ 。

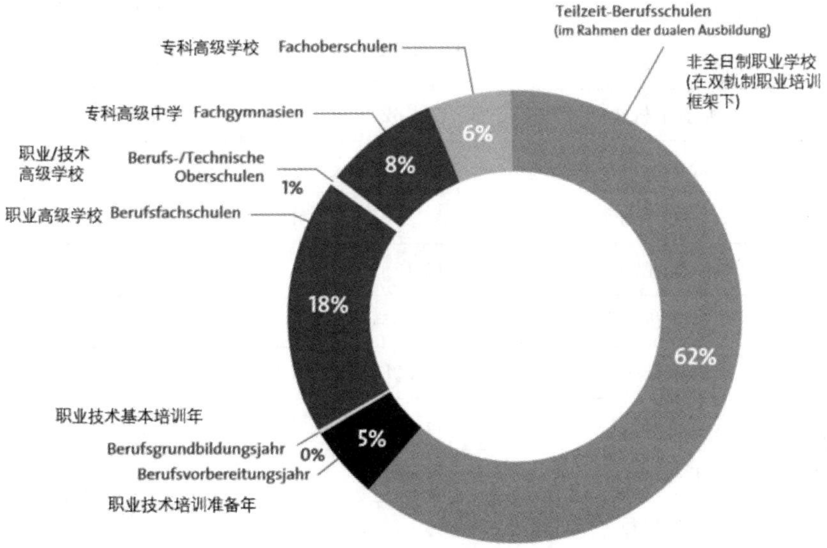

图 4－5　2017 年德国职业学校学生人数的分布(来源:kmk.org 网站)

4.5.2　2019 年最热门的学徒职业

培训职业的选择标志着年轻人培训事业的开始。但是,从事一份工作并不总是取决于个人所需,往往还取决于市场提供。受训者所选的培训职业不一定是自己所想要的。

2019 年新签订的职业培训合同前五名的职业为机动车机电工、办公室管理人员、零售商、工业商和工业机械师。表 4－1 是 2019 年德国按培训职业分类前 20 位的职业,它显示了 2019 年双轨制职业培训初学者中最受欢迎职业的排名。在 300 多个培训职业中,这前 20 名职业所受训者占所有受训者的 54.4%。但是,男女性对职业的选择有所不同,对于女性前五名的职业是办公室管理人员、医疗助理、牙科助手、工业商和零售商,而男性则是酒店工作人员、电子技术员、工业机械师、IT 专业人员以及供暖和空调技术的工厂技工。2019 年德国女性和男性受训人员最受欢迎的 20 种职业见附录 11 和附录 12。

表4-1　2019年德国按培训职业分类前20位的职业①

培训职业名称②		人数/个	所占总数的比例/(%)
德国总合计		1 328 964	100
1	机动车机电工	67 962	5.1
2	办公室管理人员	67 908	5.1
3	零售商	53 280	4
4	工业商	48 165	3.6
5	工业机械师	43 086	3.2
6	电子技术员	41 808	3.1
7	医疗助理	41 736	3.1
8	IT专业人员	39 957	3
9	售货员	38 070	2.9
10	卫生,供暖和空调技术的工厂技工	35 679	2.7
11	批发与外贸商	34 851	2.6
12	牙科助手	32 289	2.4
13	机电工人	28 287	2.1
14	仓库物流专业人员	25 497	1.9
15	企业技术电子技术员	23 115	1.7
16	银行职员	22 719	1.7
17	切割机操作员	19 932	1.5
18	理发师	19 743	1.5
19	酒店工作人员	19 425	1.5
20	行政办事员	19 413	1.5
	其他专业	606 042	45.6

注:①出于数据保护的原因,所有数据(绝对值)均进行了加工。因此,该值可能与单个值的总和不同。

②来自不同培训领域的相同职业已合并,即将到期的培训职业划分到后继职业。

(来源:德国联邦统计局网站)

2020 年德国教育报告的数据显示，2005—2019 年新进入双轨制、职业学校和过渡阶段 3 个不同职业培训系统中的人数分布如图 4－6 所示，双轨制职业培训人数在 2014 年有过一次高峰(51.1％)，虽然 2016 年略有下降(48.1％)，但后来一直保持超过一半，这也说明了双轨制职业培训是德国职业技术教育的主力军。

德国对双轨职业培训的高度重视主要归功于所涉及人员的多方利益。它为学员和公司提供社会、经济和劳动力市场政策以及个人特点。年轻人获得了广泛的高质量职业资格，公司拥有训练有素的年轻专业人才。靠近公司实践也为学徒过渡到职业生活创造了良好的条件。职业发展机会提供了广泛的职业和发展机会。训练有素的专业人才是德国经济的支柱。

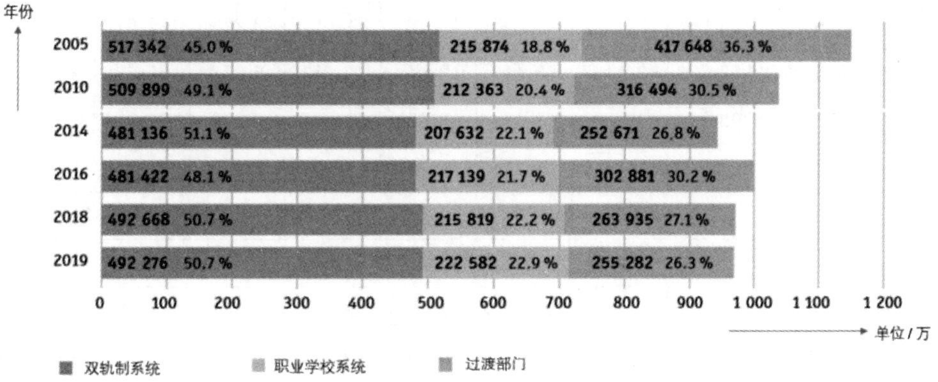

图 4－6　2005—2019 年新进入 3 个职业培训系统的人数

注：不含中级公务员的职业培训，2019 年为初步结果。

（来源：2020 年德国教育报告）

新的职业培训取决于人口发展情况。年轻人通常在 16～24 岁开始职业培训。由于出生或移民数量的减少，这些年龄组的人口也减少，影响了职业教育和培训系统以及随后向劳动力市场提供的熟练劳动力。这个数字与相应年龄段的人口紧密相关。德国的教育体系为年轻人提供了许多职业培训的替代方案。但是，这些数字代表了考虑职业培训时的重要因素。2009—2019 年按培训领域德国职业培训者的人数见表 4－2。

表 4-2 2010—2019 年按培训领域德国职业培训者的人数（截至每年 12 月 31 日）*

年份	总计	其中在职业培训范围						其中	
		工业和贸易[①]	手工业	农业	公共服务机构[②]	自由职业[②]	家政	德国人	外国人
合计									
2010	559 032	332 571	154 839	14 253	12 960	40 860	3 546	526 926	32 106
2011	565 824	342 912	152 838	13 602	12 195	41 031	3 246	532 833	32 988
2012	549 003	333 183	146 592	13 275	11 787	41 319	2 847	515 802	33 204
2013	525 897	317 694	139 320	13 278	12 174	40 782	2 649	492 099	33 798
2014	518 394	312 147	137 304	13 404	12 261	40 893	2 388	481 902	36 495
2015	516 639	308 868	137 049	13 455	12 954	42 084	2 229	477 612	39 027
2016	509 997	302 523	136 467	13 416	12 840	42 681	2 073	465 666	44 331
2017	515 679	302 940	140 295	13 464	13 869	43 038	2 073	460 887	54 792
2018	521 901	307 746	140 571	13 245	14 295	44 037	2 007	460 869	61 032
2019	513 309	301 206	138 705	12 933	14 799	43 749	1 920	453 651	59 658
其中女性									
2010	233 550	139 737	40 284	3 270	8 406	38 586	3 264	219 264	14 283
2011	229 488	139 284	37 806	3 069	7 806	38 544	2 979	215 037	14 454
2012	222 753	134 505	36 156	3 066	7 749	38 676	2 601	208 029	14 724
2013	212 094	127 392	33 264	3 030	7 917	38 061	2 433	197 745	14 352
2014	207 960	123 825	32 844	3 117	7 935	38 070	2 172	192 306	15 657
2015	205 182	120 279	32 358	3 105	8 400	39 018	2 019	189 045	16 137
2016	200 031	115 662	31 698	3 204	8 169	39 450	1 848	183 075	16 956
2017	194 205	110 721	30 186	3 135	8 703	39 642	1 818	176 691	17 514
2018	192 222	109 581	28 371	3 165	9 006	40 344	1 758	173 964	18 258
2019	187 392	105 993	27 429	3 186	9 279	39 879	1 623	168 435	18 957
其中男性									
2010	325 482	192 834	114 555	10 983	4 554	2 274	279	307 659	17 823
2011	336 333	203 628	115 029	10 536	4 389	2 487	267	317 799	18 537

续表

年份	总计	其中在职业培训范围						其中	
		工业和贸易[①]	手工业	农业	公共服务机构[②]	自由职业[②]	家政	德国人	外国人
2012	326 253	198 678	110 439	10 209	4 035	2 643	246	307 773	18 480
2013	313 803	190 302	106 053	10 251	4 257	2 724	216	294 354	19 446
2014	310 434	188 322	104 460	10 287	4 326	2 823	216	289 596	20 838
2015	311 457	188 589	104 688	10 350	4 554	3 063	210	288 567	22 890
2016	309 966	186 864	104 766	10 212	4 671	3 231	222	282 594	27 375
2017	321 474	192 219	110 106	10 329	5 166	3 396	255	284 199	37 275
2018	329 679	198 168	112 200	10 080	5 289	3 693	249	286 905	42 774
2019	325 917	195 216	111 276	9 744	5 520	3 870	294	285 219	40 701

注：* 出于数据保护隐私的缘故，所有数据（绝对值）都舍入为 3 的倍数。因此，总值可能出现偏差的现象。

①包括银行，保险，餐饮和运输。

②没有培训合同，根据职业培训法与其他主管合同，该培训区域外的工作（商会）已经注册。

（来源：德国联邦统计局网站）

德国联邦统计局 2020 年 8 月公布的 2019 年职业教育与培训数据显示，2019 年新的培训合同比 2018 年减少 1.6%，共有 513 300 人签署了新的培训合同，其中男性有 325 900 名（较 2018 年下降 1.1%）和女性有 187 400 名（较 2018 年下降 2.5%）。该年在所有新近签订的培训合同中，妇女所占比例为 36.5%，2009 年为 42.6%。这延续了十年来观察到的趋势，越来越少的女性选择双轨制职业培训。

对于 2019 年所有新合同，签署最多的培训合同是零售业务员，有 26 110 份合同，高于前一年最多的办公室管理员（26 060 份）。其次是机动车辆机电技术员（22 110 份）、销售员（21 360 份）和工业文员（16 900 份）。在新签订的所有学徒合同中，这五个职业多年来一直是最受欢迎的学徒制中职业，占所有新签订的培训合同的 22%左右。

虽然毕业生人数总体上有所下降，但与 2018 年相比，有些新签订的学徒合同却大幅增加。首先是 IT 专业人员职业，获得了 16 210 个新的培训合同。与 2018 年相比，已签订的合同增加了 1 260 份。

德国的职业技术教育以双轨制职业培训和职业技术学校为基础，提供了非常多样化的培训机会，其中考虑了年轻人的不同专业需求和技能，创造了职业发展机会，同时还确保了各种职业的高职资格。但是，在仍然需要持续的现代化和进一步的开发过程，及时使培训适应当前的需求并为将来做好准备。职业技术学校与双轨制职业培训之间、职业培训到高等教育机构之间有许多过渡过程。在德国，大约有20%的大学新生，已经完成了双轨制职业培训。年轻人可以选择自己要走的职业教育之路。

第5章 特殊教育

5.1 概　　述

特殊教育是相对于普通教育而言的一个概念，其教育的对象是由于身体或者其他原因不能进入普通学校学习的儿童和青少年。

与普通教育一样，特殊教育也包括学前教育、小学教育、中学教育以及职业技术教育。它属于普通教育中的一个分支，但因其教育对象的特殊性，人们往往将它单独拿出来，进行讨论、分析和阐述。

自从2009年《联合国残疾人权利公约》生效以来，世界各国对特殊教育也越来越重视，德国也一样。《联合国残疾人权利公约》赋予残疾儿童和青少年接受教育的权利。也就是说，将特殊教育真正纳入到普通教育的范畴。为此，在德国各类教育机构，如儿童日托中心、普通学校、职业学校，必须考虑所有儿童和青少年的个人需求，要有保证他们通向所有场所的设备，确保对残疾儿童和非残疾儿童的高质量教育，积极支持他们参加到社会当中。

德国文化部长会议（KMK）曾对德国特殊教育做出多项决议，特别是1972年3月的《关于组织特殊教育的建议》，它针对特殊需要教育的个别优先事项的建议，对支持和特殊教育的开发和设计进行了标准化。1994年5月6日在文化部长常务会议上做出了《德意志联邦共和国学校特殊教育支持建议》，它推动了近年来特殊教育的发展，例如消除通向所有场所的障碍和残疾青年的平等参与。2011年10月，KMK通过了“对学校中的残疾儿童和青少年进行全纳教育”的决定。这些建议基于《联合国儿童权利公约》和《联合国残疾人权利公约》的要求，它们以1994年以来的《德意志联邦共和国学校特殊需求教育建议》为基础，以普通学校和职业学校中日益包容的教育实践的为框架，其宗旨是实现对儿童和青少年的普通教育，确保并进一步发展特殊教育、咨询和支持的标准。

特殊教育的一项中心任务是将一个或多个发展领域中针对残疾的联络点与

教育和教学任务联系起来,尤其适用于学习、运动技能、语言以及情感和社会发展领域中经常遇到的障碍问题,这需要个人努力和社会的广泛支持。对于患有严重多重残疾的儿童和青少年,必须注意不同的资助重点,以确保基本的支持。

文化部长常务会议确定了特殊教育重点,就个别强调特殊教育的重点提出建议,它涉及九个主要关注领域,具体如下:

(1)学习和表现行为,尤其是学校学习,应对学习障碍的能力。

(2)语言,口语,交流行动以及能够处理语言障碍。

(3)情感和社会发展,经验和自我调节,应对经验和行为障碍的能力。

(4)智力发展的优先领域,应对智力障碍的能力。

(5)身体和运动发展领域的资金优先事项,应对运动和肢体残疾领域重大障碍的能力。

(6)视力领域,视觉感知,应对视力障碍的能力的优先领域。

(7)听力,听觉感知和能够解决听力障碍的优先领域。

(8)长期疾病的优先领域和应对长期疾病的能力。

(9)自闭症儿童和青少年的教育和教学。

本章从特殊教育的模式入手,分析特殊教育与普通教育之间的关系和不同,思考怎样提高残疾儿童少年义务教育普及水平,如何促进残疾人的平等机会,特殊教育处于什么样的状态,未来的挑战在哪里,等等。

5.2 特殊教育的模式与学校类型

残疾儿童和青少年是一组特殊的群体,对他们的教育往往容易忽略,以至特殊教育没有像普通教育那样真正步入正轨。残疾儿童和青少年教育有着特殊性,如何将他们与普通教育学校结合一起,这是一个大课题。

从理论上而言,残疾儿童和青少年的特殊教育学校与非残疾儿童和青少年的普通教育学校之间的关系可分为如下四种模式:①残疾儿童和青少年被排除到普通学校之外;②特殊学校与普通学校分开;③特殊学校与普通学校合为一体;④残疾儿童和青少年包容到普通学校之中。

在特殊学校与普通学校组合的四种模式当中,德国存在两种模式:一种是将特殊学校与普通学校分开,各自为独立的单位;另一种是将残疾儿童和青少年混入到普通学校之中。这两种模式的最大区别是受教育者所在的学校不同,前者是在特殊学校,后者则是在普通学校。

在德国，有特殊教育需求的儿童和青少年原则上可以在普通学校或特殊学校学习。在所有形式的特殊教育需求中，每个学生都有一个单独的发展计划，该计划必须连续不断地记录特殊需要教育的目标、措施以及结果。

特殊学校的主要任务是为学生今后的独立生活和专业活动做好准备。特殊教育教师为学生提供适当的教育和培训。根据特殊学校的教学理念，特殊教育学校不仅与其他类型的学校合作，还要以咨询、诊断服务以及包容性信息的形式为与其他学校提供其特殊教育技能。

德国的特殊学校可划分为八种类型的学校：①学习障碍特殊学校；②盲人和视觉障碍特殊学校；③聋哑听觉特殊学校；④语言障碍特殊学校；⑤残疾人特殊学校；⑥智障特殊学校；⑦行为障碍特殊学校（情绪和社会障碍）；⑧以"医院与家庭"为重点的特殊学校。

过去，盲人和弱视儿童特殊学校与聋哑儿童和听力障碍儿童特殊学校都属于听力障碍的范畴。现在，特殊学校专门解决学生各自的需求，就分成了多种不同形式的学校。

除了用于普通教育的特殊学校之外，还有各种以特殊教育为重点的职业学校，即所谓的职业特殊教育学校。联邦政府的劳动力市场政策旨在促进残疾人参与工作生活。在职业融合方面，残疾人常常需要特殊的支持。学校必须尽早认识到受教育者个人需求和潜力，以便实现可持续和尽可能包容的融入劳动力市场，其目的是在操作期间或尽可能接近操作的地方进行过渡。因此，作为职业发展方向的一部分，应该向残疾人青年展示他们未来职业的各种选择。

5.3　特殊教育的现状与挑战

自 2004 年以来，联邦各州和联邦政府每两年联合提交一份德国教育报告，重点介绍德意志联邦共和国教育体系的基本发展和成就，为今后的任务奠定基础。在《2014 年德国教育报告》中，第一次提到残疾人的教育状况。这份报告对于德国的包容教育是一个很好的信号，该报告客观地说明了重要的事实和获得的结果，但同时也揭示了不足的一面。在德国，越来越多的残疾儿童和青少年进入普通幼儿园和学校。而与欧洲其他国家相比，所谓的融合率仍然很低，但与德国过去相比有上升的趋势。从 2001 年的 12%上升到 2013 年的 28%。另外，教育阶段越高，融合程度越低，在日托中心，融合率有 67%，在小学教育中下降到 44%，在初中教育中只有 23%。随着教育水平的提高，残疾人在普通学校的比例显著下降。

德国仍然拥有非常广泛的特殊教育系统，平均每 10 所学校就有一所特殊学校。调查显示，在每 5 个年级中，至少有一个有特殊教育需求的孩子，其中在小学阶段占 31%，初中阶段占 14%，高中阶段仅占 7%。

《2020 年德国教育报告》明确指出，在过去十年中，主要在语言和智力发展方面，有特殊教育需求的儿童比例略有上升，达到约 29 000 名儿童(2018—2019 年)，相当于增加了 0.8%。在过去的十年中，特殊学校的直接入学率已略降至所有入学学生的 3.1%(2018—2019 年)。2008—2009 年和 2018—2019 年联邦各州特殊学校儿童入学率以及 2018—2019 年小学有特殊教育需要的儿童入学率见图 5-1。

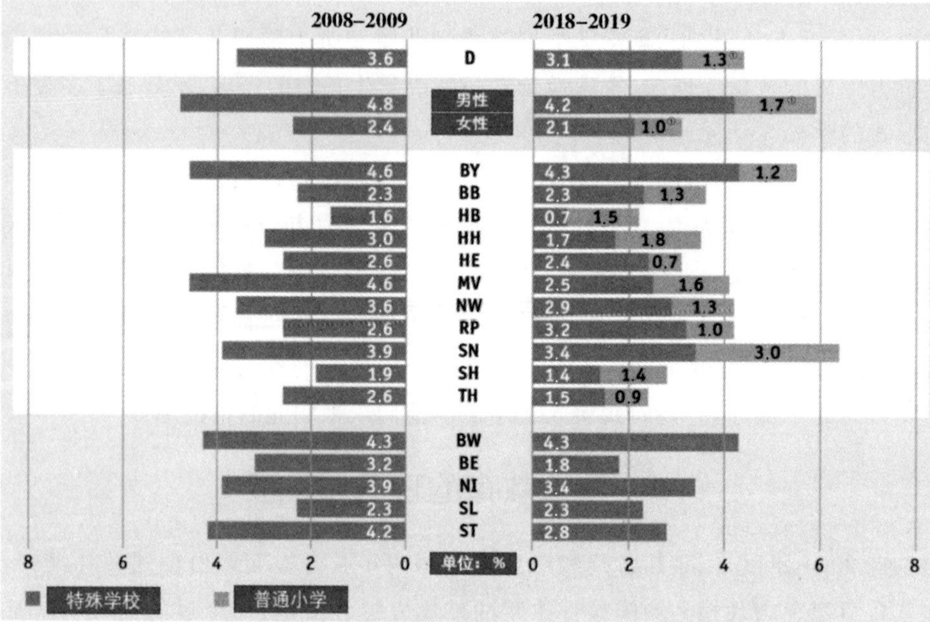

图 5-1　2008—2009 年和 2018—2019 年联邦各州特殊学校儿童入学率以及 2018—2019 年小学有特殊教育需要的儿童入学率

注：* 儿童都可以上特殊学校，无论是否已正式确定特殊的教育需求。

①不含 BW，BE，NI，SL 和 ST 五个联邦州的值。

(来源：2020 年德国教育报告)

在 2004—2005 学年至 2018—2019 学年各联邦州儿童直接进入特殊学校的

入学率见附录13。

联邦各州不仅以不同的速度逐步扩展普通和特殊教育学生共同上课，而且一般学校类型之间也存在差异。2008年、2012年和2016年受特殊教育的学生人数见表5-1。在综合中学和初级中学，有特殊教育需要的学生中，包容率最高，分别为5.5%和5.4%。除了高级中学中外，其余类型的学校也融合了越来越多的受特殊教育的学生。从支持的需求来看，以“学习”为主要重点的儿童最常被普通学校接纳，而以“情感和社会发展”为重点的学校大多是多种教育途径的学校。

表5-1　2008年、2012年和2016年受特殊教育的学生人数
(按所选学校类型和特殊教育重点分类)*

学校类型	受特殊教育的学生						2016		
							特殊教育重点		
	2008	2012	2016	2008	2012	2016	学习	情感和社会发展	语言
	单位：人数			单位：%①			单位：%②		
小学	51 444	70 592	76 257	1.7	2.6	3.2	41.3	21.2	18.6
初级中学	15 037	18 141	19 973	1.8	3.0	5.4	60.3	25.3	7.4
多种教育途径的学校类型	5.337	12 429	19 820	1.8	2.9	4.6	40.3	38.0	10.5
普通中学	1 463	2 742	6 952	0.1	0.3	1.0	31.9	34.2	9.7
高级中学	1 587	3 289	6 524	0.1	0.1	0.3	19.2	24.2	5.2
综合中学	4 927	17 237	43 572	1.0	2.5	5.5	53.4	22.1	8.5
私立学校	125	429	760	0.2	0.5	1.1	46.4	19.2	2.2
合计	79 920	124 859	173 858	0.9	1.6	2.6	45.2	24.4	13.0

注：* 不包括下萨克森州和萨尔州。

①各种学校类型的所有学生的比例。

②在各种学校类型中有特殊教育需要的所有学生的比例。

(来源：2018年德国教育报告)

图5-2是2000—2001学年至2016—2017学年间，按资助重点享有特殊需要教育的学生人数变化情况。从图5-2中可以看出，在这十几年中，学生人数前三位为“学习”“情感和社会发展”和“智力发展”三个方面。尽管“学习”有问题

的人数逐年减少，但还是位于首位。“智力发展”方面没有大的变化，“情感和社会发展”方面则由开始的第四位上升到了现在的第二位。

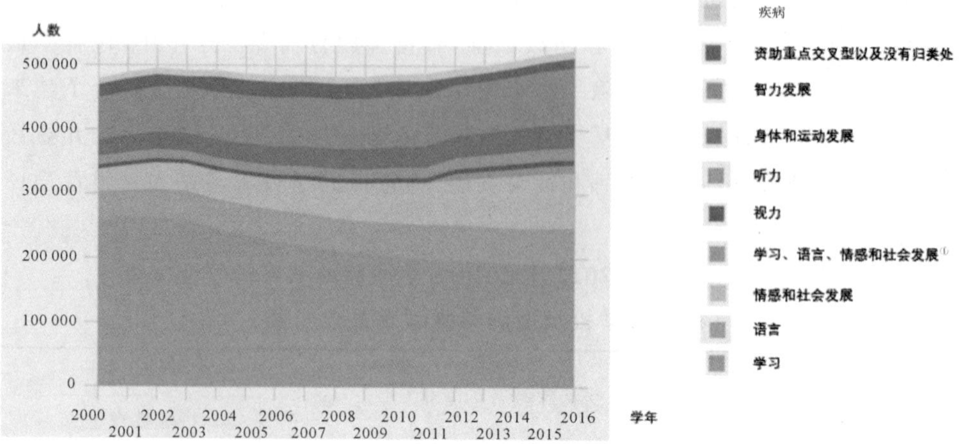

图 5-2　2000—2001 学年至 2016—2017 学年间按资助重点享有特殊需要教育的学生人数

注：①自 2012 年以来，已将“学习、语言、情感和社会发展”归纳成一类。

（来源：2018 年德国教育报告）

目前在德国的特殊学校工作的人数大约为 48 000 人，而在普通学校中只有约 8 600（16%）。与目前在普通学校学习的 28%的残疾儿童相比，普通学校特殊需求教育的巨大赤字已显而易见。甚至《联邦教育报告》也提出，在特殊教育专业化方面仍有许多工作需要做。同时，报告还指出，超过 68%的小学教师明确了融合的培训需求，但只有 9.5%的教师接受了此类培训。中学教师情况更不乐观，只有 1.7%的中学教师接受了培训。表 5-2 是 2009—2019 年联邦各州在特殊学校中平均师生比例。

表 5-2　2009—2018 年联邦各州在特殊学校中的平均师生比例

州名	2009	2010	2011	2012	2013	2014	2015	2016	2017	2018
BW	4.6	4.5	4.5	4.4	4.4	4.4	4.2	4.2	4.3	4.4
BY	7.3	7.1	6.9	6.5	6.3	6.3	6.3	6.2	6.2	6.2
BE	5.8	5.8	5.6	5.7	5.5	5.6	5.4	5.2	5.1	5.3
BB	5.7	5.5	5.4	5.3	5.4	5.2	5.0	4.9	4.9	4.8
HB	5.1	5.0	4.9	4.5	4.1	3.7	3.6	4.4	4.5	4.5
HH	5.9	5.9	5.8	5.8	5.8	5.7	5.6	5.6	6.0	5.5

续表

州名	2009	2010	2011	2012	2013	2014	2015	2016	2017	2018
HE	5.3	4.9	4.9	5.0	4.7	4.4	4.5	4.0	3.9	4.3
MV	7.1	7.5	7.5	7.2	7.2	7.3	7.0	7.0	6.9	6.9
NI	5.8	5.6	5.6	5.8	5.7	5.7	5.4	5.3	5.3	5.3
NW	6.1	5.9	5.7	5.5	5.4	5.4	5.4	5.5	5.5	5.5
RP	6.1	6.0	6.0	6.1	6.1	6.1	6.0	6.2	6.0	5.9
SL	6.4	6.2	5.8	5.7	5.7	5.1	4.9	4.9	5.1	5.2
SN	6.1	6.3	6.1	5.9	5.8	5.8	5.9	6.0	5.9	5.9
ST	5.6	6.1	5.9	5.9	5.8	5.7	5.7	5.8	5.9	6.0
SH	5.8	5.7	5.5	5.3	5.3	5.1	4.9	5.0	4.9	4.8
TH	5.7	5.1	5.4	5.5	5.4	5.3	5.5	5.4	5.6	5.8
D	5.8	5.7	5.6	5.5	5.4	5.3	5.3	5.2	5.2	5.3

（来源：Sekretariat der KMK 网站）

2018 年有将近 32 000 人离开特殊学校，其中在北莱茵-威斯特法伦州、巴登-符腾堡州、巴伐利亚州，学生毕业人数最多，表 5－3 是 2018 年联邦各州按资助地点和中学毕业文凭划分受特殊教育支持的毕业生情况。

表 5－3 2018 年联邦各州按资助地点和中学毕业文凭划分受特殊教育支持的毕业生情况

州名	特殊学校					普通教育学校类型				
	总计	无初级中学毕业证书	初级中学毕业证书	普通中学毕业证书	大学入学证书	总计	无初级中学毕业证书	初级中学毕业证书	普通中学毕业证书	大学入学证书
	人数/个	占总人数的比例/(%)				人数/个	占总人数的比例/(%)			
D[①]	31 953	72.3	23.8	3.6	0.2	X	X	X	X	X
BW	4 669	77.7	15.4	6.0	0.9	—	—	—	—	—
BY	4 775	66.2	31.6	2.2	0.0	—	—	—	—	—
BE	•	•	•	•	•	•	•	•	•	•
BB	1 007	87.9	9.0	3.1	0.0	—	—	—	—	—
HB	67	86.6	13.4	0.0	0.0	250	41.2	50.4	7.2	1.2

续表

州名	特殊学校					普通教育学校类型				
	总计	无初级中学毕业证书	初级中学毕业证书	普通中学毕业证书	大学入学证书	总计	无初级中学毕业证书	初级中学毕业证书	普通中学毕业证书	大学入学证书
	人数/个	占总人数的比例/(%)				人数/个	占总人数的比例/(%)			
HH	495	77.0	21.0	2.0	0.0	504	34.9	47.8	13.9	3.4
HE	1 951	79.8	13.1	6.8	0.4	679	36.8	51.8	10.0	1.3
MV	1 063	56.3	38.9	4.8	0.0	335	23.6	31.0	39.1	6.3
NI	3 170	61.8	33.7	4.5	0.0	—	—	—	—	—
NW	7 748	70.6	25.8	3.2	0.4	2 997	45.7	36.7	14.6	3.0
RP	1 904	74.6	24.9	0.5	0.0	499	51.7	45.3	2.6	0.4
SL	402	61.4	38.6	0.0	0.0	—	—	—	—	—
SN	1 920	81.6	15.6	2.8	0.0	—	—	—	—	—
ST①	1 266	80.3	14.2	5.5	0.0	—	—	—	—	—
SH	634	95.3	3.0	1.7	0.0	1 217	65.4	22.1	9.5	3.0
TH	881	61.7	36.2	2.0	0.0	378	42.6	33.6	18.3	5.6

注:①从 2018—2019 学年开始,萨克森-安哈尔特州和德国的值将基于保密而三次递延舍入。

②表中符号说明见附录 0。

(来源:2020 年德国教育报告)

受《联合国残疾人权利公约》的启发,德国联邦政府和州政府致力于将现有的教育体系发展成为一个包容性体系,其目标是平等参与残疾人的教育。执行这项政策决定对教育政策和实践构成根本的挑战,特别是在现有结构和自我理解不断增强的背景下。目前辩论的重点是一方面承认包容原则,另一方面又关切教育系统内可能出现过度要求,即在教育政策和实践的决策者之间,还是在教育参与者及其家人之间,无论他们自己是否受到残疾人的影响,有关对残疾人进行最佳教育的想法都大相径庭。教育系统面临许多挑战,其中最重要的挑战如下:

(1)教育体系要考虑到通过体制差异为残疾人提供最佳支持的原则。该体系内所有参与者面临着从这一现有结构中发展成一个符合包容承诺系统的挑战。特别是学校要保障特殊学生无障碍学习。

(2)各教育机构(包括特殊学校和职业教育的特殊培训中心)在学习和教育方面对“包容”已有自己的理解。教育领域以外的其他支持系统,特别是针对社会制度中个人应享权利的系统,应与教育系统一起使用。随之而来的挑战是找到解决办法,以优化教育过程。

(3)专业社会化和教育人员自我形象的提高也反映了对各教育领域所特有的对残疾的不同理解。这就提出了进一步的挑战,即要弄清需要改变的内容,以便能够考虑到包容性教育制度的专业要求。除了澄清不同教育专业的使用和有关工作人员的经费筹措之外,还需要积极主动地应对教育系统各个层面上的人员,这是即将进行的改组进程取得成功的必要先决条件。

在应对这些挑战时,必须考虑到教育、参与和过渡、工作人员和资格以及财政资源等问题。

联合国通过的《2006 年德国残疾人权利公约》已于 2009 年 3 月 23 日生效。人人享有平等的受教育权的想法要早得多。自 1948 年《联合国世界人权宣言》以来,它一直是各种国际公约的组成部分。1994 年,在联合国教科文组织召开“世界特殊教育大会”,会议上提出的《萨拉曼卡宣言》成为了各项国际公约的组成部分。

目前德国在日托中心、普通学校、职业学校等场所必须考虑到残疾儿童个人需求,确保所有儿童和青少年接受高质量的教育,并确保他们参与到社会活动中去。德国在包容性教育方面取得了一些较好的成绩,但仍然存在着较大的赤字。

第6章 高等教育

6.1 高等院校的发展和博洛尼亚改革

在德国,大学仍是最原始的高等教育机构的形式,学科首先从宗教、文理科开始,随着社会和科学的发展,然后才出现了其他学科的高等学府。各种各样的高等学校不仅可以授予高等教育的不同学位,而且也是德国学者研究与发展的中心。

6.1.1 高等院校的发展

1386年,德国历史上第一所大学——海得堡大学(Ruprecht - Karls - Universität Heidelberg)问世。两年之后,1388年,又出现了科隆大学(Universität zu Köln)。接着德国相继涌现了爱尔福特大学①(Universität Erfurt)、维尔茨堡大学(Julius - Maximilians - Universität in Würzburg②)、莱比锡大学(Universität Leipzig)、慕尼黑大学(Ludwig - Maximilians - Universität München)、蒂宾根大学(Eberhard Karls Universität Tübingen)、哥廷根大学(Georg - August - Universität)、波恩大学(Rheinische Friedrich - Wilhelms - Universität Bonn)等。到1937年,在整个德国有24所大学和14所工业大学。除此之外,还有16所神学院和26所艺术与音乐学院,古老大学一般均以文理科为主,到19世纪,才出现了农业、经济和工程方面的学科。一些工业大学发展于20世纪,它侧重于培养研究工业技术方面的人才,其全部课程为适应自然观科学和工业技术的发展而设置。

历史的发展、人口的增长、技术的前进造成德国高等学校人满为患,呈迅速"爆炸"之势,特别在第二次世界大战结束之后,出现人口出生高峰期。为此,联

---

① 爱尔福特大学建校于1379年。但是,实际招生是从1392年开始。

② 这是维尔茨堡大学的德文全名,简称维尔茨堡大学。下面大学名称按同理表达。

邦政府和州政府采取了一系列措施。一方面增设新学校，如波鸿大学（Ruhr - Universität Bochum，1962 年）、雷根斯堡大学（Universität Regensburg，1962 年）、康斯坦茨大学（Universität Konstanz，1966 年），多特蒙特工业大学（Technische Universität Dortmund，1968 年）、比勒费尔德大学（Universität Bielefeld，1969 年）、不莱梅大学（Universität Bremen，1971 年）、奥斯纳布吕肯大学（Universität Osnabrück，1629/1632/1974 年）、特里尔大学[①]（Universität Trier，1473/1970 年）、卡塞尔综合大学（Gesamthochschule Kassel[②]，1971 年）、拜罗伊特大学（Universität Bayreuth，1972 年）、埃森大学（Universität Duisburg - Essen，1972 年）、帕绍大学（Universität Passau，1973 年）和奥尔登堡大学（Carl von Ossietzky Universität Oldenburg，1973 年）；另一方面，对高等教育系统进行教育改革，如在此期间建立了由以实践动手能力为主的应用科学大学，有别于大学与工业大学，使高等教育多样化，出现学生分流现象。通过这两方面措施，缓解了高等学校的压力，同时还使德国的高等学校由以前的单一大学与工业大学的结构改变为大学（包括工业大学）与专科多种形式，高等学校结构更加合理化，更适应于社会与经济发展的需要。

2009 年新成立了巴登-符腾堡州双轨制州立大学（Duale Hochschule Baden - Württemberg，DHBW），这种新的大学形式向双轨制高等职业教育迈出了关键性的一步。基于双轨制高等职业教育的特殊性，将其内容放在第 7 章中单独介绍。

6.1.2 博洛尼亚改革（Bologna - Prozess）

在介绍德国高等院校的学位之前，不得不提到博洛尼亚改革（Bologna - Prozess），因为它改变了德国近百年的高等教育结构。那什么是博洛尼亚改革呢？

1999 年 6 月，29 个欧洲国家的教育部长在意大利博洛尼亚市（Bologna）签署了一项宣言，以协调这些国家之间的高等教育。其协议内容是建立起一个可比较的专业课程、学位以及双学位的学士和硕士学位体系，也被称为资格框架，包括相互学习课程的认证和学位的承认。博洛尼亚改革过程持续到 2010 年，其宗旨是为博洛尼亚成员国创建一个共同的欧洲高等教育环境，从而提高高等教

① 由于这些大学是在中断后在老大学上新建立起来的，所以它们以新建校时间为准。

② 现改名为 Universität Kassel。

育的流动性。

博洛尼亚改革提出的“资格框架”是对一个国家的教育系统所产生的资格的系统描述,它使得入高等学府的资格在欧洲以及国际背景下具有更好的可比性。在《博洛尼亚宣言》中,签署国商定了建立欧洲高等教育区的六个核心目标:①引入分级课程(本科/研究生);②简化识别;③引入欧洲学分转换系统;④欧洲在质量保证领域的合作;⑤促进学生和大学成员的流动性;⑥加强欧洲高等教育的规模。

随后在布拉格(2001年)和柏林(2003年)的后续会议上扩大了目标内容,具体有以下六点:①终身学习;②大学和大学生的参与;③促进质量保证的进一步发展;④在实施博洛尼亚进程时考虑到社会因素;⑤提高欧洲高等教育领域对全球吸引力;⑥建立欧洲高等教育区和欧洲研究区,将其作为知识社会的两大支柱。

自1999年以来,《博洛尼亚宣言》所有签署国一直为了实现这些目标做出了巨大的努力,它现已支撑着整个欧洲国家高等教育体系,使其受到了巨大的影响并发生了深远的变化。

博洛尼亚改革,对德国高等教育影响很大,主要体现在德国教育途径、学生与学位专业课程、流动性三个方面。

1.德国教育途径

在博洛尼亚改革之前,德国的高等教育可分为大学与应用科学大学两大类,其内容和毕业文凭是完全不相同的,如学生入学条件、学习时间、学习要求以及办学方向等方面有着明显的区别。所谓大学是指普通大学、工业大学、医科大学、艺术与音乐学院以及体育学院等。这类大学的入学条件是入学学生必须具有高级中学毕业文凭,才可获得普通大学入学证书,其目的是培养具有高级研究能力的人才。学习时间一般为5年。毕业文凭德文为“Diplom”,相当于中国的硕士学位。所谓应用科学大学,是指学校引导学生对某一专科技术进一步深造,培养学生成为动手能力强,既有理论又有实践经验的中高级技术人才。入学要求是入学的学生具有专科高级中学毕业文凭。学习时间通常为3～5年。应用科学大学授予与大学相同的学位名称,但是在名称之后括号中加上FH(即专科),如Diplom - Ingenier(FH),Diplom - Betriebswirt(FH)。另外,还有一种大学被称为综合大学,它是将大学与应用科学大学相结合的形式。

博洛尼亚改革的重点是将欧洲国家高等教育系统统一化,各成员国的高等教育进行结构性调整,使其学位专业和学位尽量相似,可以相互承认,以便大学生在共同的欧洲高等教育范围内自由流动。因此，德国高等教育系统结构出现了很大的变化。对于德国大学而言，传统的大学毕业文凭（Diplom），现在一分为二，由原来的一步变成了两步，即 Bachelor（学士）和 Master（硕士），而对于德国应用科学大学来说，它授予与大学同样的学位名称：Bachelor（学士）和 Master（硕士）。综合大学逐渐消失，因为大学与应用科学大学的学士学位和硕士学位方面已没有很大区别了。

2. 学生与学位专业

2015 年将近 14 万德国人在国外大学学习，这几乎是博洛尼亚改革之前的 3 倍。从德国联邦政府关于德国 2012－2015 年博洛尼亚进程实施情况的报告中可以清楚地看到，通过博洛尼亚改革，德国学生成为世界上最具流动性的学生。与此同时，对国外学习成果的认可度正在逐步提高。

根据联邦统计局的数据，2017—2018 冬季学期共有 2 847 821 名学生被德国大学录取。与 2015 年博洛尼亚进程目标执行情况相比，这相当于增加了近 9％，约 231 000 名学生。数据表明，德国大学在 2020 夏季学期提供了 9 026 学士专业和 9 452 硕士学位专业。拥有学士或硕士学位的 18 478 个学位专业占德国所有学位专业的 92％。这意味着与 2015 年博洛尼亚报告相比，又增加了 4.6％。德国大学的课程范围以国际认可的学士和硕士学位专业为主。

3. 流动性

博洛尼亚改革增加了德国留学生的流动性和德国对外国学生的吸引力，这一点特别成功，因为联邦政府通过德意志学术交流中心（Deutscher Akademischer Austausch Dienst，DAAD）奖学金和高等教育协议为流动性创造了大量额外奖励。

（1）德国学生出国留学。

根据 2017 年 DAAD 及德国高等教育和科学研究中心（Deutsche Zentrum für Hochschul - und Wissenschaftsforschung，DZHW）流动性研究的结果，可以设定德国已经实现了欧洲流动性目标：30％的高年级德国学生完成了符合欧盟目标的留学。根据联邦和州政府目标的标准，有 36％的学生已经在国外拥有与高等教育学期相关的经验。要达到设定的 50％流动性目标，仍需要采取进一步的措施。

（2）外国留学生在德国。

在 2016—2017 冬季学期，德国大学招收了 358 895 名外国学生，占德国所有学生的 12.8％，同时获得外国大学入学资格的外国学生人数为 265 484，占所有大学生的9.5%(2013—2014冬季学期为8.4%),这与2015年博洛尼亚报告相比,增长了21.3%。迄今为止,最大的外国学生群体来自欧洲(40.5%)和亚洲(40.4%),其次是来自非洲(10.4%)和北美和南美(8.2%)的学生。按大学类型来看的话,大约197 516名外国留学生(10.9%)在大学中学习,约67 968名外国留学生(6.8%)在应用科学大学中学习深造。

(3)科学家的流动性。

2016年,共有43 647名具有外国国籍的科学家和艺术家在德国大学工作。最大的群体由欧洲的科学家组成,大约占60%,其次是亚洲的25%。这与2013年相比,增加了约5 600人。

在专门研究具有外国国籍的教授中,有76%来自欧洲,可见来自其他欧洲国家的科学家在德国科研方面的重要性变得更加明显。

2015年,德国大学和非大学研究机构的访问研究人员达到35 636人,其中95%由德意志学术交流中心(DAAD),德意志研究联合会(DFG)①或亚历山大·冯·洪堡基金会资助的。同年,约有16 000名德国访问学者在国外逗留期间得到了德国和外国资助组织的支持。

国际化是德国大学形象建设的重要组成部分。通过科学合作和跨文化对话,德国大学在国际上更具竞争力和吸引力,对德国大学发展和德国作为科学基地的发展具有决定性影响。与此同时,绝大多数大学在实施联邦和州政府于2013年联合通过的大学国际化战略时,均采用了自己的国际化战略。提供由至少一所外国大学和一所德国大学实施的所谓联合学习计划的可能性正在得到越来越广泛的使用,并促进了德国大学的国际联网。

从ISCED 2011和ISCED 1997对比也反映出通过博洛尼亚改革德国教育途径的变化。ISCED(International Standard Classification of Education,国际教育标准分类)由联合国教科文组织②为了对各国之间的教育系统统计数据而制定的国际标准。

国际标准教育分类(ISCED)最初只用于制作教育系统的标准化国际比较统计数据。只有在近十年的时间里,它才变得如此重要。不过国际标准教育分类要从两方面看:一方面它现在已被认为是新资格、资格框架或整个教育系统的发

① DFG是Deutsche Forschungsgemeinschaft的简称。

② 联合国教科文组织的英文是United Nations Educational, Scientific and Cultural Organization,缩写为UNESCO。

展所面向的标准;另一方面它又部分地反映了教育系统的现实和现有资格的多样性。

现在采用的ISCED 2011是在ISCED 1997的基础上进行修改而成的。这两者最大的区别是ISCED 1997中的第5级first stage of tertiary(高等教育第一阶段),在ISCED 2011中划分成为3级,即第5级short - cycle tertiary(短周期高等教育)、第6级bachelor or equivalent(学士或同等学力)和第7级master or equivalent(硕士或同等学力)。如果将它们与德国教育途径相比,这意味着德国传统的大学毕业生文凭(Diplom),改成了学士(Bachelor)和硕士(Master)两部分。在这里体现了博洛尼亚改革对德国高等教育的重大影响。德国教育途径与国际教育标准分类法ISCED 2011、ISCED 1997之对比见表6-1。

表6-1 德国教育途径与国际教育标准分类法
ISCED 2011、ISCED 1997之对比

ISCED 2011		ISCED 1997		相比德国教育途径(仅限ISCED 1997)
0	early childhood education	0	pre-primary	幼儿园,学前班
1	primary	1	primary	小学
2	lower secundary	2	lower secundary	初中,高中低年级,夜校,职业学校,职业培训准备年
3	upper secondary	3	upper secondary	3A:普通中等教育(如高中高年级、专科高级中学、中专); 3B:职业中等教育(例如职业专科学校、双轨制系统),职业基本培训年; 3C:公务员培训(中等职位)
4	post-secondary non-tertiary	4	post-secondary non-tertiary	4A:高等专科学校(13年级),职业/技术高中,职业学校提供职业资格证书(中等教育与学习权利相结合),双轨制制度(中等教育与学习权利相结合),夜校(高中教育); 4B:双轨制系统(第二次培训)

续表

ISCED 2011		ISCED 1997		相比德国教育途径(仅限 ISCED 1997)
5	short - cycle tertiary	5	first stage of tertiary	5A:大学,艺术/音乐/应用科学大学;5B:专科学院,行政学院,技术学院,卫生与保健学校
6	bachelor or equivalent			
7	master or equivalent			
8	doctoral or equivalent	6	second stage of tertiary	博士、大学授课资格

注:此处保留英文原文,以避免因翻译造成的误解。

(来源:UNESCO 网站)

6.2 高等院校类型

德国的高等院校可分成公立、私立、教会三种。

哲学与神学学院通常属于教会管辖。为什么哲学与神学学院也属于高等院校的一种形式呢?这要追溯德国的历史,即德国古老大学产生与发展的历史。古老宗教大学受教会资助,受宗教影响很大,虽然许多已随着时间的推移而消失,但是约有 1/3 一直保留到今天。

超过 60%的德国大学是公立的,只有大约 28%的大学属于私人所有,近 9%由教会赞助。在德国,超过 90%的大学生就读于州立大学,与其他西方国家不同,很多学生选择去公立大学。私立大学入学的学生有自己的研究兴趣,希望在较小的群体中学习等。

通常,德国的高等院校分成如下三种形式。

1. 大学以及同等学院

在大学中,又设医学、自然科学、工程科学、心理学、法学、经济学以及社会科学等学科,每一组学科又根据系、专业范围以及研究所划分成更小的单位。这类学校,在法律上有权授予硕士和博士学位,还可授予在高等学校中讲课权,或者举行国家考试,如对国家政府职员的考试,对高等学校教师的考试等。

除传统大学外,侧重自然学科和工程学科的技术大学和工业大学也具有大学的地位。同样,只提供个别学习课程的学院与大学处于平等地位,例如神学院和师范学院,后者仅存在于巴登-符腾堡州,其他联邦州将它们并入大学或者扩展为具有更广泛学习课程中。

2. 艺术和音乐学院

艺术与音乐学院是专门培养艺术与音乐方面高级人才的，具有特殊性。这类大学的入学条件除了要有普通大学入学证书之外，还要有作品，证明该学生在艺术与音乐领域确有一定的造诣。

艺术和音乐学院提供视觉、创意和表演艺术以及电影、电视和媒体领域或音乐学科的课程，在某些情况下还提供相关的科学学科（如艺术科学、艺术史和艺术教育、音乐学、音乐史和音乐教育、媒体和传播科学，以及在数字媒体领域的应用）。在一些大学中，教授全部的艺术科目，而在另一些大学中，仅代表个别科目。

3. 应用科学大学

根据 1968 年各州之间的协议，应用科学大学作为新型大学形式纳入德意志联邦共和国的高等教育体系。这类学校履行独立的教育使命，其特点是注重教学和研究的应用，通常有综合实践学期，另外教授除了具有其学力以外，还拥有大学以外的专业实践经验。

2020 年德国教育报告中高等院校数据显示，到 2018—2019 年冬季学年为止，德国共有 427 所高等院校。按学校形式不同，在这些高等院校中，有 128 所大学、247 所应用科技大学和 52 所艺术学院；按学校赞助方式不同，约有 240 多所为公立、110 多所为私立、30 多所为教会所有。

1995—1996 冬季学期共有 138 所应用科学大学，私立专科学院占总数的 14.5%，到了 2018—2019 年冬季学期，在 2013 所应用科学大学中，私立专科学院所占比例为 41.3%，明显上升。34 所公共管理应用科学大学（行政学院）占据特殊位置，它们是由联邦政府或州政府赞助，专门培训公务员从事高级职位。按大学类型和赞助不同 1995—1996 至 2018—2019 年冬季学期的大学数量变化详见图 6－1。

此外，还有大学以外的机构，如一些联邦州还将职业学院①作为高等教育的替代方案，还有（高等）专科学校②。职业学院是国家认可的教育机构，重点往往放在实践上，其理论培训与公司（双轨制系统）的实践培训紧密相连，它归属于双轨制高等职业教育范畴。（高等）技术学校属于继续教育范围，将在第 7 章“成人教育和继续教育”中介绍。

---

① 德文为 Berufsakademie。

② 德文为 Fachschule。

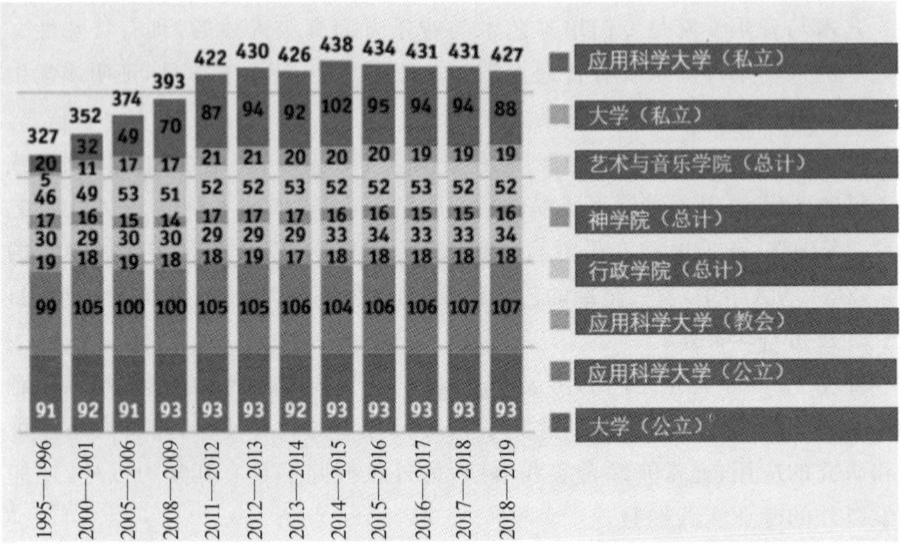

图 6-1 按大学类型和赞助不同 1995—1996 年至 2018—2019 年冬季学期的大学数量*

注：* 具有多个位置的大学仅计算一次。对于由私人赞助的大学协会，如果其拥有自己的执行委员会，则将其视为大学。

①包括师范学院和 2 所教会大学。

（来源：2020 年德国教育报告）

6.3 入学条件、入学申请和录取程序

德国的高等院校有大学、工业大学、医科大学、哲学与神学学院、师范学院、艺术与音乐学院、应用科学大学等各种类型。这些高等学校的入学条件是什么？申请者怎样选择专业呢？学期、住处以及考试等方面又有什么特点呢？这些都是年轻人及其家长关心的问题。

6.3.1 高等院校入学条件

在第 3 章“中小学教育”中曾经提到，在德国没有像中国的“高考”这一说。在德国，只要持有如下其中之一证书者，便可以直接进入高等院校学习。①高级中学毕业证书，也被称为普通大学入学证书，可直接进入大学深造。②专科高级中学毕业证书，它有进入应用科学大学学习的资格。这类证书的特点是，学生在中学学习期间，已与专业紧密地联系在一起，他不能像第一类学生直接上任何一

所高等学校，而是在专科限制的学校选择，学习的专业也是确定。

另外，对于艺术与音乐学院、哲学与神学学院需要特殊的要求，入学条件不一定像其他大学那样必须持有普通高等学校入学证书。艺术与音乐学院接收新生的一个要求是需要附加考试。通过附加考试，确定学生是否具有一定的艺术与音乐基础以及一般的理论水平。

6.3.2 大学与专业选择

成千上万的高中毕业生面临着年复一年地寻找合适大学的问题，因为上大学，光有大学入学资格还不够，还要选择适合自己的学校和专业。根据以往的经验，德国人普遍认为，选择合适自己的大学是为将来的成功奠定了牢固的基础。

目前，有些高中毕业生以大学排名榜来寻找一所既符合自己期望又能提供最佳未来前景的大学。如今有不少公司或者雇主不仅关注大学毕业生成绩如何，同时还看毕业生是从哪所大学毕业的。

2018 年德国高等院校在工商管理、经济学、信息学、电力工程、法律、机械制造、经济信息学、经济工程学和自然科学九大专业领域中排名前五名的高校见附录 14。这些排名只能作为参考，学生根据自己的情况来选择大学。

目前最具影响力的三大国际大学排名列表是 ARWU[①]、THE[②] 和 QS[③]。在它们的排名中，往往是哈佛大学、斯坦福大学、剑桥大学、牛津大学和麻省理工学院等英美精英大学处于领先地位，德国大学在国际上知名度也不错，有 9 所德国大学进入前 100 名，3 所德国大学进入前 50 名。不过，这三个全球排名还不能充分反映德国大学格局的特殊性，因为规模较小、专业程度较高的德国大学（如音乐和艺术学院）或应用科学大学没有包括在以调查为中心的排名中。2017 年和 2020 年在 ARWU、THE 和 QS 前 200 名中的德国大学排名见表6－2。

---

① ARWU 是英文 Academic Rankings of World Universities 的简称，中文为世界大学学术排名，也称为上海排名。

② THE 是英文 Times Higher Education World University Rankings 的简称，中文为泰晤士报高等教育世界大学排名。

③ QS 是英文 Quacquarelli Symonds World University Rankings 的简称，中文为 Quacquarelli Symonds 世界大学排名。

表 6－2 在 ARWU、THE 和 QS 前 200 名中的德国大学排名

大学名称	ARWU 2017 排名	THE 2017 排名	QS 2017 排名	ARWU 2020 排名	THE 2020 排名	QS 2020 排名
LMU München 慕尼黑大学	57	34	66	51	32	63
TU München 慕尼黑工业大学	50	41	64	54	43	55
U Heidelberg 海德堡大学	42	45	68	57	44	66
HU Berlin 柏林洪堡大学		62	120		74	120
RWTH Aachen 亚琛工业大学		79	141		99	138
U Freiburg 弗莱堡大学	101～150	82	171	101～150	86	169
FU Berlin 柏林自由大学		88	125		117	130
TU Berlin 柏林工业大学		92	144		149	147
U Tübingen 图宾根大学	151～200	94	164	151～200	91	169
U Bonn 波恩大学	101～150	100		87	105	
U Göttingen 哥廷根大学	95	113	181	101～150	125	197
U Mannheim 曼海姆大学		125			157	
Charite Berlin 夏里特柏林		126			80	
KIT Karlsruhe 卡尔斯鲁厄理工学院		133	107		175	124

续表

大学名称	ARWU 2017排名	THE 2017排名	QS 2017排名	ARWU 2020排名	THE 2020排名	QS 2020排名
U Köln 科隆大学		145		151～200	157	
TU Dresden 德累斯顿工业大学	151～200	155			157	179
U Ulm 乌尔姆大学		155			141	
U Erlangen-Nürnberg 埃尔朗根-纽伦堡大学	151～200	162			183	
U Würzburg 维尔茨堡大学	151～200	165			163	
U Münster 明斯特大学	151～200	173		151～200	189	
U Frankfurt 法兰克福大学	101～150			101～150		
U Hamburg 汉堡大学	151～200				149	
U Kiel 基尔大学	151～200					
U Leipzig 莱比锡大学	151～200					
U Bielefeld 比勒费尔德大学					166	
U Duisburg-Essen 杜伊斯堡-埃森大学					194	
总数	15	20	11	10	23	12

（来源：topuniversities. com、shanghairanking. com 和 timeshighereducation. com 网站）

6.3.3 入学申请与录取程序

学申请者只有提供特定的注册证明，才能进入后续的入学流程。根据大学和专业学习计划，例如作为补充的外语知识证明，有时甚至还需要实习证明。

申请者想申请的学校和专业不一定都能够实现。入学程序主要取决于学习专业的需求量，也就是“供”与“求”的问题。如果“供”少于“求”的话，则这些专业就要受到入学限制。此外，大学的受欢迎程度也起着重要作用。因此，德国存在免许可证的专业和需要许可证的专业。

免许可证的专业指的是没有具体的选择过程专业，每个申请人都有一个学习的地方，通常可以直接在大学注册。如亚洲研究或拉丁语，在大多数大学都是免许可证的。目前约有40%的专业不需要核发许可证。

根据学习计划、学位和大学的不同，学习许可的程序也有所不同，录取程序由大学录取基金会(Stiftung für Hochschulzulassung)[①]管理，受此影响的专业是医学、兽医学、牙科和药学。除此之外，其他热门课程也加入了高等教育入学基金会的服务程序。最终选择是根据 Abitur 成绩的平均水平和等待学期的长短。在参与服务程序的学习计划中，其他条件(例如对学习主题的特殊适合性)可以决定学习地点的位置。例如，在艺术或设计领域，准备带有艺术作品样本的应用程序文件夹是应用程序过程的一部分。

在医学、兽医学、牙科和药学中任何一个专业，则必须向大学录取基金会进行申请，其中必须达到所规定的 NC 值。

什么是 NC 值? NC 值是拉丁文 Numerus Clausus 的缩写，在德国用于入学分数线的代名词，它是指对高等院校入学分数线的限制。因联邦州不同，各个专业的 NC 值也不同。

在大学入学基金会的入学程序中，学习位置根据三个不同的标准来分配：20%的名额用于成绩最佳的申请人，20%的名额分给已等待时间最长的申请人，60%的名额大学直接授予。

在授予最优秀毕业生的20%的名额中，NC 值起着重要作用。每年都会重新计算 NC 值。它是根据授予名额的比例和申请人数得出的。简而言之，就是将根据最终高级中学毕业成绩对申请人进行分类，并录取最佳成绩者。

---

① 以前称为学习地点分配中央办公室(Zentralstelle für die Vergabe von Studienplätzen，简称 ZVS)

在医学专业，2019—2020 学年冬季学期的 NC 值介于 1.0 和 1.1 之间。想要在巴登-符腾堡州学医学的人必须高中毕业成绩平均分数为 1.0 分，在下萨克森州只要 1.1 分。在兽医学中，最低 NC 为 1.0，最高为 1.5。在药剂专业，NC 值在 1.0 和 1.5 之间，在牙科学领域，在 1.0 和 1.6 之间。联邦各州 2010—2011 冬季学期的高中毕业成绩分数线（NC 值）见表 6－3。表中除 NC 值外，括号中还提到了所需的等待时间（学期数），该等待时间用作具有相同平均等级的决策标准。表 6—4 是针对 20％的名额分给已等待时间最长的申请人，从中可以看出两个特点：①申请学医学的人等待时间最长（14 个学期），而申请药学的人最短（2 个学期）；②平均成绩放宽许多，在 1.3 到 4.0 分之间。

表 6－3 德国联邦各州 2019—2020 冬季学期的高中毕业成绩平均分数线（NC 值）

州名	专业			
	医学	药学	兽医学	牙科学
	NC 值（学期数）*	NC 值（学期数）*	NC 值（学期数）*	NC 值（学期数）*
巴登-符腾堡州	1.0 (0)	1.3 (2)	1.4 (4)	1.2 (2)
巴伐利亚州	1.0 (0)	1.2 (0)	1.3 (8)	1.2 (0)
柏林市	1.0 (0)	1.4 (0)	1.4 (4)	1.3 (0)
勃兰登堡州	1.0 (0)	1.1 (0)	1.0 (0)	1.1 (2)
不来梅市	1.0 (0)	1.3 (2)	1.1 (2)	1.0 (0)
汉堡市	1.0 (0)	1.5 (4)	1.5 (0)	1.3 (0)
黑森州	1.0 (0)	1.3 (0)	1.3 (2)	1.1 (0)
梅克伦堡-前波莫瑞州	1.0 (0)	1.1 (0)	1.3 (0)	1.0 (0)
下萨克森州	1.1 (2)	1.420)	1.5 (6)	1.3 (6)
北莱茵-威斯特法伦州	1.0 (0)	1.3 (0)	1.3 (0)	1.2 (2)
莱茵兰-普法尔茨州	1.0 (1)	1.2 (1)	1.2 (0)	1.2 (1)
萨尔州	1.0 (0)	1.0 (0)	1.2 (2)	1.0 (0)
萨克森州	1.0 (0)	1.0 (0)	1.1 (2)	1.1 (0)

续表

州名	专业			
	医学	药学	兽医学	牙科学
	NC 值（学期数）*	NC 值（学期数）*	NC 值（学期数）*	NC 值（学期数）*
萨克森-安哈尔特州	1.0 (0)	1.0 (0)	1.1 (2)	1.1 (0)
石勒苏益格-荷尔斯泰因州	1.1 (2)	1.5 (0)	1.4 (0)	1.3 (0)
图林根州	1.0 (0)	1.0 (0)	1.3 (0)	1.1 (2)

注：* 指的是需等待的学期个数/所需的等待时间，用在括号中的学期数计算。

（来源：hochschulstart.de 网站）

表 6－4　德国联邦各州 2019—2020 冬季学期按等待时间后的选择(20%)

专业	等待时间/学期	平均成绩
医学	14	1.9
药学	2	1.3
兽医学	10	2.0
牙科学	13	4.0

（来源：hochschulstart.de 网站）

对于等待学期后入学的学生，平均成绩被列为具有相同等待时间的从属标准。如果这些条件相同，则由工作人员决定其是否入学，由等待时间决定选择的排名，它取决于获得大学入学资格后的半年数（减去德国大学的入学学期）确定。

为了让读者更容易理解录取程序，在这里举个例子：科隆大学有 70 个经济学本科生的名额，有 150 名学生申请。在录取程序中，设定高中毕业成绩平均分数线为 2.5 分（5 分制，5 分最高），所有在平均 2.5 分以上的申请人将被录取。若现在剩下 5 个名额，可是还有 12 个申请者的平均成绩为 2.6 分的话，那么就有两种可能性：

(1)等待学期。等待学期是从申请者获得大学入学资格（一般或特定学科的大学入学资格）时计算。无论你之后做什么，比如开始接受职业技术教育、参加志愿服务、出国旅行等等，这些时间均记入等待学期。因此，申请者只需给定获得大学入学资格的年份。许多高等教育机构将其入学程序中的位置分配到 60%，在等待学期后分配到 40%。这样给了高中毕业成绩平均分数不高的申请者一个机会,让他们获得他们最喜欢的学习的专业。

(2)抽签法。在大学生录取批准过程中,有时会发生很多事情,学校必须要出决定。如果平均分为2.5分的候选人数多于可用名额的话,那么就要用抽签法。所有平均分为2.5的申请人混合在一起,其余5个名额将随机确定。让运气来决定候选人是否通过入学程序。

本科入学新生主要来源于高级中学、专科高级中学、综合中学,占新生人数的60%以上,其次来自外国的留学生。根据高等院校类型,2008—2017年高等学校的新生人数见图6-2。2019—2020冬季学期各联邦州入学新生人数见表6-5。

表6-5 2019—2020冬季学期各联邦州入学新生人数

州名	德国人			外国人			合计		
	男	女	总和	男	女	总和	男	女	总和
BW	24 826	24 378	49 204	5 865	6 091	11 956	30 691	30 469	61 160
BY	24 766	26 991	51 757	7 505	7 540	15 045	32 271	34 531	66 802
BE	8 085	9 450	17 535	5 067	5 517	10 584	13 152	14 967	28 119
BB	2 702	2 928	5 630	917	1 061	1 978	3 619	3 989	7 608
HB	2 285	2 524	4 809	918	752	1 670	3 203	3 276	6 479
HH	5 423	6 128	11 551	1 443	1 482	2 925	6 866	7 610	14 476
HE	13 511	15 185	28 696	3 463	3 424	6 887	16 974	18 609	35 583
MV	2 372	2 946	5 318	522	370	892	2 894	3 316	6 210
NI	12 422	13 912	26 334	2 637	2 459	5 096	15 059	16 371	31 430
NW	39 014	42 389	81 403	10 070	8 431	18 501	49 084	50 820	99 904
RP	5 671	7 099	12 770	1 741	1 752	3 493	7 412	8 851	16 263
SL	2 074	2 101	4 175	563	604	1 167	2 637	2 705	5 342
SN	6 343	6 906	13 249	2 525	2 015	4 540	8 868	8 921	17 789
ST	2 885	3 376	6 261	1 197	858	2 055	4 082	4 234	8 316
SH	4 361	4 498	8 859	658	522	1 180	5 019	5 020	10 039
TH	4 180	6 150	10 330	1 622	1 577	3 199	5 802	7 727	13 529

(来源:德国联邦统计局网站)

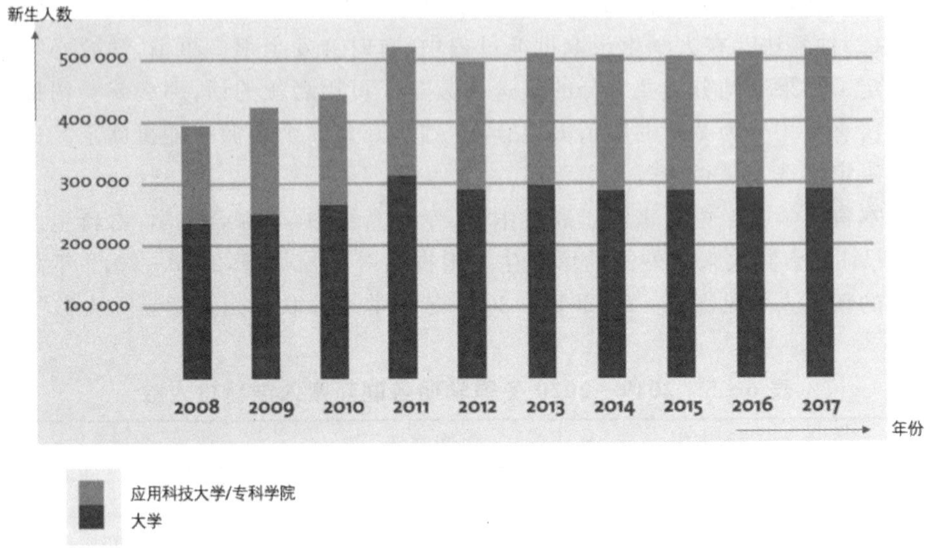

图 6-2　2008—2017 年高等学校的新生人数

（来源：kmk.org 网站）

6.4　学期、费用和学业资助

申请者收到大学入学通知书，是一件大好事。他们还没有跨入高等学校之前，便会面临着许多以前没有遇到过的问题。首先他们想知道高等学校什么时候开学，什么时候结束，也就是说学期如何划定，然后如何办理入学手续，这免不了涉及学费，同时还要估计每月生活费。最后算一算费用一共大约多少，学生家长是否能承受。不是每一位学生的父母都能资助自己的学业，如何寻找资助的方法，也是有些德国大学生所关心的事情。

6.4.1　学期

德国所有高等学校每学年均分为两个学期，第一学期从 10 月 1 日至第二年的 3 月 31 日，第二学期从 4 月 1 日至 9 月 30 日。由于这两个学期处于不同的季节，因此，人们也常常将前者称为冬季学期，后者称为夏季学期。第一学期通常是新学期开始的起点，这是德国高中生在每年的夏季毕业的缘故，因此，这时是接受新生入学的高峰期。有的专业也可以在第二学期入学，不同的高等院校规定有所不同。每学年实际上课时间大约为 7 个月，冬季学期上课始于 10 月中下旬，终止于 2 月中下旬，然后放寒假。夏季学期上课时间在 4 月中旬到 7 月中旬，紧接着放暑假。寒暑假对联邦德国的大学生来说，并不是真正的放假。学校利用假期时间，安排学生考试，同时学生利用这段时间进行复习和考试、实习、课程设计和毕业设计等。

德国大学生入学年龄与其他欧洲国家相比普遍偏大，据最新的高等学校信息系统公司(HIS)①调查，从开始选择学习专业到进入高等学校学习这一段时间，有不断增加延长的趋势。从小学到高级中学毕业，至少13年，有的甚至超过13年，这比其他国家的中小学12年一贯制要多1年。以前男性中学毕业生必须去服兵役，法律规定12个月。现在德国已废除了服兵役，有不少的高中毕业生在上大学之前乐意进行几个月的社会工作，如在医院、老人院、残疾病人学校做一些辅助工作，获得较少的报酬，积累生活和社会经验。另外，不少中学毕业生对专业和学校选择通常是在从事社会福利工作时或者在职业培训中产生的。至于对想要学习专业的学校是否能接受的情况了解甚少，所以出现了想要学习选定的专业，而学校不接受，而推迟了大学入学时间，或者由于专业选择不当，上了几个学期后改专业等。这些都是德国大学生入学年龄偏大的原因。按年龄段和大学类型分类，2005—2006学年、2008—2009学年至2018—2019学年冬季学期的一年级学生分布情况见附录15。

6.4.2 费用

1. 学费与学期费

德国的高等学校结构与中国有相似之处，也有不同点。相同之处在于，大多数的高等学校由州政府公办，大学教授以前终身制，属政府职员，现在也开始进行改革，变成合同制。私立大学占高等学校的比例约为10%。德国公立高等学校是德国名牌大学的主力军，这与美国和其他工业化国家的高等学校由公私平分的局面不同。

德国高等学校极其重要的特点是，德国高等教育基本法以及各州各级学校教育法明文规定，公办学校免交学费。学生是否支付学费由各联邦州决定。巴登-符腾堡州、巴伐利亚州、汉堡市、黑森州、下萨克森州、北莱茵-威斯特法伦州和萨尔州于2006年引入了一般学费。但在“人人平等享受高等教育”的呼声中，于2014—2015冬季学期，又降下了帷幕。从那时起，在德国的任何地方读大学，学生都不再需要支付一般学费了，每学期只交纳少量的注册手续费，学生不会因为付不起学费而进不了高等学校。如果有的学生家庭困难，政府有《联邦教育促进法》(BAföG)，即国家贷款，先资助大学生完成学业，学生毕业参加工作后，再还给国家，不收利息。有关BAföG将在下面具体说明。此外，还有各种奖学金鼓励学习成绩优异者，有关学习资助，将在第9章基金会与教育中详细介绍。

① 德文为 Hochschul - Informations - SystemeG，简称 HIS。

德国高等学校不收学费的规定是基于“人人有权享受高等教育”这一思想，所有人，只要有能力和才华，不受家庭经济条件限制，就可以在高等学校深造。当然，这里所指的高等学校不收费，只指公办学校，私立学校是要收学费的，但它在德国所占比例少，学校规模、在校学生人数、学校名声、师资力量、专业涉及面等方面都远不及公办学校。

尽管普遍不收学费，但也有例外情况，如来自非欧盟国家的外国学生、长期就读学生、第二学位、兼职学习的学生。这些例外情况的规定也取决于联邦州政府。巴登-符腾堡州和莱茵兰-普法尔茨州对第二学位每学期收取 650 欧元的学费。在萨克森-安哈尔特州，第二学位每学期的费用最高为 500 欧元。在一些联邦州，兼职硕士学位也收取学费。例如，在巴伐利亚州，每学期费用根据情况在 2 000欧元以下。在德国联邦州，最常见的学费是对长期就读学生的费用。所谓“长期就读学生”指的是没有在规定的学习时间内完成学业的学生。在不来梅、下萨克森州、萨克森-安哈尔特州、萨克森州和图林根州，长期就读学生每学期要交 500 欧元。但请注意：每个联邦州对“长期就读学生”的定义有所不同。在不来梅，从第 15 个学期开始被视之长期就读学生，在图林根州，从超过规定学习时间后第 4 学期开始算是长期就读学生，而在萨克森和萨克森-安哈尔特州则是从第 5 学期开始，在下萨克森州从第 6 学期开始的。

除了在公立大学学习，学生还可以在私立大学学习。由于私立大学不是国家补贴的，因此学生在这里必须支付学费。平均而言，在私立大学获得学士学位的学费每月为 520 欧元。确切的费用取决丁各自的大学。截至 2020 年 5 月，德国各州州立大学收取学费的情况见表 6－6。

表 6－6　德国各州州立大学的学费　　单位：欧元

州名	第一学位	兼职学习	长期就读/第二学位或类似情况	非欧盟外国学生	报名费
BW	无	大约 2 500	650	1 500	70
BY	无	在 2 000 以下	无	无	70
BE	无	无	无	无	50
BB	无	无	无	无	51
HB	无	无	500	无	50
HH	无	无	无	无	50
HE	无	无	无	无	50
MV	无	无	无	无	在 50 以下

续表

州名	第一学位	兼职学习	长期就读/第二学位或类似情况	非欧盟外国学生	报名费
NI	无	无	500	无	75
NW	无	无	无	无	无
RP	无	无	650	无	无
SL	无	无	在500以下	无	50
SN	无	无	500	无	无
ST	无	成本覆盖	500	无	50
SH	无	无	无	无	无
TH	无	无	500	无	无

(来源:studis - online.de 网站)

德国的大学要收学期费,不要将学期费与学费混淆。根据大学的不同,学期费也有所不同,高校利用学期费来资助如下几个部分:①学期票;②大学生服务中心;③学生会。

学生用学期票可在高校所在城市和联邦州内乘公共汽车、电车和火车免费。通常,学生证同时也是学期票。大学生服务中心负责大学生的食宿。学生会向学生提供一系列服务,例如:法律和社会咨询、住房和职业介绍、销售书面材料和国际学生证等。

总之,在德国,一般学费在2014年被完全取消,但是在一些州,仍有特殊情况。学生在每个学期开始时支付学期费。它包括学生捐款、学生会、学生团体、可能的行政费用和其他服务。在德国大学,每个学生必须支付统一费率的强制性费用。因此,也可以说,在德国上大学永远不会完全免费。

2.吃、住、行费用

德国的每个城市中,通常有好几所高等院校,有些城市大学生人数占全市人口的百分之十以上,学生的住宿不可能由学校全包。大学生的生活,如吃、住等,均由大学生自己去解决。每一所大学有一个专门为大学生生活服务的部门,它叫作大学生服务中心,专门帮助大学生解决他们的生活问题。由大学生服务中心提供学生宿舍,一般比私人房子便宜。另外,住在学生宿舍没有在私人住宅那里许多的限制,既经济又实惠,因此,大学生乐意住在学生宿舍。但是,由大学生服务中心提供的学生宿舍一般只能满足一部分大学生,因此,绝大多数大学生住在私人住宅或者自己父母那里。

近几年来，住房越来越紧张，主要原因在于联邦政府这些年来投入社会福利房子资金减少，忽略了住房问题。另外，由于从德国东部和东欧其他国家涌入德国西部的人猛增，更加剧了住房紧张。水涨船高，房价猛增，最先波及的就是无固定收入的大学生。一般情况下，城市愈大，住房愈紧张，房租也愈高。

大学生服务中心除了向大学生提供住房外，它还有食堂、咖啡厅。由大学生服务中心提供的住房和饭菜均带有社会福利性质，即国家有补贴，不以盈利为目的。学生宿舍通常由单间房子或带简易厨卫的一套房子所组成，价格在300～600欧元之间。过去的学校所建的学生宿舍通常是一条走廊通过去，走廊两边为单间，每层有一个公共厨房和卫生间。随着经济的发展，大学生希望在学生宿舍中有一个“大家庭”的生活气氛，这便出现了3～5人合住一套房子，一间客厅作为大活动场所，然后每人一间住室，德语叫作Wohngemeinschaft(合租公寓)，这样每人平摊房租，既省钱，又有生活气息，深受大学生的欢迎。学生食堂只供午餐，周末时有的食堂开门，有的不开门，节假不开门，午餐价格在2～4欧元之间。中国菜如春卷在德国的学生食堂时而可见，许多德国人爱吃中国饭菜。午餐的主食有土豆、面条、米饭等，另外加一块肉或一条鱼或一个鸡腿，再加一碗汤和甜食或色拉。

6.4.3 学业资助

在德国，当人们议论学业资助时，一定会提到BAföG。那什么是BAföG呢？BAföG是德文Bundesausbildungsförderungsgesetz的简称，它中文意思是《联邦教育促进法》。这个法律规定了国家对德国学生教育的经济方面支持，它的主要目标是增加平等的教育机会，鼓励低收入人群提高他们的教育水平，希望学生不会因没有钱，而失去上大学或者其他学业的机会。

自1971年以来，联邦政府每月发给有才华的年轻人奖学金，以便他们能够发挥自己的才能，将生活掌握在自己手中。BAföG为数百万年轻人的工作提供了帮助。

BAföG为年轻人提供财政支持，它有年龄限制，本科最大年龄为30岁，硕士为35岁。对于就读某些学校(包括职业学院，技术学院和夜校)以及接受初次培训的10年级学生也提供支持。学生是否收到BAföG以及获得多少资助，取决于申请人及其家人的经济情况和他们的个人生活条件。

关于BAföG还款也有明文规定，下面是几个重点：

(1)即使贷款较高，最高还款额为10 000欧元。

(2)必须在最长资助期结束后的五年内开始还款。

(3)每月最低费用为105欧元,从2020年4月开始为130欧元。这意味着即使是那些必须偿还最高金额(即10 000欧元)的人,也可以在六年半后免除债务。

(4)低收入者可以暂停还款。

(5)中学生不用退还BAföG贷款。

86%的大学生的月收入由父母支持,61%通过打零工谋生、18%获得了BAföG。

学生可以选择几种方式来支付学习期间的每月总费用。如果学生父母无法资助他在大学期间学习或者不能支持他上大学,则可以申请BAföG。对于学习优异者,也可以申请奖学金,如在德意志大众学习基金会(Studienstiftung des Deutschen Volkes),以及在各种教堂和政治机构中,都有获得奖学金的可能性。另一种选择是学生贷款。许多银行以优惠条件向学生提供贷款。

6.5 学位种类以及其他称号

表6-7是2019—2020冬季学期按高等学校类型提供的学位专业数量,从中可以看到,无论是学士学位,还是硕士学位以及州和教会学位,大学均在榜首。另外,在应用科学大学/HAW[①]中,州和教会学位专业为零。换句话说,不是每所高校可以授予所有学位。学生从哪一类高校中可获得什么样学位?毕业文凭又有多少种类?学习时间有规定吗?除了通常学位外,德国高等学校还能授予哪些其他学位呢?这是这一节讲述的重点。

表6-7 2019—2020冬季学期按高等学校类型提供的学位专业数量

高等学校类型	学士	硕士	州和教会学位	其他	专业合计
大学	4 698	6 317	1 231	119	12 365
艺术与音乐学院	457	546	38	163	1 204
应用科学大学/HAW	3 703	2 523	0	54	6 280
其他类型大学	180	146	33	1	0
总计	9 004	9 419	1 27	336	20 029

(来源:hrk.de网站)

① HAW是德文Hochschule für Angewandte Wissenschaften的缩写,中文为应用科学学院,相当于应用科学大学。

6.5.1 学士学位(Bachelor)

在所有学位系统中,学士学位是在高等教育中获得的第一个学位。大学和同等的高等教育机构、艺术与音乐学院和应用科学大学均能授予学士学位。

1. 大学和同等高等教育机构

大学和同等高等教育机构提供的专业范围比较广,大学和同等的高等教育机构开设的专业范围通常包括如下 6 个专业范围以及其专业领域:

(1)语言与文化研究,体育学:哲学、神学、古典学、历史、艺术史、音乐学、戏剧学、欧洲和非欧洲语言与文学、教育学、心理学、图书馆学、体育学。

(2)法学、经济学和社会科学法:法学、社会科学、行政科学、经济学、政治科学。

(3)数学、自然科学:数学、物理、计算机科学、化学、生物、化学生物学、地球科学、药学。

(4)医学:人类医学、牙科、兽医。

(5)农业、林业、营养科学:农业科学、森林科学、营养科学。

(6)工程:建筑、土木工程、测量、电气工程、机械工程、过程工程、交通工程、环境技术、采矿。

大学和同等高等教育机构可授予如下学士学位:文学学士(Bachelor of Arts,B. A.)、理学学士(Bachelor of Science,B. Sc.)、工程学士(Bachelor of Engineering,B. Eng.)、法学学士(Bachelor of Laws,LL. B.)、教育学士(Bachelor of Education,B. Ed.)。

对于每个专业的学习计划,考试规定中都规定了标准学习时间。它表示可以通过所需考试完成学位课程的时间。学士课程的标准学习时间为 6～8 学期。

法学、医学、牙科、兽医学、药学和食品化学领域的专业通常是以通过了国家考试而授予学位。另外,教师培训课程也有一部分必须完成国家考试。

2. 艺术与音乐学院

艺术和音乐学院在 2019—2020 年冬季学期提供了 457 门本科专业,可获得了学士学位。这些程序本身是高度差异化的,而且因大学而异。它们主要分在以下几个领域:视觉艺术与研究领域,如自由艺术、设计、摄影;表演艺术与研究领域,如表演,歌剧,音乐,舞蹈,导演和电影;应用艺术,包括建筑、建筑或媒体课程;艺术教育、艺术史和艺术研究以及艺术教育教学课程;媒体领域,包括电影,电视,媒体研究,媒体艺术,动画和媒体管理等课程。

2004 年 12 月,文化部长常务会议决定对艺术和音乐学院的学士和硕士学位课程进行认证,这是总体高等教育结构要求的一部分。艺术和音乐学院的学士学位学位名称如下:美术学士(Bachelor of Fine Arts,B. F. A.);艺术学士

(Bachelor of Arts,B. A.);音乐学士(Bachelor of Music,B. Mus.)。

在艺术和音乐学院的核心艺术专业中,还可以设置连续的学士和硕士学位课程,学习期限为6年。艺术和音乐学院的学士学位课程的标准学习时间通常为8个学期。

近年来,获得艺术和音乐学院的学士和硕士学位专业数量迅速增加。目前,德国艺术和音乐学院的专业,有82.1%是学士和硕士。

3.应用科学大学

应用科学大学在2019—2020年冬季学期总计3 703门本科专业课程,通过后可获得学士学位。在应用科学大学,主要集中在如下学习领域:农业、林业和营养科学、工程学、经济学、社会学、行政与司法、计算机科学/数学、自然科学、塑造/设计、信息与通信系统、医疗保健/护理。

技术学院的学士学位课程的学习时间通常为6或7个学期,其中包括实习学期。不过与大学相比,目前以应用科学大学授予学士学位或者硕士学位的比例比较少。

应用科学大学的学士学位可授予以下资格证书:文学学士(B. A.)、理学学士(B. Sc.)、工程学学士(B. Eng.)和法学学士(LL. B.)。

4.双轨制学位

应用科学大学的学习课程具有高度的应用和实用性。在此背景下,技术学院,特别是工程和工商管理领域,也以教育,职业和实践相结合的学习课程的形式建立了所谓的双轨制学位(Duale Studiengänge)。为此,大学与提供培训或实习的公司签订合作协议。巴登-符腾堡州合作州立大学(DHBW)是德国第一个也是唯一的州立双轨制合作大学。有关双轨制学位具体过程详见第7章“双轨制高等职业教育”。

5.其他类型的高等学校

除了上面所介绍的大学与工业大学之外,还有其他类型的高等学校,如师范学院、综合大学、科学与哲学学院等。

师范学院是专门培养和训练教师的高等学府,它与大学一样,设有博士学位。不同点在于师范学院无论从研究范围还是教学领域都窄于大学。师范学院以培养中小学教师为主,偏重于教学法、教育心理学等。随着教育改革深入,师范学院培养教师的任务由一般大学所承担,使得师范学院数大减。在德国,目前只有几个联邦州还保留着单独的师范学院,如巴登-符腾堡州。

综合大学,在一般大学入学人数膨胀和大学数量少的情况下产生和发展起来的,它将各类高等学校——大学、师范学院、应用科学大学,甚至艺术学院组合成为一个整体,形成综合性的大学。1970 年,第一所综合大学创建于卡塞尔(Kassel)[①],后来,相继出现于杜依斯堡(Duisburg)、埃森(Essen)、帕德博恩(Paderborn)、齐根(Siegen)和乌帕塔尔(Wuppertal)等。除了后两所属教会之外,其他均属州政府。综合大学大多数位于北莱茵-威斯特法伦州的人口密度大的鲁尔地区。

学士学位名称不是德语名称,而是来自于英文,即 Bachelor。它是博洛尼亚改革之后出现的新名词。大学提供的专业课程范围不断变化,国际性和专业领域的需求是变革的重要驱动力。今天在德国学习的任何人都可能想到国外工作或者学习。因此,国际标准成为国际教育和就业市场的门票。除法律、医学和一些教师专业外,德国的其他学科均以学士学位开始。根据大学和学科的不同,学生可能需要 6～8 个学期才能获得学士学位。学士通常被人称为"职业资格",因为有了它,便可以开始"白领"职业生涯。目前,几乎 80%的德国学位专业都采用学士-硕士学位制。

引入学士学位的主要目标是缩短学习期限和加快获得职业资格。学习学分的标准化应有助于转移到其他大学,包括国外的大学。通过这种方式,学生的流动性得到提升,而无需延长学习时间。

6.5.2 硕士学位(Master)

硕士生入学条件通常是具有"职业资格"的大学学位,即学士学位。硕士课程的标准学习时间为 2～4 个学期。

在 2019—2020 冬季学期,大学、应用科学大学、艺术和音乐学院以及其他大学开设了总共 9 419 个硕士学位专业,学生在这里可获得了硕士学位。

大学和同等高等学院的硕士学位授予如下名称:文学硕士(Master of Arts,M. A.)、理学硕士(Master of Science,M. Sc.)、工程学硕士(Master of Engineering,M. Eng.)、法学硕士(Master of Laws,LL. M.)和教育硕士(Master of Education,M. Ed.)。

艺术与音乐学院的硕士学位,可授予以下学位名称:美术硕士(Master of Fine Arts,M. F. A.)、艺术硕士(Master of Arts,M. A.)和音乐硕士(Master of Music,M. Mus.)。

应用科学大学的硕士学位授予如下学位证书:文学硕士(M. A.)、理学硕士(M. Sc.)、工程学硕士(M. Eng.)和法学硕士(LL. M.)。

---

① 2003 年该大学由卡塞尔综合大学(Gesamthochschule Kassel)改名为卡塞尔大学(Universität Kassel)。

德国以前的大学标准学位一直是德国传统的硕士(Diplom)和文科硕士(Magister),现在其中大部分学习领域由学士(Bachelor)和硕士(Master)所取代。一部分本科毕业生不想紧接着读硕士研究生。在《2018年德国教育报告》中列出了本科毕业生不想紧接着读硕士研究生的原因,位于第一位的是想获得工作经验,位于第二位是有了一个吸引力的工作机会,见表6-8。

表6-8　本科毕业生不想接着读硕士研究生的原因(2013年毕业生)

单位:%

不愿读硕士的原因	大学类型和研究领域									
	应用科学大学				大学					
	MINT[①]	经济学	社会学	学士学位总计[②]	MINT	心理学、教育学	人文科学	社会与政治学	经济学	学士学位总计[②]
有了一个吸引力的工作机会	62	54	41	53	30	31	36	23	46	34
想获得工作经验	72	79	74	75	50	61	64	58	69	61
没有钱读硕士	40	32	55	41	18	34	19	26	15	22
没有合适的专业	16	16	28	19	7	28	21	21	8	17
想休息一下	6	5	7	6	20	16	17	35	15	16
出于家庭原因	14	10	20	14	14	7	9	11	4	9
没有接到入学通知	9	16	9	9	12	13	10	14	14	12
其他原因	14	12	14	14	30	25	30	8	19	24
数量	188	81	127	445	63	67	86	45	115	513

注:①MINT是一个缩写,它由德文Mathematik(数学)、Informatik(信息技术)、Naturwissenschaften(自然科学)和Technik(工程技术)的第一个字母所组成。

②包括其他非指定学科。

(来源:2018年德国教育报告)

6.5.3 博士学位(Doktor)

对于成绩优异的硕士毕业生,可以攻读博士学位。博士学位不仅证明了进行更深入的独立科学研究工作的能力,而且还体现了独立的研究经验。在博士阶段,有资格参加研究和科学活动,同时也有资格参加科学社会中的领导任务。

在德国获得博士学位的方法很多。德国的主要模式是个人负责和受监督的博士阶段。此外,博士课程变得越来越重要,大学之间也有可能建立合作博士项目。目前,德国有11万多名博士生在读。德国的博士生学习时间为3~5年。

为了促进青年科学家的发展,自1990年以来,由德意志研究联合会(DFG)资助建立的研究生学院提供了在系统规划的计划框架内准备博士学位的机会。2015年,德国共有235所研究生院。自1998年以来,其他结构化形式的博士培训也越来越多,以促进青年科学家的发展。

州立高等教育法和大学及同等高等教育机构的博士学位条例对获得博士学位进行了规定。在大学或应用科学大学获得的硕士学位,原则上有权攻读博士学位。此外,有些专业通过第一次国家考试也可作为满足了攻读博士的条件。

只有在特殊情况下,才能在应用科学大学获得博士学位,因为授予博士学位的权利通常只授予同等地位的大学。这就是为什么越来越多的大学与应用科学大学之间采用合作式博士程序可能性的原因之一。

合作博士程序指的是大学和应用科学大学在合作博士程序中共同合作。应用科学大学一般无法授予博士学位。HRK的评议会(2007年)和德国科学顾问委员会(2010年)要求大学和博士学院为应用科学大学创建合作博士项目的机会,其中应用科学大学的教授可以担任博士生的导师、专家和考官,大学教授可以担任博士程序的主管和审查员。

6.5.4 传统硕士学位(Diplom)

在博洛尼亚改革之前,德国合格大学毕业生获得学位通常称为Diplom,它相当于国际的硕士学位,属于德国授予最多的学位。自从学士和硕士学位2000年逐步推出以来,目前只剩下少数专业还保留该文凭。"Diplom - Ingenieur"一词(缩写Dipl. - Ing.)曾在全世界享有很高的声誉,德国一些大学仍授予该学位，特别是在技术和科学专业方面。那时在应用科学大学获得文凭的人必须包含后缀“FH”。

德国的传统硕士是介于学士和博士之间的学位，相当于现在的硕士学位。根据学位专业不同，学习时间为4～5年。

德国大学仍然拥有德国传统的硕士学位。然而，作为欧洲教育体系重组的一部分，这一传统学位很快将完全被新的国际学士和硕士学院所取代。

6.5.5 文科硕士学位(Magister)

在社会学科中，如教育学、心理学以及社会学等，大学学位是Diplom；在语言、文学和哲学等人文学科中，大学毕业生获得Magister Artium或Magistra Artium，缩写为M. A.，简称Magister。这通常需要学习一门主科和两门副科。在30年前，德国高等学校学习时间只限制了下限时间，比如它们至少学习8个学期(即4年)，在8个学期内能完成大学所有的学习内容的学生，在联邦德国是极少数。现在德国只有少数硕士课程有这项要求。

Magister学位名称主要有如下几种：①文科硕士(Magister Artium，M. A.)；②理学硕士(Magister Scientiarum，M. Sc.)；③法学硕士(Legum Magister，LL. M.)；④欧洲法学硕士(Magister Legum Europae，MLE)；⑤神学硕士(Magister Theologiae，M. Th.)。

“Magister”一词源自拉丁语，意为“老师”或“主人”，它是德国大学历史最悠久的学位，主要授予在哲学、语言学、历史学和文化研究方面的学位。作为博洛尼亚改革的一部分，所有Magister学位应在2010年底之前转换为新的硕士学位。但文科学习领域有一个显著特点，那就是Magister的研究内容与工科相比显然更为广泛。要想取代它，还不是一件容易的事。目前德国的大学和学院还可以选择以德语形式的Magister授予最终的硕士学位。

6.5.6 国家考试(Staatsexamen)

什么是国家考试？在德国，医学、牙科、兽医、药学、食品化学、法学等部分教师职业学习领域的毕业生必须完成国家考试才能获得学位，因为这些专业涉及公共利益。国家考试的要求与大学考试的要求相对应。国家考试是由联邦州政府进行的，所以也称为州考试。大学考试和国家考试之间的区别在很大程度上是形式上的，除了教授之外，州立考试办公室的代表还担任国家考试的考官。期末考试必须在大学委员会面前完成。特殊的国家控制有助于确保培训符合某些质量标准，这也符合国家和大众的一般利益。

国家考试分为第一次和第二次国家考试。由于考试针对不同专业的学位，所以考试的内容和方式也不同。第一次国家考试仅在6～9个学期后在教师培训专业中进行，而法学院学生则需要8～9个学期，对于医学生来说甚至是10～12个学期。第一次考试不及格的学生有再次尝试的机会。只有在特殊情况下才允许进行第三次。

第一次国家考试相当于普通大学学位，但又不能算是“真正”的学位。只有通过第二次国家考试，才能真正从事相关职业，从这层意义上来看，才能算是获得“真正”的学位。

在第一次国家考试之后，毕业生通常会有一个以实践为导向的培训，特别是对于律师和教师专业。如法律职务持续2年，可以获得实际工作经验。在培训结束时，受训人员必须参加第二次国家考试。

在博洛尼亚改革过程中，德国国家考试实际上应该在2010年底之前取消，但是仍然没有具体的实施计划。

6.5.7 大学授课资格(Habilitation)

在说德语的国家(德国、奥地利和瑞士)中，大学授课资格是升任教授的经典途径。获得博士学位，旨在证明能够掌握一门学科。2002年，已完全取消大学授课资格，取而代之的是初级教授职位。

尽管如此，联邦各州提供进一步的资格途径，即开设教授职位。初级教授、初级组长和其他科学家，现在也可以被任命为教授。

因此，在许多学科中，大学授课资格已经失去了重要性。例如，在自然科学中，实际的科学成就为正式的申请标准。在工程科学领域，公司研发部门人员也在申请教授职位。但是在医学中，大学授课资格仍然很普遍。

要想获得大学授课资格，必须向大学院长提交申请。在大学授课资格的条例中规定了申请者必须满足的先决条件。首先，申请者持有大学学位以及博士学位。此外，还有专论或累积性、适应性的论文，以及教学活动的证明。申请者提交申请和论文后，大学的审查委员会对其适应能力和成就进行认定。

6.6 高等教育的变化与特点

从1995—2016年到2018—2019年冬季学期，德国高等教育体系发生了很大变化，主要体现在高等院校数量与结构、学位专业课程、学生人数、工作人员以及科研经费等方面。

6.6.1 高等院校数量与结构

20世纪90年代中期，德国有327所大学，目前已有400多所大学，从数量和结构上，德国高等院校均发生了很大的变化，特别是私立大学和应用科学大学数量越来越多。1995年只有20所私立应用科学大学，如今已接近90所。在同一时期，公立和教会大学的数量几乎没有变化。不过，越来越多的学生选择在私立大学学习。德国公立和私立大学的比较，见图6-3。2018年，私立大学新生占所有入学新生的10%，在1990年代中期仅为1%。

通常，私立大学比公立大学规模要小得多，而且私立大学的学科范围也明显有限，这也说明了为什么德国公立大学在很大程度上满足了绝大多数大学生对学习的需求。

私立大学和公立大学的学科情况不同。私立大学的学科主要集中在经济学、心理学和医疗卫生科学领域，这些学科占私立大学所有新招生的67%，而公立大学所有新招生的仅占17%。

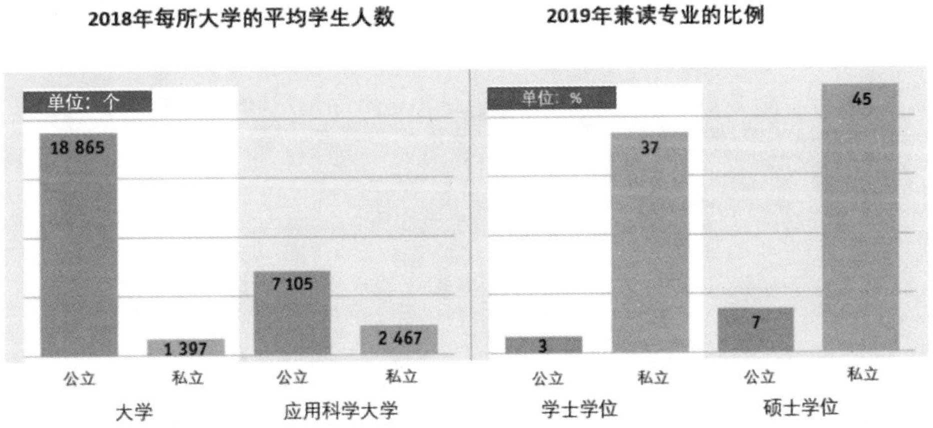

图6-3 德国公立和私立大学的比较

（来源：2020年德国教育报告）

6.6.2 学位专业

德国超过 20 000 个学位专业不仅分布在越来越多的大学中，而且分布在越来越多的课程中。在 2019—2020 冬季学期，德国开设了 20 000 多门专业课程，其中本科生课程有 10 500 门，研究生课程有 9 600 门。现在学位专业种类繁多的主要原因是德国传统的硕士学位转换成学士和硕士学位，德国的学位专业范围几乎翻了一番。从 2010—2011 学年至 2019—2020 学年德国的大学学位专业数量发展情况见图 6 - 4a。2010—2011 冬季学期、2016—2017 冬季学期和 2019—2020 冬季学期德国的学士学位和硕士专业数量发展情况见图 6 - 4b。

大学与应用科学大学的学习时间不同。虽然在 90%以上的大学中，以 6 个学期的学士学位模式为主导，但应用科学大学有 2/3 的学士学位专业是 6 个以上学期的课程，因此与研究结构改革之前的技术学院课程范围更具可比性。硕士课程的情况有所不同。在大学中，硕士课程的学习时间更长超过 90%的大学的硕士课程为 4 个学期，而在应用科学大学中，大约有一半的课程在 4 个学期以下。

在大多数学位专业中，约 60%学位专业没有入学限制。如果入学受到限制，这通常是基于本地入学限制，因为对学习场所的需求超出了学校限制数量。全国范围的中央录取程序起着重要的作用，特别是在医学方面。关于入学限制，各联邦州之间存在明显差异。

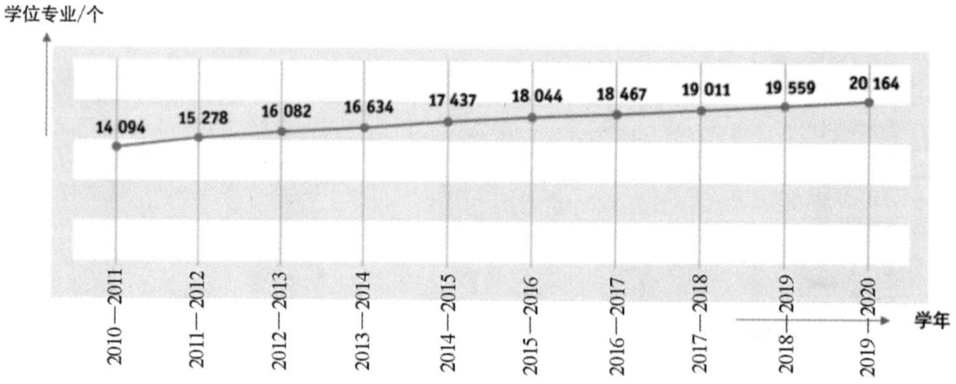

图 6 - 4a　2010—2011 学年至 2019—2020 学年德国的大学学位专业数量发展情况

（来源：2020 年德国教育报告）

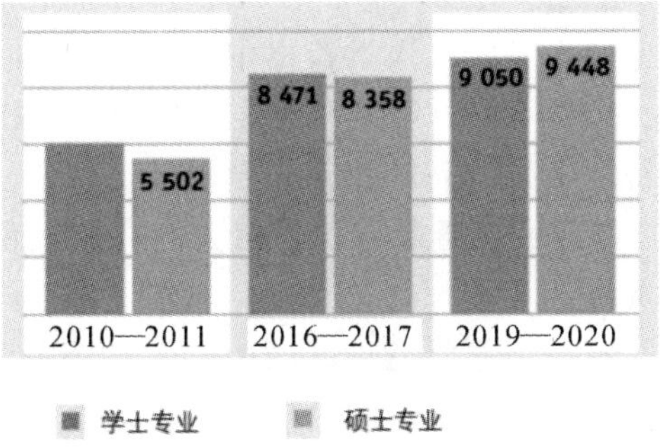

图 6-4b 2010—2011 冬季学期、2016—2017 冬季学期和 2019—2020 冬季学期德国的学士学位和硕士专业数量发展情况

（来源：2020 年德国教育报告）

6.6.3 入高等学校的途径

在德国，2018 年约有 432 000 人获得了大学入学资格，由于人口结构的变化，大学毕业生人数略有下降，但符合条件的学生率始终保持在 50%以上的高水平。图 6-5 是 1995—2018 年按大学入学资格类型和资格率划分的普通和职业学校合格学生比例。

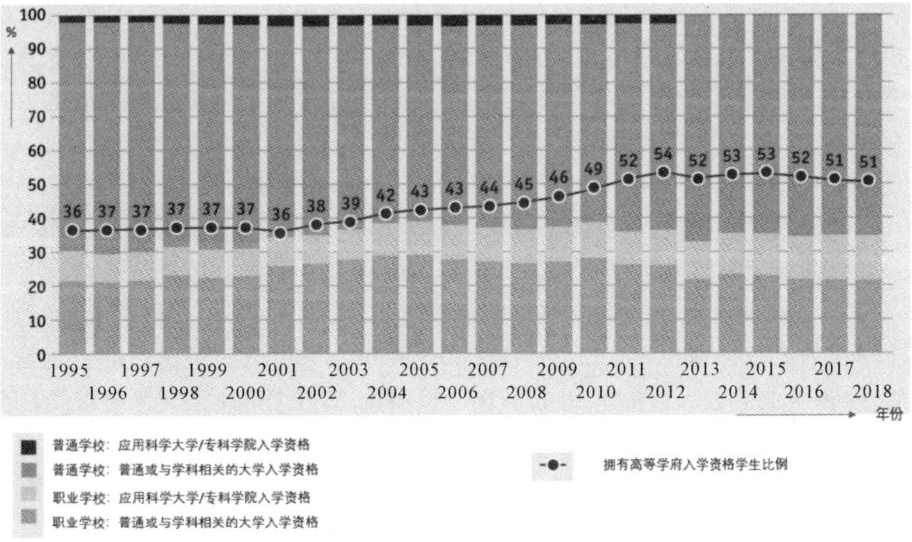

图 6-5 1995—2018 年按大学入学资格类型和资格率划分的普通和职业学校合格学生比例

（来源：2020 年德国教育报告）

在德国各种类型的高等教育入学资格中，普通和特定科目可以在大学和技术学院学习，技术大学入学资格(除某些特定联邦州/地区例外)可以在应用科学大学学习。普通和特定学科的高等教育入学资格显然占主导，在所有有资格学习的人中，将近 80%获得了普通或与学科相关的高等教育入学资格，只有 20%的是技术大学入学资格。

进入大学的途径不一定非要通过高级中学。在职业学校中，获得大学入学资格的人数占 1/3。这些主要是有些学生是在非高中阶段或分支机构就读，后来想获得大学入学资格。这种追赶过程通常发生在职业学校而不是普通学校。因此，职业学校通过开放其他学习方式，为德国教育体系的开放做出了贡献。因此，它们是通识教育学校系统的重要补充。

6.6.4 毕业生人数与专业分布

在德国，名牌大学都有自己的传统和特色。如最古老的海得堡大学，文科专业名列前茅，特别是日耳曼语；哥廷根大学的理科专业，如物理、数学、化学等蜚声海内外，培养出了许多世界著名科学家和诺贝尔奖获得者。在 1997 年之前，在德国有两所工科大学保留 TH 的名称。TH 是德文 Technische Hochschule 的简称，直译成中文为工业大学，这两所大学是亚深工业大学和达姆斯塔特工业大学。亚深工业大学在德国工科领域相当于美国的麻省理工学院，是德国首屈一指的工科大学。达姆斯塔特工业大学于 1882 年 11 月 1 日由年仅 30 岁的物理学家 Erasmus Kittler 博士(1852 —1929 年)领导建立了全德国第一个电力工程系，是一所传统的工业大学。自 1997 年 10 月 1 日起，该大学更名，将 TH Darmstadt 改成 TU Darmstadt(Technische Universität Darmstadt)。在采矿方面，人们常说“ABC”，它是亚深工业大学(Aachen TH)、西柏林工业大学(Berlin TU)和克劳斯塔尔工业大学(Clausthal TU)德文第一字母的组合。

2019 年德国所有高等院校毕业生总数为 512 285 人，其中获得学士、硕士和博士学位的人数分别为 254 142 人、145 573 人和 28 690 人。最热门的专业是企业管理，占毕业总数人数的 9.8%，其次是机械制造/工程和医学(普通医学)，分别为 4.2%和 3.3%。表 6-9 列出了德国高校毕业人数最多的前 20 门专业排名(2019 年)，这前 20 所院校毕业生总合为 283 696 人，占毕业总数人数的 55.4%。同时，这些最热门的专业又反映出德国职业需求和国民经济的发展方向。

表 6-9　2019 年德国高校毕业人数最多的前 20 门专业的排名

比例:%

第一学位	总计			大学毕业生(不包括教师考试)[①]			博士生			教师考试[②]			应用科学大学毕业生[③]			学士学位			硕士学位		
	排名	人数	比例	排名	人数	比例	排名	人数	比例	排名	人数	比例	排名	人数	比例	排名	人数	比例	排名	人数	比例
企业管理	1	49 986	9.8	14	223	0.7	12	494	1.7	62	16	0.0	12	145	2.1	1	33 021	13.0	1	16 087	11.1
机械制造/工程	2	21 457	4.2	6	688	2.2	5	1 507	5.3	46	61	0.1	9	195	2.9	2	11 888	4.7	2	7 118	4.9
医学(普通医学)	3	17 714	3.5	1	10 234	33.2	1	6 814	23.8	103	—	—	48	—	—	117	227	0,1	68	439	0.3
心理学	4	15 895	3.1	9	297	1.0	13	479	1.7	45	70	0.2	48	—	—	3	9 102	3.6	3	5 947	4.1
经济学	5	15 500	3	21	120	0.4	10	600	2.1	22	451	1.0	36	9	0.1	5	8 934	3.5	5	5 386	3.7
计算机科学	6	14 249	2.8	17	150	0.5	8	899	3.1	34	141	0.3	29	19	0.3	7	7 383	2.9	4	5 657	3.9
法学	7	13 474	2.6	2	9 661	31.3	6	1 151	4.0	103	—	—	48		—	50	1 348	5	24	1 314	0.9
教育学	8	13 312	2.6	41	38	0.1	17	329	1.1	2	4 771	10.3	48		—	12	5 763	2.3	15	2 411	1.7
日耳曼语/德语	9	13 090	2.6	35	54	0.2	21	271	0.9	1	8 981	19.3	48		—	23	2 715	1.1	31	1.069	0.7

续表

第一学位	总计			大学毕业生（不包括教师考试）①			博士生			教师考试②			应用科学大学毕业生③			学士学位			硕士学位		
	排名	人数	比例	排名	人数	比例	排名	人数	比例	排名	人数	比例	排名	人数	比例	排名	人数	比例	排名	人数	比例
以电气工程/电子工程为重点的工业工程	10	12 750	2.5	56	23	0.1	71	36	0.1	103	—	—	16	121	1.8	6	7 893	3.1	7	4 677	3.2
电气工程/电子	11	12 214	2.4	11	227	0.7	9	768	2.7	41	94	0.2	15	122	1.8	10	6 134	2.4	6	4 869	3.3
生物学	12	11 200	2.2	79	9	0.0	2	2 261	7.9	5	2 374	5.1	48		—	18	3 849	1.5	12	2 707	1.9
企业内部业务/管理	13	10 599	2.1	109	2	0.0	127	7	0.0	103	—	—	48		—	8	6 323	2.5	8	4 267	2.9
社会工作	14	10 245	2.0	137	—	—	147	4	0.0	103	—	—	43	1	0.0	4	9 084	3.6	28	1 156	0.8
土木工程	15	9 712	1.9	15	181	0.6	16	339	1.2	44	71	0.2	13	144	2.1	14	5 067	2.0	9	3 910	2.7
商业信息学	16	8 709	1.7	137	—	—	50	67	0.2	95	1	0.0	14	130	1.9	9	6 312	2.5	16	2 199	1.5
卫生科学/管理	17	8 480	1.7	42	36	0.1	37	107	0.4	36	132	0.3	48		—	11	6 085	2.4	17	2 120	1.5

续表

第一学位	总计			大学毕业生（不包括教师考试）①			博士生			教师考试②			应用科学大学毕业生③			学士学位			硕士学位		
	排名	人数	比例	排名	人数	比例	排名	人数	比例	排名	人数	比例	排名	人数	比例	排名	人数	比例	排名	人数	比例
化学	18	8 455	1.7	44	35	0.1	3	2 140	7.5	16	761	1.6	48		—	19	2 994	1.2	14	2 525	1.7
数学	19	8 394	1.6	28	84	0.3	11	574	2.0	4	3 850	8.3	43	1	0.0	26	2 322	0.9	20	1 563	1.1
建筑	20	8 261	1.6	20	123	0.4	42	92	0.3	61	21	0.0	48		—	15	4 575	1.8	10	3 450	2.4
前20门专业毕业生人数合计	X	283 696	55.4	X	22 185	71.9	X	18 939	66.0	X	21 795	46.9	X	887	13.1	X	141 019	55.5	X	78 871	54.3
所有院校毕业生人数总和	X	512 285	100	X	30 862	100	X	28 690	100	X	46 454	100	X	6 764	100	X	254 142	100	X	145 373	100

注：①包括考试组为“艺术学位”和“其他学位”，不含学士和硕士学位；

②包括双学士和硕士学位；

③不含学士和硕士学位。

（来源：Statistisches Bundesamt，Fachserie 11，Reihe 4.2，PJ 2019）

2019年德国高校毕业人数最多的前20所高等院校分别是慕尼黑工业大学(TU München)、巴登-符腾堡州双轨制州立大学(Duale Hochschule Baden-Wuerttemberg,Stuttgart)、慕尼黑大学(U München)、亚琛工业大学(RWTH Aachen)、科隆大学(U Köln)、埃尔朗根-纽伦堡大学(U Erlangen-Nürnberg)、明斯特大学(U Münster)、图宾根大学(U Tübingen)、法兰克福大学(U Frankfurt)、汉堡大学(U Hamburg)、杜伊斯堡-埃森大学(U Duisburg-Essen)、美因兹大学(U Mainz)、卡尔斯鲁厄理工学院(KIT Karlsruher)、波鸿鲁尔大学(U Bochum)、哥廷根大学(U Göttingen)、海德堡大学(U Heidelberg)、柏林自由大学(FU Berlin)、德累斯顿工业大学(TU Dresden)、斯图加特大学(U Stuttgart)、波恩大学(U Bonn)。它们的毕业生共计139 977人,占毕业总数人数的27.9%。这20所高等院校毕业人数具体情况见附录16。

德国高校毕业生有61万人,其中大约外国留学生有6万,2019年德国高校毕业生中外国人最多的前20名国家是中国、土耳其、印度、意大利、俄国、奥地利、法国、乌克兰、伊朗、波兰、韩国、西班牙、希腊、美国、保加利亚、越南、巴基斯坦、喀麦隆、印度尼西亚和卢森堡。来自这20个国家的毕业生几乎占外国毕业生总人数的66.3%。中国人在硕士、博士、学士学位以及大学毕业生占比均在首位。2019年德国高校毕业生中外国人最多的前20名国家具体数据见附录17。

6.6.5 工作人员

在高等学校中,有四层教学力量:①教授;②助教;③教授的合作者;④用于特殊课程的教学力量。

2017年,共有249 535名全职科研人员在大学工作,其中包括47 568名教授。此外,还有145 343名兼职教授、讲师和科学助理。304 264名为非科学工作人员,其中大多数(32%)从事行政管理。科研人员在各个科研领域分布不同,在医学领域科研人员最多(24%),其次是工程(20%)和自然科学(18%)以及法学、经济学和社会科学(17%)。大多数科研人员采用固定期限合同,通常分配给教授。

近年来,通过系统的资助计划,按学科组分列的德国大学女教授比例有所提高,不过各个学科的情况也大不相同。

高等教育内部结构是否合理,直接影响着教育效益的高低。据2020年德国高等学校数据,2018年,有290万(WS 2019-2020)在校大学生,其中女大学生为143万人,男大学生为147万人。高等学校工作人员有719 310人,其中科学和艺术人员共有402 152人,行政、技术和其他人员317 158人。科学和艺术人员中包括有专职人员 255 605 人，即教授 48 128 人，讲师和助手 3 715 人，科学和艺术人员 193 494 人和特殊任务教学人员 10 268 人，以及兼职 146 547 人。高等学校教师与学生比例约为 1∶10，高等学校教师占所有高校人员的 55.9%，管理、技术以及其他工作人员占 44.1% 。表 6 - 10 是 1995—2016 年德国高校人员分布情况。

表 6 - 10 1995—2016 年德国高校人员分布情况*　　单位：个

年份	总和		科学和艺术人员		非科学（行政，技术和其他）人员	
	总人数	全职等值人数	总人数	全职等值人数	总人数	全职等值人数
1995	482 850	384 506	212 841	148 259	270 009	236 247
1996	482 388	382 878	214 668	148 729	267 720	234 149
1997	481 073	381 786	214 054	148 036	267 019	233 750
1998	483 846	381 331	216 425	148 988	267 421	232 344
1999	488 890	384 531	219 222	150 730	269 668	233 801
2000	488 660	381 703	219 296	150 855	269 364	230 848
2001	494 065	382 428	224 959	153 258	269 106	229 170
2002	501 482	387 829	231 542	158 106	269 940	229 723
2003	505 246	386 533	237 162	159 413	268 084	227 120
2004	499 181	374 302	236 375	155 706	262 806	218 596
2005	497 204	365 469	240 186	155 772	257 018	209 696
2006	503 876	369 250	248 938	159 080	254 938	210 169
2007	518 613	378 630	260 064	164 767	258 549	213 864
2008	537 335	388 224	274 769	171 692	262 566	216 532
2009	573 364	407 384	301 042	184 836	272 322	222 548
2010	601 682	423 934	324 367	196 340	277 315	227 594
2011	619 233	433 425	337 102	202 514	282 131	230 910
2012	640 021	443 015	353 690	209 479	286 331	233 536
2013	662 076	453 752	369 847	216 569	292 229	237 183
2014	675 146	458 387	381 269	220 674	293 877	237 713
2015	684 385	464 177	385 311	222 828	299 074	241 349

续表

年份	总和		科学和艺术人员		非科学(行政,技术和其他)人员	
	总人数	全职等值人数	总人数	全职等值人数	总人数	全职等值人数
2016	691 363	470 234	386 752	225 000	304 611	245 234
大学[①]						
1995	427 841	347 361	177 178	128 254	250 663	219 107
1996	427 912	345 470	179 760	128 709	248 152	216 761
1997	426 840	344 194	179 890	128 260	246 950	215 934
1998	426 514	341 823	180 659	128 588	245 855	213 235
1999	431 620	345 413	182 439	129 613	249 181	215 800
2000	430 162	342 582	181 085	129 454	249 077	213 128
2001	434 371	342 574	185 735	131 263	248 636	211 311
2002	438 730	346 594	189 503	134 949	249 227	211 645
2003	439 857	344 605	193 034	135 773	246 823	208 831
2004	433 367	332 209	192 018	131 821	241 349	200 387
2005	431 275	323 509	195 506	131 801	235 769	191 708
2006	436 503	326 786	203 427	135 018	233 076	191 768
2007	447 791	335 131	211 653	139 973	236 138	195 158
2008	462 392	343 077	222 916	145 705	239 476	197 371
2009	481 670	355 414	235 657	154 537	246 013	200 877
2010	499 211	368 099	248 895	162 439	250 316	205 660
2011	511 797	374 922	257 904	166 958	253 893	207 964
2012	524 887	380 867	268 517	171 581	256 370	209 286
2013	540 661	388 634	279 868	176 666	260 793	211 968
2014	546 843	390 534	285 258	178 588	261 585	211 946
2015	554 121	394 660	288 719	180 158	265 402	214 503
2016	557 508	398 990	288 526	181 728	268 982	217 262
应用科学大学[②]						
1995	48 271	32 899	30 847	17 453	17 424	15 446

续表

年份	总和		科学和艺术人员		非科学(行政,技术和其他)人员	
	总人数	全职等值人数	总人数	全职等值人数	总人数	全职等值人数
1996	48 230	33 315	30 544	17 592	17 686	15 723
1997	48 423	33 636	30 326	17 589	18 097	16 047
1998	50 608	34 481	32 088	18 213	18 520	16 269
1999	51 640	35 124	33 252	19 016	18 388	16 108
2000	52 700	35 145	34 498	19 299	18 202	15 846
2001	53 999	35 939	35 537	19 880	18 462	16 059
2002	56 677	37 170	38 022	20 918	18 655	16 252
2003	59 348	37 883	40 096	21 374	19 252	16 510
2004	60 060	38 120	40 617	21 690	19 443	16 430
2005	60 580	38 143	41 264	21 859	19 316	16 284
2006	62 265	38 733	42 363	22 069	19 902	16 664
2007	65 853	40 049	45 291	22 972	20 562	17 078
2008	70 029	41 832	48 647	24 168	21 382	17 664
2009	86 790	48 573	62 391	28 588	24 399	19 986
2010	97 428	52 388	72 356	32 135	25 072	20 253
2011	102 117	54 879	75 982	33 795	26 135	21 084
2012	109 846	58 543	81 978	36 150	27 868	22 393
2013	115 977	61 316	86 698	38 021	29 279	23 295
2014	122 684	63 927	92 600	40 124	30 084	23 803
2015	124 152	65 192	93 045	40 656	31 107	24 536
2016	127 797	67 075	94 522	41 180	33 275	25 895

注:* 不包括学生助理。

①大学,包括大学,教育学和神学院,以及艺术学院;

②不包括行政学院。

(来源:2018 年德国教育报告)

6.6.6 高等学校教学与科研经费

图 6-6 是 2008—2017 年间德国按大学类型分类的高等院校教学与研究支出状况。从图中看到,高等院校教学与研究支出每年递增,2008 年为 255 亿欧元,10 年之后,到了 2017 年比 2008 年增加了 50%,上升到 350 亿欧元。此外,大学(包括大学医院)是教学与研究的主力军,它们所占德国高等院校教学与研究总支出的近 80%。

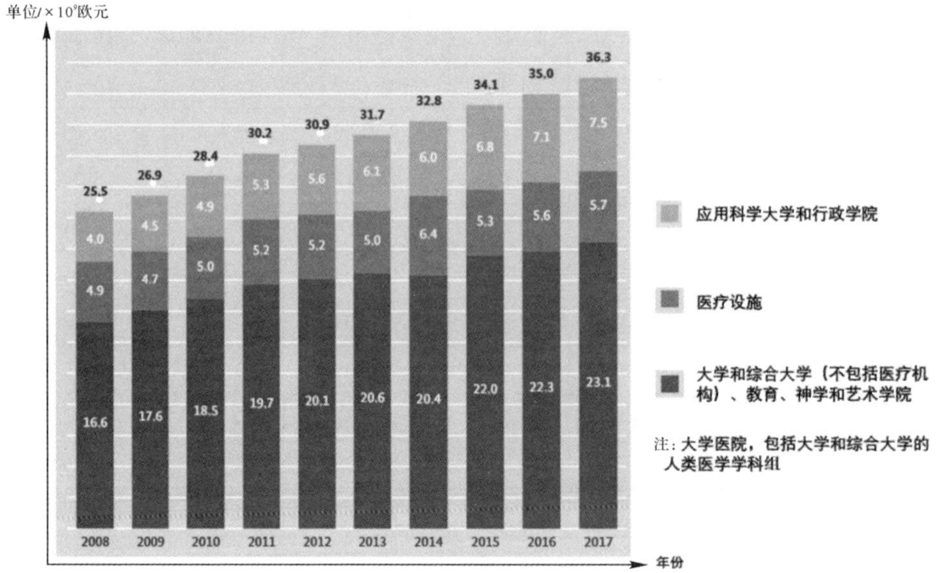

图 6-6　2008—2017 年间德国按大学类型分类的高等院校教学与研究支出

(来源:德国联邦统计局网站)

6.7 卓越战略

2016 年,德国联邦政府和州政府通过了一项新的资助计划,为德国大学的尖端研究提供长期支持,其目的是可持续地加强德国科学在国际竞争中的地位,使其在国际上更加引人注目。这笔资金促进科学发展,提高大学的形象,鼓励在科学系统中建立更强大的网络与合作。这就是德国的卓越战略,它将促进尖端研究与高等教育系统的长期战略投资结合在一起,是德国政府为了加强顶尖大学研究而做出的一项战略措施。

卓越战略以其前身计划——2007—2017 年的卓越倡议为基础,获得了杰出的研究成果,加强了大学与非大学合作伙伴之间的合作,同时还促进了德国大学与世界各地大学之间日益增强的联系。这一发展正受到全世界的关注，越来越多的研究人员从国外移居德国。世界上有些国家也以“卓越倡议”为榜样，推出了自己国家的方案。近年来，这种积极的态势通过卓越战略得以维持和扩展。

卓越战略的资助项目由两部分组成：卓越集群和卓越大学。

“卓越集群”是在项目相关基础上支持大学或大学协会的具有国际竞争力的研究领域。在卓越集群中，不同学科和机构的科学家共同开展研究项目。这笔资金使他们集中自己的研究目标，培训青年科学家，征聘国际顶尖人才。卓越集群的资金期限为七年，第二次供资期也为七年。供资项目每七年定期公布一次。

“卓越大学”资金用于加强大学或大学网络作为一个机构，在成功的卓越集群的基础上，扩大其在研究方面的国际领先地位。为了能够成为一所卓越大学，大学必须至少拥有两个卓越集群以及三个大学合作网络。卓越大学的资助是长期性的，但必须每七年审核一次资助要求。这就意味着，卓越大学必须定期招募优秀人才，以科研成果争取到资金。

2005 年联邦政府签署了关于卓越倡议的协议，首期资助总额为 19 亿欧元(联邦政府 75%，所在州的政府 25%)。2009 年 6 月 4 日，德国国家元首和总理决定将“卓越倡议”继续进行，直至 2017 年，总额达 27 亿欧元。以科学为主导的选择和评估过程已委托给德意志研究联合会和德国科学顾问委员会。

2019 年，德国的 10 所大学和一个大学网络被联邦和州政府选为促进顶级大学研究的卓越战略的一部分。卓越大学获得数百万美元的额外资助。下面对这 10 所大学和一个大学网络做一个概述。

1. 亚琛工业大学(RWTH Aachen)

亚琛工业大学依靠生命科学和数据科学的深入交流，在可再生能源、工业 4.0 和量子计算机方面开展卓越集群的研究。该大学位于欧洲城市亚琛，与比利时和荷兰接壤。它在新德里和北京设有联络处。

2. 柏林大学联盟(Berlin University Alliance)

柏林自由大学(Freie Universität Berlin)，柏林洪堡大学(Humboldt - Universität zu Berlin)，柏林工业大学(Technische Universität Berlin)和夏里特-柏林大学医学(Charité - Universitätsmedizin Berlin)组成柏林大学联盟，将柏林开发为世界一流科学研究基地。自 2012 年以来，该联盟的科学家从欧洲研究理事会获得了 55 笔资助。牛津大学是柏林大学联盟最紧密的合作伙伴之一。

3. 波恩大学(Universität Bonn)

来自波恩大学的六个卓越集群被选为卓越战略的一部分，比德国其他大学都多。该大学建立了强大的全球合作网络，例如与全球数学网络(Global Math Network)密切合作。农业创新计划的合作伙伴来自 12 个非洲国家。

4. 德累斯顿工业大学(Technische Universität Dresden)

德累斯顿工业大学除了有工程和自然科学之外,还有人文、文化和社会科学以及医学等专业。卓越集群对细胞和发育生物学、原子领域的量子力学以及人与机器之间的有效合作进行研究。位于德国东部的这所大学与世界各地的大学合作,如在阿根廷、澳大利亚、加拿大和中国都可以找到其合作的大学。

5. 汉堡大学(Universität Hamburg)

汉堡大学不仅致力于国际化,还将可持续发展的未来作为卓越的重点。汉堡大学的四个卓越集群之一是研究气候变化,另一个以人文学科为重点的卓越集群研究手稿文化的多样性,尤其是来自亚洲和非洲的手稿。

6. 海德堡大学(Universität Heidelberg)

海德堡大学是德国历史最悠久的大学,它成立于1386年。最近该大学获得欧盟委员会的奖项,它与五所欧洲合作大学,其中包括巴黎的索邦大学(Sorbonne Université)和布拉格的查尔斯大学(Karls - Universität)。海德堡大学是医学领域也处于领先地位。在其卓越集群中,自然科学和工程科学中也很耀眼。

7. 卡尔斯鲁厄理工学院(Karlsruher Institut für Technologie)

卡尔斯鲁厄理工学院的研究人员超过5 000名,其中五分之一来自国外。该校在未来十年内将新设100个教授职位。为了加强前沿研究,KIT还依靠"真正实验室",研究人员与非专业人士一起测试新技术。

8. 康斯坦茨大学(Universität Konstanz)

康斯坦茨大学成立于1966年,是德国最年轻的大学之一,也是著名的欧洲青年研究型大学网络(Young European Research Universities Network, YERUN)的成员。康斯坦茨的"跨大西洋合作网络"(Netzwerk Transatlantische Kooperation)项目加强了与美国顶尖大学的交流。这所大学的卓越集群主要研究动物和人类的共同行为,以及政治不平等。

9. 慕尼黑大学(Universität München)

慕尼黑大学(Ludwig - Maximilians - Universität München,LMU),该学校的卓越集群的研究致力于探索界限:从量子力学的不同方面到宇宙的源起,再到获取能源的新途径和神经系统疾病治疗的新途径。该大学国际合作的重点区域是欧洲,其次是北美和亚洲。

10. 慕尼黑工业大学(Technische Universität München)

慕尼黑工业大学(TUM)与慕尼黑大学合作组建四个卓越集群。同时,TUM具有别具一格之处,它与公司建立了紧密的合作伙伴关系。在国际排名中,TUM是德国最好的大学之一。它在旧金山、圣保罗、开罗、孟买和北京设有联络处，在新加坡设有外国办事处。

11. 蒂宾根大学（Universität Tübingen）

蒂宾根大学在欧洲拥有强大的合作研究网络，也是“Matariki Netzwerks”的成员。该网络连接了来自欧洲、北美、澳大利亚和新西兰的七所大学，他们的共同口号是：“携手合作，共创美好世界”。这也可以应用到蒂宾根大学的卓越集群中，这些集群致力于肿瘤疗法、抗击感染以及机器学习在科研中的应用。

6.8 科学组织联盟

科学组织联盟（Allianz der Wissenschaftsorganisationen）是德国最重要的科学研究组织的协会，它定期就科学政策、研究经费和德国科学体系的结构发展等问题发表评论。

该联盟有10名成员，它们是亚历山大·冯·洪堡基金会（AvH）、德意志学术交流中心（DAAD）、德意志研究联合会（DFG）、弗劳恩霍夫协会（FhG）、赫尔姆霍尔茨协会（HGF）、大学校长会议（HRK）、莱布尼茨学会（LG）、利奥波迪纳国家科学院（Die Leopoldina）、马克斯·普朗克学会（MPG）和德国科学顾问委员会（WR），它们的徽标如图6-7所示。这些成员均为德国科研方面的领头人，也是与高等院校紧密合作的伙伴，下面简单介绍这10名成员的情况。

图6-7 科学组织联盟10名成员的徽标

6.8.1 洪堡基金会

洪堡基金会是亚历山大·冯·洪堡基金会（Alexander von Humboldt-Stiftung，AvH）的简称。它在亚历山大·冯·洪堡（1769—1859）逝世一年后的1860年成立于柏林。起初，该基金会为了资助德国各界学者到国外旅行、学习和吸收别国的经验，鼓励他们在那里进行一段时间的研究工作。后来由于战争，经济不稳定，1923年该基金会被迫解散。1925年，德国帝国重建了洪堡基金会，其目的是向外国留学生提供支持，以及向来德国的科学家和博士生提供资助。

随着德意志帝国的崩溃,1945年该基金会再次停止活动。在前洪堡客座研究人员的建议下,德意志联邦共和国于1953年12月10日成立了亚历大·冯·洪堡基金会,扶持外国学者到德国进行研究工作,促进了优秀的外国和德国研究人员之间的科学合作,会址设在波恩。它属于一个非营利性基金会。在柏林,该基金会还设有代表处。

洪堡基金会大约97%的基金预算来自联邦预算,即联邦外交部、联邦教育和研究部、联邦经济合作与发展部和联邦环境部。

从洪堡基金会中可获得研究资助和研究奖,使高素质的外国研究人员能够在德国进行研究。洪堡基金会的资助建立了一个遍布全球的校友网络。基金会资助了所谓的"洪堡人",他们在140个国家进行研究和教学。还有两个计划可以吸引以前曾在国外工作的顶尖科学家赴德国进行研究。

1. 洪堡教授奖

自2008年以来,该基金会每年用洪堡教授奖资助来自各个学科的十位在国外工作的世界领先的研究人员,目的是让他们及其团队在德国进行长期科研工作。在五年内,将提供最高500万欧元的实验工作奖金和350万欧元的理论工作科学家奖金。洪堡教授奖是最负盛名的奖项之一。

2. 索非亚·科瓦雷夫斯卡亚奖

索非亚·科瓦雷夫斯卡亚奖是德国获得最高奖项的科学奖之一,它使优秀的研究人员能够以独特的方式开展科学研究:五年内,研究人员可以在不受行政限制的情况下,在德国研究所中开展自己的研究项目,并建立自己的工作组。每位获奖者的奖金高达165万欧元。

洪堡基金会为了促进了优秀的外国和德国研究人员之间的科学合作,每年颁发800多个奖学金和奖项,支持来自国外的研究人员来到德国进行自己选择的研究项目。通过授予研究补助金和研究奖,该基金会使来自国外的高素质研究人员能够在德国进行长期研究,支持由此产生的科学联系。该基金会为年轻的德国研究人员提供了与洪堡研究人员合作的机会。自成立以来,洪堡基金会已资助来自140多个国家的29 000多名科学家,包括55名诺贝尔奖获得者。

6.8.2 德国学术交流中心

德意志学术交流中心(Deutscher Akademischer Austauschdienst,DAAD)最初成立于1925年,但在1945年被解散,后于1950年重新注册。

德意志学术交流中心是全球最大的促进学术交流和国际科学合作的组织。独立的科学委员会决定分配90%以上的公共资金用于奖学金、高等教育机构国际化计划、促进国外德语学习以及与发展中国家的教育合作。DAAD在60多个国家/地区设有现场办公室和信息中心，是 ERASMUS +[①]计划的国家机构，也是全球 IAESTE 计划的德国总部。

自 1925 年成立以来，德意志学术交流中心(DAAD)为德国和国外的 190 万名学者提供了支持。它的活动远远超出了授予奖学金的范围。DAAD 促进了德国大学的国际化，加强了德国的德语学习和国外的德语，并且在教育、外国科学和发展政策方面为决策者提供建议。

预算主要来自各部委的联邦资金，特别是外交部、欧盟以及公司、组织和外国政府。总部设在波恩，DAAD 在柏林还有一个首都办事处。艺术家计划也隶属于该办事处。

6.8.3 德意志研究联合会

德意志研究联合会(Deutsche Forschungsgemeinschaft，DFG)是德国的科学自治组织，也是对大学、非大学研究机构、科学协会和科学研究院进行基础研究的第三方资金的最重要来源。在多阶段的决策过程中，研究项目的资助申请仅由自愿评审员根据科学标准进行评估，由选定的评审委员会成员根据这些专家报告进行评估，然后由审批机构决定。通过资助特殊的研究领域、研究培训小组和“卓越倡议”，DFG 对德国高等教育的结构形成产生了重大影响。

DFG 的主要任务是为研究项目提供资金支持，资金主要用于高等教育部门。DFG 的任务还包括促进研究人员之间的合作，促进年轻的研究人员发展，就科学问题向议会和当局提供建议，以及保持与外国科学研究之间的联系。

1920 年德国科学紧急协会(Notgemeinschaft der Deutschen Wissenschaft)成立于柏林，它是德国科学的应急组织，后于 1949 年重新成立于波恩，1951 年与研究委员会(Forschungsrat)合并后，更名为德国研究联合会(DFG)。其成员包括 69 所大学、16 个非大学研究机构、8 所学院和 3 个科学协会。

DFG 由联邦政府提供 58%的资金，由联邦州提供 42%的资金，而且具有统一的资金分配比例。DFG 在 2010 年的可用资金为 23.27 亿欧元，2011 年为 24.58 亿欧元，2012 年 25.27 亿欧元，2013 年为 26.95 亿欧元。2015 年的专用资金为 29.84 亿欧元，2016 年为 30.76 亿欧元。

2019 年，DFG 资助了近 31 200 个项目，年度拨款为 33 亿欧元。超过三分之一的资金分配给了个人资助方案，这些方案在有限的时间和主题下支持研究项目的实施，并且为年轻学者提供支持。另外，出现了越来越多地以结构发展和

---

① Erasmus +是欧盟在欧洲促进普通教育、职业教育、青年和体育的计划。其 147 亿欧元的预算将使超过 400 万欧洲人能够出国留学，接受进一步的教育，获得工作经验或从事志愿工作。

超区域合作为目的的协调支助方案。2019 年,协调支助方案共核准了 106 个新协会,总额为 8.247 亿欧元。

DFG 是德国科学的中央自治组织。它通过促进大学和其他研究机构的研究项目,为所有分支机构的科学服务。DFG 通过在竞赛中选择最佳项目来促进科学的卓越和质量,并为国际科学合作提供动力。DFG 为年轻科学家和研究人员提供平等机会。它还就科学问题向议会和当局提供建议。

6.8.4 弗劳恩霍夫协会

弗劳恩霍夫协会(Fraunhofer - Gesellschaft,FhG)成立于 1949 年 3 月 26 日,总部设在慕尼黑,致力于重建德国经济,使其具有竞争力。该协会明确专注于新的关键技术和市场,如今是德国经济的创新引擎,也是欧洲领先的应用研究协会。该协会的研究领域基于人们的需求:健康和环境、流动性、生产、通信、能源、原材料和安全。截止到 2020 年 1 月,该协会在德国各地设有 74 个研究所和独立研究机构。该协会大约有 28 000 名员工,其中大部分受过自然或工程学教育,每年的研究额为 28 亿欧元,其中 23 亿欧元用于合同研究领域。

FhG 的合作伙伴是工业公司、服务公司和公共部。它是公认的非盈利组织,以慕尼黑学者约瑟夫·冯·弗劳恩霍夫(Joseph von Fraunhofer)的名字命名。弗劳恩霍夫(1787—1826)不仅是有名的研究员,而且还是成功的探险家和企业家。他的杰出成就体现在精确的科学工作与对创新产品的实际应用相结合。弗劳恩霍夫作为研究家、发明家和企业家多方面都取得了成功,因此被选为 FhG 的榜样。

6.8.5 亥姆霍兹联合会

亥姆霍兹联合会(Helmholtz - Gemeinschaft Deutscher Forschungszentren,HGF)是德国最大的科学组织,由 19 个德国国家实验室联合组成。HGF 主要开展着眼于未来应用的前瞻性基础研究和大科学研究,实施有长远国家战略和五年项目规划的资金管理模式。

HGF 将其优势集中在六个研究领域:能源、地球与环境、医学健康、关键技术、航空航天与交通以及物质结构。在这六个研究领域中,HGF 的科学家们不仅彼此合作,而且还与外部合作伙伴一起,跨越学科、组织和国家的界限共同工作和研究。例如,自然科学家,医生或生物学家,还有人文科学家共同努力,以在环境研究方面取得决定性进展,这将长期确保人类的生计。

HGF 年总预算约为 48 亿欧元,其中三分之二的资金来自公共资金(联邦政府 90%,联邦州 10%)。HGF 研究中心自己从公共和私营方面作为第三方筹集近30%的资金。该组织拥有40 000多名员工。HGF的目的是为优秀的科学家提供优良的工作条件。

HGF主要着眼于未来应用的前瞻性基础研究和大科学研究，实施有长远国家战略和五年项目规划的资金管理模式。它的研究任务之一是运行大型研究设备，例如粒子加速器，研究船或卫星，以及进行大规模的健康研究项目。

HGF是以赫尔曼·冯·亥姆霍兹（Hermann von Helmholtz，1821—1894）名字而命名。亥姆霍兹在柏林军事学院学习，1842年获得医学博士学位。他最初在波茨坦担任军事医生，然后在柏林艺术学院担任解剖学老师。1849年亥姆霍兹获得了在柯尼斯堡（Königsberg）的生理学和病理学教授职位。随后在波恩（1855—1858）和海德堡（1858—1871）担任教授职位。从1871年开始，在柏林大学任物理学教授。1888年，他出任位于夏洛滕堡（Charlottenburg）刚成立的德国帝国物理技术研究院的首任主席。亥姆霍兹是19世纪最伟大的自然科学家之一，代表着自然科学研究的整体多样性以及转向技术实践，也可能是最后一位真正的万能学者。HGF研究的领域从医学到物理学，从数学到心理学，音乐和哲学。这就是HGF用亥姆霍兹的名字而命名的缘故。

6.8.6 大学校长会议

大学校长会议（Hochschulrektorenkonferenz，HRK）成立于1949年，当时被称为西德校长会议（Westdeutsche Rektorenkonferenz，WRK）。两个德国州统一后，新联邦州的第一批大学于1990年11月5日成立，WRK更名为大学校长会议（HRK）。

HRK是德国公立大学和国家认可大学的自愿协会。目前，HRK拥有268所大学，其中大约94%的大学生在其注册。会员大学的主席和校长在HRK中作为该校的代表。HRK中既有德国所有类型的高校，又包容了大多数大学生，所以大学校长会议代表了高等学校向政治和公众表达的声音，也是各成员共同讨论形成决议的中心平台。

HRK涉及了与大学在科学和社会中的角色和任务，尤其是在教学与学习、科学研究、科学继续教育、国际化以及大学自我管理与治理有关的领域。从本质上讲，它具有如下三个任务：意见形成与政治代表，大学系统中的基础知识与标准制定以及为大学与公众提供服务。

HRK的工作由其委员会（大会，参议院和主席团）决定，由常设委员会以及工作组和项目组开发，由在柏林、波恩和布鲁塞尔的办事处准备和实施。HRK是欧洲大学协会（EUA）的成员。

6.8.7 莱布尼茨协会

莱布尼茨协会(Leibniz-Gemeinschaft,LG)是德国各个领域的非大学研究机构的协会,总部设在柏林。

德国的非大学研究的历史可以追溯到莱布尼茨协会的历史。LG成立于1652年,1700年在Gottfried Wilhelm Leibniz的倡议下,在柏林成立了科学学会,即后来的科学院。随着1910年威廉皇帝协会(Kaiser-Wilhelm-Gesellschaft)的建立,LG的发展达到了第一个高峰。当时已经有许多研究机构、图书馆和博物馆,它们属于莱布尼茨协会的一部分,其中包括波茨坦的天体物理研究所、8个莱布尼茨研究博物馆中的7个以及汉堡船舶和热带疾病研究所。

第二次世界大战后,德国分成东德和西德。1969年西德的《基本法》,使联邦和州政府在具有超区域意义的研究项目和国家科学政策普遍利益方面,有宪制合作的可能性。经过对300多个机构的深入谈判,终于在1977年商定共同支持名单上公布的46个机构。因为此列表纸的颜色是蓝色,所以该项目命名为"蓝名单"。

从1979年起,科学委员会定期对"蓝名单"机构进行评估,以确保其在科学工作中的出色表现,并能够在早期阶段启动有针对性的进一步发展。到1989年,共有5家机构退出了最初由46家资助机构提供的联合资助,在此期间增加了6家新机构。

1990年,德国统一还为联邦和州政府的联合推广带来了可持续的变化,《统一条约》第38条要求将东德的科学和研究领域纳入西德体系。在东德科学景观的转变过程中,"蓝名单"研究所的数量几乎翻了一番,支持的机构数量从1989年的47家增加到1992年的81家,员工人数从5 000人增加到9 000人。之前,所有34家新成立的机构均已获得德国科学顾问委员会的积极评价。这些新名单改变了"蓝名单",并将科学重点转移到自然,技术,农业,生命和空间科学研究领域。

1990年,当时的机构成立了"蓝名单工作组",该机构在各机构的行政事务中特别活跃。四年后,根据德国科学顾问委员会的建议,大会决定成立一个政策委员会,对"蓝名单"的未来提出建议。该委员会的工作最终于1995年建立"科学协会蓝名单"。

1997年,WBL更名为"Wissenschaftsgemeinschaft Gottfried Wilhelm Leibniz"。这个名字在当今的正式场合很少使用,通常使用"莱布尼茨协会"(Leibniz-Gemeinschaft)。

莱布尼茨协会有96个独立研究机构(截至2020年7月),其研究领域从自然科学、工程和环境科学到经济学、空间和社会科学,到人文学科,其范围很广。

莱布尼茨协会以德国哲学家和数学家莱布尼茨的名字命名,莱布尼茨的座右铭"理论与实践"(对社会需求的研究重点)对该协会尤为重要。除面向应用的基础研究外,莱布尼茨机构还维护科学基础设施,提供基于研究的服务,并致力于知识转让。

莱布尼茨协会分为五个部分:人文和教育研究,经济学、社会科学和空间科学,生命科学,数学、自然科学和工程科学,环境科学。

莱布尼茨协会的特点是与大学紧密合作。莱布尼茨机构的科学主管通常与大学一起任命。科研人员在博士项目方面提供了大量的教学和支持服务。莱布尼茨机构也以科学校园的形式在区域上与邻近的大学联系在一起。

每个莱布尼茨研究所都有国家重要任务,这就是联邦政府和联邦州共同支持莱布尼茨协会机构的原因。莱布尼茨研究所拥有约2万名员工,其中包括1万名科学家,财务规模为19亿欧元。

6.8.8 利奥波第那科学院

利奥波第那科学院(Die Leopoldina)是一个全球性的网络学术社会组织。Die Leopoldina 始建于1652年,是世界上最古老的科学与医学科学院。自2008年以来它作为德国国家科学院,一直代表德国进入国际机构,并在政治和社会问题的科学基础上采取独立立场。

在跨学科的论述中,Die Leopoldina 跨越了技术、政治和文化的边界。作为国家科学院,Die Leopoldina 与其他机构(包括国际一级)交流,设定科学交流和政策建议方面的主题。Die Leopoldina 担任政策咨询职务,就与社会相关的主题提供专家,并提出独立、透明和前瞻性的建议。

Die Leopoldina 是一个非营利协会,所有志愿者成员都重视其经济和政治独立性。目前,已有1 500多名来自德国和国外的科学家因其杰出成就而当选为德国利奥波迪纳国家科学院院士。它也是德国学术团体中最大的成员之一。

6.8.9 马克斯·普朗克学会

马克斯·普朗克学会(Max Planck Gesellschaft,MPG)成立于1948年,其前身是威廉皇帝社会协会(Kaiser Wilhelm Gesellschaft),是一家非营利研究组织。该组织的合法席位在柏林,总部设在慕尼黑。

马克斯·普朗克学会是德国最成功的研究机构。自1948年成立以来,仅诺贝尔奖获得者就有18位。马克斯·普朗克学会在自然和生物科学以及人文和社会科学领域进行基础研究。该学会有 84 个研究所，大约有 23 500 名员工。这些机构中有五个位于国外：两个在意大利，在荷兰、美国和卢森堡各一个。每年，科学家们在国际知名期刊上发表约 15 000 种出版物。马克斯·普朗克学会的科学吸引力是基于对研究的理解。马克斯·普朗克研究所仅在全球领先的顶尖研究人员周围成立。这些确定自己的主题并获得最佳工作条件。

马克斯·普朗克学会在自然科学、生物科学、人文科学和社会科学领域为大众服务。马克斯·普朗克研究所参与的研究领域特别具有创新性，需要特殊的财务支出。该学会的研究范围在不断扩大，正在建立新的研究所，或重新调整现有研究所，以便找到面向未来的科学问题的答案。这种不断的更新使马克斯·普朗克学会能够对新的科学发展做出迅速反应。

相关的科学自主权被社会用来确定尚未在有前途的研究领域中进行充分研究的领域，吸引世界上最好的科学家，并在许多研究领域中发挥领导作用。马克斯·普朗克学会约有 95%的资金来自公共部门，其余 5%来自会员费、捐款和个人收入。机构资金的一半由联邦和州政府提供。

6.8.10 德国科学顾问委员会

德国科学顾问委员会(Wissenschaftsrat，WR)是重要的科学政策咨询机构，于 1957 年 9 月 5 日由联邦政府和州政府成立，总部设在科隆。

德国科学顾问委员会就与科学、研究和高等教育的内容和结构发展有关的所有问题，向联邦政府和联邦政府提供建议。它是德国重要的科学政策咨询机构，在科学与政治在平等的基础上致力于德国科学体系的关键问题。它为联邦政府和联邦政府提供咨询服务，主要关注德国高校学习、教学和研究的框架条件，还着眼于提高德国在国际科学体系中的竞争力。

在成立后的最初几年中，德国科学顾问委员会为建立有效的科学体系做出了重要贡献。在德国统一阶段，科学顾问委员会为在新的联邦州建立有效的科学体系奠定了基础。

德国科学顾问委员会还与德意志研究联合会合作，在“卓越战略”计划中为卓越大学提供资金支持。

第7章 双轨制高等职业教育

7.1 德国双轨制高等职业教育起源

德国双轨制高等职业教育起源于20世纪70年代初期,德国出现了中小学入学高峰,建立了许多新学校,特别是高级中学,因此普通中学毕业生人数减少,高中毕业生人数增加。大多数高中毕业生想继续深造,纷纷涌入高等学校,从而带来了职业培训市场两方面问题:一方面,大学生人数的突然增加,他们大学毕业后能否找到工作位置;另一方面,普通中学毕业生减少,高级中学毕业生通常不选择双轨制职业教育,公司担心今后缺乏合格的员工,找不到合适的学徒。

1972年首次提出将学位专业的学术教育与实践培训相结合,即"斯图加特模型"。1974年在斯图加特模型的基础上成立了巴登-符腾堡职业学院开始了双轨制高等职业教育尝试,为该教育计划的积极发展奠定了进一步的基础。巴登-符腾堡州成为了双轨制高等职业教育的先锋。当时,来自商业和政治领域的发起人设定了目标,即为职业学院创建一种代替传统研究型的实用方案。公司应有机会根据大学的要求和自己的期望量身定制员工。

双轨制高等职业教育学习计划是在大学或职业学院学习理论知识,在公司中综合职业培训或实践阶段。双轨制高等职业教育与传统的高等教育的不同之处在于,其实用性更高。作为大学或学院与公司之间合作协议的一部分,学习内容是紧密协调的。学生与公司之间存在培训、雇用或实习的关系。

这种新创建的双轨培训系统深受广大高级中学毕业生的欢迎,1982年将职业学院融入教育系统当中,正式宣告新的培训模型测试阶段成功。尽管职业学院已融入教育体系,但尚未将职业学院学位确认为学术学位,这种情况一直持续到1995年才得以改变。当时KMK向联邦各州提出了将对职业学院的毕业生与应用科学大学的毕业生一样对待的建议。虽然这并未使职业学院授予该学位,但对职业学校的认可却大大提高了,比如,职业学院的毕业生现在也可以被录取为公务员。巴登-符腾堡州双轨制培训模式的成功随后激发了其他联邦州,例如柏林、图林根和萨克森州也先后成立了职业学院。

2009年,巴登-符腾堡州又迈出了决定性的一步。该州将所有职业学院合并在一起,成立了巴登-符腾堡州双轨制州立大学(DHBW)①。随着它的成立,双轨制学习计划的毕业生现在也获得了学位,在大多数情况下也被国际认可。德国双轨制高等职业教育正式登上了职业培训与高等教育相结合的舞台,得到社会各方面的肯定。由于这类学校着重点集中在应用科技上,也有人称之为双轨制应用科技大学或双轨制应用科学大学,简称双轨制大学。如今,在所有联邦州都有双轨制高等职业教育学习计划,这些计划可以有效地将公司中的实践期与大学(或某些情况下,也可以与职业学院)的理论阶段联系起来。有些联邦州也相继将职业学院转变为双轨制应用科学大学,如图林根州州立职业学院于2016年进行了这一转变。

7.2 学习形式、学习时间模式和毕业文凭

双轨制高等职业教育指的是在大学学习的专业理论,在公司经过综合专业培训或实践阶段,即大学和实践伙伴(公司)建立了一种理论与实践相结合的学习形式。它与普通高校学习方式的不同之处在于注重实践性。双轨制学习至少在两个学习地点(大学和公司)进行,这一特点与前面所介绍的学徒与双轨制职业培训类似,但是它们是教育目的不同,前者为企业培养高级人才,后者则是为企业提供合格的技术工人。另外,这里的"双轨制"的含义也不同,前者的"双轨制"除了后者的"双轨制"指的是企业和学校两个不同的培训地点和系统之外,还有学生最后既可获得学位,又有机会获得职业培训证书。双轨制高等职业教育本属高等教育范畴,但它与职业教育有着千丝万缕地联系,与普通高等教育相比,也有它不同的特性。

双轨制高等职业教育有许多优势,如双轨制学习计划可以为确保公司继任和员工留任提供额外的潜力,尤其是在大都市地区以外。双轨制高等职业教育的辍学率远远低于普通高校的平均水平。除了双轨制学习课程接近实践之外,学生希望在学习期间获得收入以及被公司录用的机会。

7.2.1 学习形式

双轨制高等职业教育在德国已有40多年了,这种学习形式处于学术和职业专业培训之间。在德国,双轨制职业培训的特殊性将理论和实践两个学习地点联系起来,转移到学术系统中。

至今为止,学校对双轨学位课程范围还很狭窄,同时缺乏数据和定义不明

① 德文为 Duale Hochschule Baden - Württemberg,简称 DHBW。

确。有问题的数据情况主要是由于“双轨制高等职业教育”一词在概念上的不确定性以及相关研究计划的描述不一致而引起的。

为了增加双轨制高职业教育所有提供者的学习形式的透明度，打破现有实际学习方案的领域，2013年德国科学顾问委员会提出建议，将现有学习形式分成8种，见表7-1。

表7-1　现有高等教育学习形式的分类

学生个人的教育阶段		学习地点(公司和学校)之间的关系	
		相连接(双轨制)	相平行(非双轨制)
首次职业培训	职业培训	与职业培训融合一体 (本科生)	与职业培训相伴随 (本科生)
	实践部分	与实践融合一体 (本科生) 与实践合作伙伴一起培训	与实践相伴随 (在应用科技大学/大学的本科生) 在公司进行必修的实习
继续职业教育	在职工作	与职业融合一体 (硕士生/本科生)	与职业相伴随 (硕士生/本科生)
	实践部分	与实践融合一体 (硕士生/本科生)	与实践相伴随 (硕士生/本科生)

在这8种学习形式中，只有在学习地点(公司和学校)之间的关系相互连接融合为一体的情况下，被称为双轨制高等学校学习。与其相反，公司和学校之间相互平行存在、各自相伴的学习形式不被理解为双轨制的形式。如何理解公司与学校之间相连接还是相平行的关系呢？在这里举例说明：大学生在学习开始之前，就与公司签了合同，其中已确定了什么时候在公司实习，什么时候到学校学习，这属于公司与学校之间相连接的关系，即双轨制高等职业教育。又如大学生已经进入了大学，在大学学习期间，自己联系到企业实习，这属于公司与学校之间相平行的关系，即不属于双轨制高等职业教育范畴。

根据德国科学顾问委员会划分的现有高等教育学习形式的分类，双轨制高等职业教育有如下四种学习形式。

1.培训整合(首次职业培训)

在学习过程中包括有职业培训。大学与公司/实践机构之间存在结构性的制度联系，例如通过大学、职业学院、实践伙伴和职业技术学校的合作，以及部分培训作为课程工作的学分。

这类学习特点是将职业培训纳入到高等教育之中，其中大多数获得德国工商业联合会职业资格认证。在结束学习时，毕业生除了获得学士学位以外，还在与大学的合作公司完成学徒培训。因此，在培训整合学习时，需要与公司签订培训合同，或在职业学校进行全日制职业培训时，需要与公司签订培训合同。它是唯一能获得双轨证书的模式，无疑也是大多数学生首选的学习模式。

2. 实践整合或者合作(首次职业培训)

与常规课程相比，实践部分是系统性的，不仅在更大程度上具有强制性实习的作用，而且与该专业在结构和制度上相互联系。实践部分可计算到专业学习中。双轨制高等职业教育50%的专业属于这类学习形式。

这类学习形式采用不同的方式设计与实践相结合的双轨制学习专业。通常，学生在整个学习期间都在同一公司工作，并且要经过不同的部门，但是有些课程中，学生每学期必须找到一家新的实践公司。

与实践相结合的双轨制学习形式是针对那些拥有大学入学资格的人，学生可以将自己的学习与公司或兼职工作中的较长实践阶段相结合。大学课程与实践培训之间相互联系。学生参加实践综合学习课程要与公司签订合同，通常采用雇用合同或实习或志愿合同的形式。

这种类型的结构类似于培训整合的双轨制学习模式，但有一个决定性的区别：学生不是被雇用为学徒，而是作为实习生或正式雇员。

3. 职业整合(职业继续培训)

它是针对那些已经拥有固定职位并且现在想要继续学习的学生。如果是将工作整合在一起的双轨学习计划，则可以减少与公司协商的工作时间，由此产生的自由空间中学习。当然，雇主的支持是前提条件。

它的特殊之处在于即使学生没有大学入学资格或普通大学入学资格也可以。还有一个特点是，此类双学位课程不仅提供学士学位，还提供硕士学位。因此，它适合没有大学学历，却想拥有大学学历的员工。

4. 兼职/兼实践(职业继续培训)

该学习形式的结构类似于正常的兼职课程，因为在大多数情况下，它是与全职工作并行完成的。与非全日制课程的不同之处在于，雇主也可以在此公开参与并给学生提供支持。

前两种学习形式特别适合尚未开始学徒或从未在公司工作很长时间的学生。后两种学习形式适用于已经接受培训或已完成培训并希望继续接受教育的学生。所以，前者属于初始职业培训，也就是常说的职业教育，后者属于继续职业培训，属于继续教育范围。在本节中，主要介绍前两种学习形式，因为它属于双轨制高等职业教育。

7.2.2　学习时间模式

双轨制高等职业教育的基本组成部分与双轨制系统的职业教育类似，受教育者一方面在公司或者企业进行实际工作，另一方面在大学或职业学院学习理论知识。实践和理论两个方面之间通常按照规律交替出现，也被称为学习时间模式。

大多数双轨制高职教育以时间段模式或周模式的形式提供。究竟采用哪种学习时间模式完全取决于雇主和大学之间的协议。因为他们已经在合作协议中确定了理论和实践阶段的时间安排，所以学生不能自行选择。两种学习时间模式都有各自的优点和缺点，没有一种比另一种更好或更差。

学生在公司以及在学院或学徒学院中度过的阶段被，通常分为三个月和学期假期，如图 7－1 和图 7－2 所示，也可以采用整体式的变体形式，这种形式更贴合常规全日制课程的时间模式。例如在授课期间，学生参加大学/学院的正常学习课程，然后在无授课期间(所谓的学期休息)在公司的实习。

(a)　　(b)

图 7－1　学习时间模式 A 和 B

(来源：wegweiser－duales－studium. de 网站)

在周模式中，实践时间和讲课时间在一周内交替进行，学生每周在公司工作三天，其余两天在学校听课学习，例如时间模式 C，周末上课，平时实习(见图 7－2)。

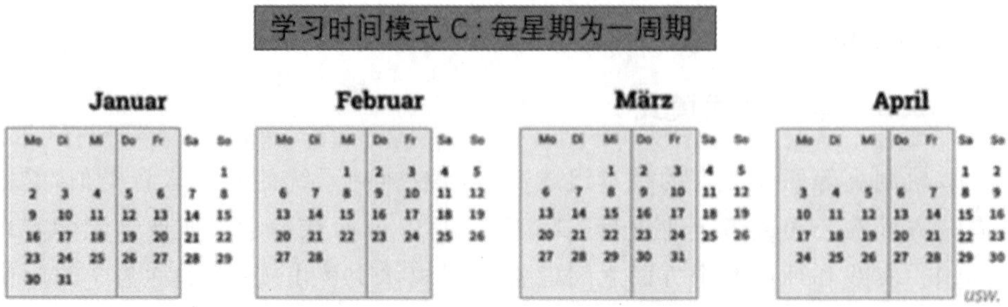

图 7－2　学习时间模式 C
（来源：wegweiser－duales－studium. de 网站）

此外，还有其他模式，如远程学习，所谓的远程学习就是自学。学生可以通过大学的登录区域通过邮寄或在线方式获得学习内容。学生仅在考试时才需要去学校，每学期可能需要几天的出勤时间。

7.2.3　毕业文凭

如果学生要完成双轨制学习课程，一般需要三至五年获得学士学位，并获得职业培训领域的专业资格或高级培训资格。

作为博洛尼亚改革的一部分，过去的学位逐渐转换为新的学十和硕士学位，因此在很大程度上取代了德国传统的硕士文凭和文科硕士。不过，双轨制高等职业教育中大多数学校提供学士学位。

高等学校提供方政府和私人赞助下机构，它们有如下几种类型：应用科学大学、职业学院、大学、巴登-符腾堡州双轨制州立大学等。

在大学、应用科学大学、双轨制大学或其他国家认可的高等学府学习时，学士学位是第一学位，并且具有专业资格。持有学士学位的学生有权继续深造，从而获得随后的硕士学位。学士学位通常持续 6～8 个学期。硕士学位是多层次学习系统中的第二个学位，也可以具有专业资格。硕士学位持续 2～4 个学期。

在职业学院学习后获得的学士学位不是学术学位，而是国家认可的资格。但是，根据 2004 年教育和文化事务部长级常设会议的一项决议，根据大学法，将职业学院认可的学士学位与大学的学士学位置于同等地位。这意味着也可以从职业学院获得学士学位。

为了确保教学质量，独立的认证机构会对所有学士和硕士学位专业进行评估。根据 2003 年 10 月 10 日以及 2010 年 2 月 4 日文化部长常务会议的决议，用于德国双轨制高等职业教育的学位名称见表7－2。

表7－2 德国双轨制高等职业教育的学位名称(按学科组不同)

学科组	学位名称
语言文化研究 体育,运动科学 社会科学 艺术研究	文学学士(文学士)Bachelor of Arts (B. A.) 文学硕士(硕士)Master of Arts (M. A.)
数学 自然科学 药物 农业、森林与营养科学	理学学士(理学学士)Bachelor of Science (B. Sc.) 理学硕士(理学硕士)Master of Science (M. Sc.)
工程	理学学士(理学学士)Bachelor of Science (B. Sc.) 理学硕士(理学硕士)Master of Science (M. Sc.) 或者 工学学士(工程学学士) Bachelor of Engineering (B. Eng.) 工程硕士(工程学硕士) Master of Engineering (M. Eng.)
经济学	根据课程内容: 文学学士(文学士) 文学硕士(硕士) 或者 理学学士(理学学士)Bachelor of Science (B. Sc.) 理学硕士(理学硕士)Master of Science (M. Sc.)
法学	法学学士(法学学士)Bachelor of Laws (LL. B.) 法学硕士(法学硕士)Master of Laws (LL. M.)

(来源:bibb. de网站)

7.3 发展趋势

在德国联邦各州中,对双轨制高等职业教育和法律框架条件是不一致的。关于职业学院的地位,也存在着较大的差异:在有些州,它们是公立的;在有些州,它们是由私人资助的;在巴登-符腾堡州,它们已经转变成巴登-符腾堡州双轨制州立大学。

联邦职业教育研究所(BIBB)通过AusbildungPlus网站提供了一个基于数据库的信息系统,该系统提供有关初次职业培训双轨制学习专业和附加资格的信息。

AusbildungPlus网站的核心是一个不断更新的庞大数据库。它于2001年由在科隆的经济研究所(IW)开发,2007年被转移到BIBB。从2001年到2014年,该项目获得了联邦教育与研究部(BMBF)的财政支持。

自2001年以来,公司网站概述了全国范围内的培训机会,提供了附加资格和双轨制学习计划。它记录了用于初始职业培训和专业发展的双轨制学习专业,并向感兴趣的年轻人、公司、教育提供者开放。在AusbildungPlus数据库中的数据还包括未在其他统计信息中记录的私立大学和职业学院。

近年来很多迹象表明,双轨制高等职业教育呈动态增长趋势。下面从AusbildungPlus数据库的数据中,来分析德国双轨制高等职业教育发展的趋势和特点。

7.3.1 学位专业、合作公司和学生人数

2004—2019年,从学位专业、合作公司和学生人数的发展情况来看,学位专业发展最快。2013—2014年增长尤为明显,在过去几年中,这种增长一直在继续。2004年AusbildungPlus数据库对应用科学大学、大学和巴登-符腾堡州双轨制州立大学双轨制课程学习领域进行首次评价。与2004年相比,双轨制学位专业数量从512项增加到1 662项(2019年),增长了两倍多。2019年,这些大学与约51 000个合作公司合作。与2004年相比,数量也几乎增加了两倍。

2004—2019年双轨制学位专业数量、合作公司数量以及学生人数变化见表7-3。

表7-3 2004—2019年双轨制学位专业数量、合作公司数量以及学生人数趋势

单位:个

年份	双轨制学位专业数量	合作公司	学生人数
2004	512	18 168	40 982
2005	545	18 911	42 467
2006	608	22 003	43 536
2007	666	24 246	43 223

续表

年　份	双轨制学位专业数量	合作公司	学生人数
2008	687	24 572	43 991
2009	712	26 121	48 796
2010	776	27 951	50 764
2011	929	40 874	61 195
2011*	879	40 555	59 628
2012*	910	45 639	64 093
2013*	1 014	39 622	64 358
2014*	1 505	41 466	94 723
2015*	1 553	42 951	95 246
2016*	1 592	47 458	100 739
2019*	1 662	51 060	108 202

注：* 数据仅指首次学习的专业。

（来源：AusbildungPlus 数据库）

7.3.2　学习形式与组织模式

首次培训的双轨制高等职业教育，可划分成两种不同的形式：培训整合和实践整合。它们将与常规的课程与培训融合成一体。如果公司与受训者之间签订培训合同，这种根据 BBiG / HwO 与职业培训相关的学习形式被认为是培训整合。如果将较长的实践阶段与大学学习整合在一起，那么这类的学习形式属于实践整合。此外，在大学培训数据库中越来越多地记录了大学以培训和实践整合形式相混合的形式。

目前，在数据库中共有 1 662 门（2019 年）双轨制高职教育注册专业，其中与实践整合方式相关的占 50.5%（840 门专业），与培训整合方式相关的占34.9%（580 门专业），其余为混合形式，占 14.6%（242 个专业）。

2011—2019 年对学习形式进行单独调查结果显示：培训整合的学习形式数量增长了 29.8%，实践整合学习计划的开发量增加了 1 倍以上，混合形式的学习量增加了 6 倍以上。表 7 - 4 是按学习形式分类，2011—2019 年首次职业培训中双轨制高等职业教育的专业数量发展变化。

表 7-4 2011—2019 年首次培训中双轨制高等职业教育的专业数量(按学习形式分类)*

年 份	培训整合专业数量	实践整合专业数量	混合型专业数量	合计
2011	447	395	37	879
2012	397	471	42	910
2013	445	508	61	1 014
2014	592	736	177	1 505
2015	576	759	218	1 553
2016	565	805	222	1 592
2019*	580	840	242	1 662

注：* 2017 年和 2018 年未收集数据

（来源：AusbildungPlus 数据库）

在没有巴登-符腾堡州双轨制州立大学、职业学院和由职业学院转变的双轨制大学的情况下，对学习专业数量和学生人数的评估得出了不同的图景。传统上，这些学院主要提供学位与实践相结合的学习计划：双轨制专业数量为1 270 个，其中 555 个专业是培训＋学位，所占比例为 43.7%，而实践＋学位有 481 个专业，它所占比例为 37.9%；混合形式有 234 个专业，所占比例为18.4%。有关 2019 年首次培训的双轨制高职教育中学习形式和学生人数的具体分布见表 7-5。

表 7-5 2019 年首次培训的双轨制高职教育中学习形式和学生人数的分布(不包括 DHBW、职业学院和由职业学院转变的双轨制大学) 单位：个

学习类型	专业数量		学生人数	
培训＋学位	555	43.7%	39 640	47.9%
实践 ＋ 学位	481	37.9%	18 043	30.8%
混合形式	234	18.4%	13 188	21.3%
合计	1 270	100%	61 871	100%

（来源：AusbildungPlus 数据库）

在综合学习地点方面，发展出不同的时间模式。从 AusbildungPlus 数据库

中提供的数据可以得出这样的结论：时间段模式仍然是占主导地位的模式。在时间段模式中，公司和大学在整个学期内每周或每月轮流进行。此外，还有旋转模式，即在一周的不同时间，大学和公司学习阶段会有所不同。第三个模型是远程学习模式，该模型在大学中没有学习阶段。另外还有其他的模式，如具有先前职业培训的部分分离的模块模式，在此基础上进行了补充，在该模式中，培训在学习开始前的 6～18 个月之间开始。

首次培训双轨制的学习时间一般为 6～12 个学期。数据评估显示，接受综合培训的专业中有三分之二的课程持续 7～9 个学期，而超过 80％的实践综合课程的标准学习期仅为 6～7 个学期，见表 7－6。

表 7－6　2019 年按学习时间在首次培训中双轨制高等教育学习形式的分布（无混合形式）

学习时间（按学期计算）	学习模式			
	职业培训＋学位		实践＋学位	
6	76	13.1％	498	59.3％
7	128	22.1％	234	27.9％
8	144	24.8％	19	2.3％
9	157	27.1％	6	0.7％
10	21	3.6％	3	0.4％
12	0	0.0％	1	0.1％
无信息	54	9.3％	79	9.4％
合计	507	100％	840	100％

* 没有混合形式，因为没有有关学习时间的陈述。

（来源：AusbildungPlus 数据库）

7.3.3　专业方向与职业

目前，在许多学科领域都提供双轨制高等职业教育，工程学（36％）和经济学（35％）领域排在前两位，其次是计算机科学领域（13％），然后是社会事务，教育，保健和护理（10％）。自 2014 年以来，社会工作、教育、保健和护理领域一直保持稳定发展。在“其他”类别中，概括了所开设课程最少的学科。2019 年首次培训中双轨制高等职业教育的学科领域分布情况如图 7－3 所示。表 7－7 是 2011—

2019 年按科目开设的双轨制学习专业的数量。

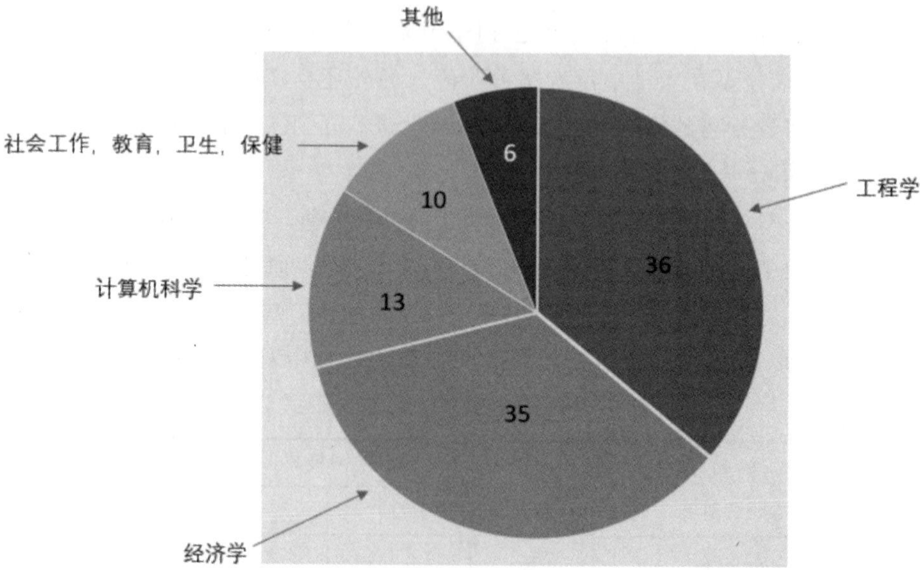

图 7-3　2019 年首次培训中双轨制高等职业教育的学科领域分布情况(单位:%)
(来源:AusbildungPlus 数据库)

表 7-7　2011—2019 年按科目开设的双轨制学习专业的数量

专业方向		2011 年	2012 年	2013 年	2014 年*	2015 年	2016 年	2019 年
经济学		344	343	385	487	511	540	580
社会科学、健康与治疗和教育科学		25	31	41	158	156	159	173
信息学		122	111	124	182	193	193	210
工程	一般工程	58	75	78	91	91	93	110
	经济工程学	35	42	46	75	80	83	82
	电气工程	87	91	98	127	132	129	117
	机械工程/工艺工程	140	150	169	232	233	231	222
	建筑工程	37	43	46	58	62	64	64
	合计	357	401	437	583	598	600	595

续表

专业方向		2011 年	2012 年	2013 年	2014 年*	2015 年	2016 年	2019 年
其他	一般经济和社会研究	16	8	7	51	50	50	47
	建筑				2	2	6	8
	数学	2	3	3	3	5	5	6
	交通工程/航海	13	13	15	27	27	27	30
	通信			2	10	9	10	10
	空间规划				2	2	2	3
	合计	31	24	27	95	95	100	104
总共		879	910	1 014	1 505	1 553	1 592	1 662

注：* 2014 年的高增长主要是由于对新的双重学习计划的研究，以及纳入健康和护理领域的学习计划。

（来源：AusbildungPlus 数据库）

关于双轨制高职培训，要知道双轨制学位学习计划涉及哪些专业，以及通过与实践相结合的双轨学习计划可以获得哪些职业资格。在 2016 年 AusbildungPlus 的数据分析中介绍了综合职业培训作为培训整合学习形式的一个特征的分析。培训整合的特殊优势在于，除了学位专业外，还将获得职业资格证书，如果培训中断，可以选择回到学校。

表 7－8 是 2019 年培训整合式双轨制高职培训中的前 20 名学徒工的职业。电气和信息技术、办公和管理以及安装和金属建筑技术的专业领域占主导地位。例如，在 2019 年，工业机工和 机电技术员是最常与双轨制学习相结合的培训职业，其次是工业职员，IT 职员和电子技术员。

表 7－8　2019 年培训整合式双轨制高职培训中的前 20 名学徒工的职业

学徒工的职业	可与职业合并的学习课程数量
工业技工	114
机电技术员	110
工业职员	89
IT 职员（所有学科）	86

续表

学徒工的职业	可与职业合并的学习课程数量
电子技术员(所有学科)	65
办公室管理文员	65
批发和外贸商人(所有学科)	55
银行职员	53
IT 职员	47
货运和物流服务的商人	47
技术产品设计师(机械和系统构造)	43
工具技工	38
零售店员	35
切割机操作员	31
税务员	29
设备技师	28
信息和电信系统电子技术员	27
医疗商人	27
建筑机械师	27
信息和电信系统商人	26

(来源:AusbildungPlus 数据库)

7.3.4 提供者的分布

到目前为止,应用科学大学仍然是提供双轨制学习专业最多的学校,2019年应用科学大学提供的学位专业为 1 180 个,约占所有提供的双轨制学习专业的 71%,其次是双轨制应用科学大学,它拥有 241 个专业(14.5%),然后是职业学院(9.1%),最后是拥有 57 个专业的大学(3%)。2019 年按提供者和组织形式分类的首次培训双轨制学位专业数量如图 7-4 所示。表 7-9 是 2011—2019

年按提供者和组织形式在首次培训中双轨制学习专业方向的分布情况。

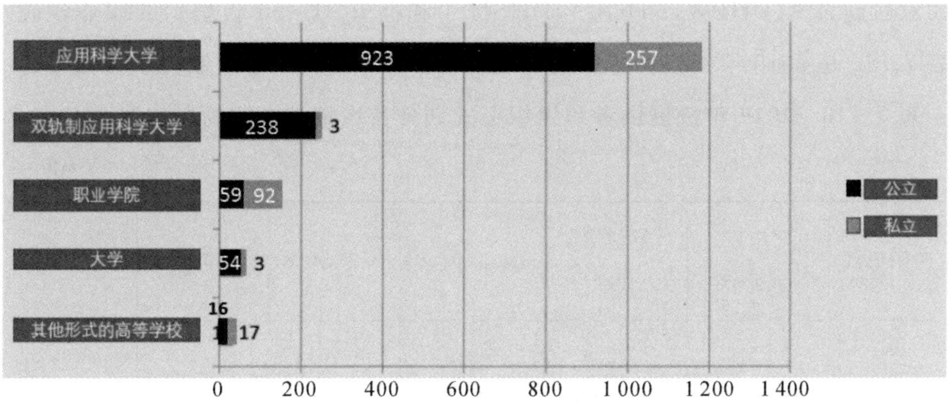

图 7－4　2019 年按提供者和组织形式分类的首次培训双轨制学位专业数量

（来源：AusbildungPlus 数据库）

表 7－9　2011—2019 年按提供者和组织形式在首次培训中双轨制学习专业方向的分布情况

年份	应用科学大学		双轨制应用科学大学		巴登-符腾堡州双轨制州立大学（DHBW）	职业学院		大学		其他		总计
	私立	公立	私立	公立	公立	私立	公立	私立	公立	私立	公立	
2011	126	383			190	20	122	2	26	3	7	879
2012	93	443			198	34	101	3	27	5	6	910
2013	100	482			203	56	97	5	51	11	9	1 014
2 014	185	827			208	85	101	16	55	15	13	1 505
2015	202	866			210	80	100	15	54	20	6	1 553
2016	236	864			211	95	91	14	55	19	7	1592
2019	257	923	3	238		92	59	3	54	17	16	1 662

（来源：AusbildungPlus 数据库）

2019 年,有 57 233 名学生在应用科学大学学习,其次是拥有34 901名学生的双轨制大学(DHBW,DHGE[①],DHSH[②])和拥有 11 430 名学生的职业学院。表 7-10 是 2019 年按提供者和组织形式划分首次培训中双轨制大学生分布。

表 7-10 2019 年按提供者和组织形式划分首次培训中双轨制大学生分布

单位:个

组织形式	应用科学大学	双轨制大学	职业学院	大学	其他	合计
公立	34 679	34 286	5 289	1 153	2 235	77 642
私立	22 554	615	6 141	318	932	30 56
总合	57 233	34 901	11 43	1 471	3 167	108 202

(来源:AusbildungPlus 数据库,截至 2019 年 1 月)

7.3.5 区域分布

自 2014 年以来,巴伐利亚州是数据库中注册专业数量最多的州,北莱茵-威斯特法伦州位居第二,其次是巴登-符腾堡州。AusbildungPlus 数据库数据显示,这三个联邦州自 2011 年以来提供的最多。紧随其后的是黑森州、下萨克森州、萨克森州和莱茵兰-普法尔茨州。排名最后的三位的是不来梅州、萨尔州、梅克伦堡-前波莫瑞州。2019 年各联邦州双轨制高等教育学习专业数量和学生人数如图 7-5 所示。2011—2019 年按联邦州划分的首次进入双轨制学位专业数量以及学生人数发展情况见表 7-11。

---

① DHGE 是德文 Duale Hochschule Gera-Eisenach 的简称,它是图林根州立双轨制应用科学大学。

② DHSH 是德文 Duale Hochschule Schleswig-Holstein 的简称,它是一所私立的双轨制高等学府,由国家认可的应用科学大学。

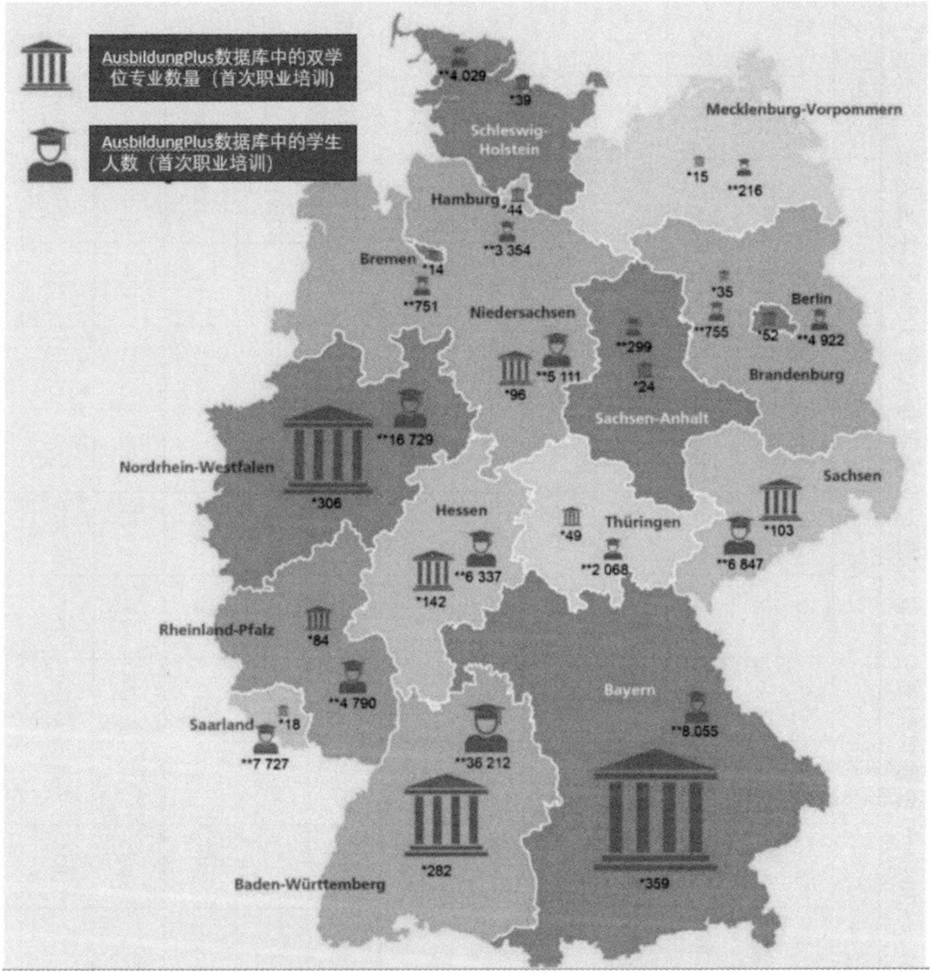

图 7－5　2019 年德国各联邦州双轨制高等教育学习专业数量和学生人数

注：＊AusbildungPlus 数据库中的双学位专业数量(首次职业培训)

＊＊AusbildungPlus 数据库中的学生人数(首次职业培训)

(来源：AusbildungPlus 数据库)

表 7-11　2011—2019 年按联邦州划分的首次进入双轨制学位专业以及学生人数

州　名	2011		2012		2013		2014*		2015		2016		2019	
	学位专业	学生人数	学位专业	学生人数	学位专业	学生人数	学位专业	学生人数	学位专业	学生人数	学位专业	学生人数	学位专业	学生人数
BW	228	23 576	237	25 175	245	25 004	268	35 299	271	35 229	275	36 529	282	36 212
BY	125	1 681	154	1 841	172	2 07	303	6 236	309	6 279	321	6 475	359	8 055
BE	25	3 222	20	3 14	25	3 223	48	4 61	46	4 748	47	4 861	52	4 922
BB	2	8	4	10	7	175	14	278	24	287	23	280	35	755
HB	8	381	7	380	7	401	12	664	15	667	13	684	14	751
HH	16	1 657	12	1 631	15	1 783	38	3 268	37	3 303	37	3 183	44	3 354
HE	65	2 007	66	3 179	75	3 41	125	3 88	124	4 086	127	3 944	142	6 337
MV	7	355	7	239	7	239	14	269	19	323	19	323	15	216
NI	64	4 622	70	4 935	73	4 526	98	4 771	99	4 993	102	5 295	96	5 111
NW	171	9 377	157	9 588	183	8 529	287	14 235	300	13 839	311	14 999	306	16 729

续表

州名	2011		2012		2013		2014*		2015		2016		2019	
	学位专业	学生人数	学位专业	学生人数	学位专业	学生人数	学位专业	学生人数	学位专业	学生人数	学位专业	学生人数	学位专业	学生人数
RP	21	430	25	497	31	693	69	4 547	79	4 792	81	4 744	84	4 79
SL	9	2 885	9	2 895	10	3 68	17	3 739	17	3 739	17	6 312	18	7 727
SN	77	5 551	79	5 775	82	5 831	98	6 863	98	6 863	98	6 921	103	6 847
ST	13	267	14	412	24	422	35	382	35	382	34	358	24	299
SH	15	2 015	15	2 754	25	2 803	32	3 84	33	3 841	39	3 87	39	4 029
TH	33	1 594	34	1 642	33	1 569	47	1 842	47	1 869	48	1 961	49	2 068
合计	879	59 628	910	64 093	1 014	64 358	1 505	94 723	1 553	95 24	1 592	100 74	1 66	108 202

注：* 2014 年的高增长主要是因为纳入新的双轨制学习课程以及健康和护理领域的学习课程。

（来源：AusbildungPlus 数据库）

目前,德国拥有 100 000 多名学生接受了双轨制高职教育,它在职业教育体系中变得越来越重要了。因此,制定双轨制高职教育研究方案成为联邦政府职业教育报告的一部分。关于对双轨制高职教育的研究,需要建立一个用于研究与实践之间课程互连的监管框架,以及劳动法保护条款。将《联邦职业教育法》的范围扩展到与实践相结合的双轨制学习计划的实践阶段可以当作开端。双轨制大学的学生人数不断增加,学习形式和组织模式越来越多样化。学生在接受双轨制高职教育期间,可以一边工作,一边学习。双轨制高职教育在德国高等教育中起到越来越重要的作用。

第 8 章 成人教育与继续教育

8.1 概　　述

成人教育和继续教育是德国教育系统中的最后一个阶段。成人教育与继续教育似乎是一回事，但它们的真正含义存在着同异之处。相同之处是指这两类教育均以成年人为教育对象，不同处是指这两类教育的起源、目的和方法不同。成人教育起源于全民教育，其目的是对以前失去机会或者没能完成普通教育的成年人提供学习机会，提高他们的文化程度。继续教育则起源于技术竞争，企业为了使自己的产品在激烈的竞争中站稳脚跟，对自己的技术骨干和领导力量进行培训，以便让他们掌握新技术、新工艺、新理论，推动企业生产，提高企业产品竞争能力。由此可见，成人教育大多涉及高等教育之前的教育，带有普及性、一般性，继续教育过去是对已获得文凭的人进行再教育，它具有提高性、特殊性。随着时代的推移，科学技术的发展，继续教育的对象已从高等技术人员推广到中等技术人员，甚至到一般的工作人员中。现在的继续教育不仅适用于从事各种职业的成年人，还适用于青少年和老年人，换句话来说，它表示着每一个人应当终身学习。尽管进入了职业工作，但并不能表示这是受教育的结束，恰恰相反，它是继续教育的开始。职业继续教育与职业紧密相关。无论哪一种继续教育，它们对个人、企业以及社会起到重要的积极作用。现在已将终身学习归属到继续教育范畴之中。

继续教育的定义是什么？1970 年德国教育委员会对继续教育做出了如下的定义：①继续或恢复有组织的学习；②初始教育阶段结束并开始就业之后的教育；③包括职业继续学习，普通继续学习，基础教育扩展，政治教育；④不包括在工作场所进行的培训。

欧盟委员会于 2001 年 11 月 21 日发表了《创建欧洲终身学习领域》一文，在该文开头引用的《管子・权修》中的一段话："一年之计，莫如树谷；十年之计，莫如树木，终身之计，莫如树人。”在这篇文章中还提到了什么是终身学习的问题，并指出终身学习需要有一个广泛的定义，它不能仅从经济角度或从成人教育角度来看。终身学习意味着从学龄前到退休年龄的学习阶段，整个范围应涵盖从正式的到非正规的、从非正规的到非正式学习的整个过程。协商会议还强调了学习的目标。此外，终身学习对其实施具有决定性意义。

事实上，在欧洲范围内的各种调查中，分类的实施方式有所不同：

LFS①：不包括在工作场所学习和非正式学习。

AES：在AES中，工作场所的学习在很大程度上与AES中的非正式学习有关；在职学习主要属于非正规学习。

CVTS②：它基于公司调查中的常规类别(类似于国家公司/公司调查)，而不基于CLA。

尽管有共同的方法规范，但在欧盟国家的国家调查中存在着差异。

1979年，在德国开始使用继续教育报告(Berichtssystem Weiterbildung，BSW)制度，自2007年以来，又将它纳入欧洲成人教育调查(Adult Education Survey，AES)之中。与以前的BSW一样，AES提供了一个数据库，它可记录成人学习以及其在专业、社交、文化和休闲中的活动。当人们在教育实践、教育政策和教育研究中讨论成人教育和继续教育时，BSW和AES这两项调查均为德国最常引用的资料来源之一。

从BSW的数据中，我们还可以知道其中哪些特征(在德国)仍然很重要，如学历，哪些特征不那么重要，如年龄。此外，尽管方法上有局限性，但AES仍清楚地表明，在欧洲国家，这种关系的表达方式有所不同。

2011年秋天，联邦教育与研究部授予了“2012年德国继续教育行为调查”研究合同。这延续了继续教育报告系统的悠久传统，自1979年以来，该系统每三年通过代表性的个人调查显示出参与继续教育的最新进展。2007年，从以前的BSW国家报告转变为欧洲成人教育调查报告，这对2010年的调查也具有决定性意义。在2011—2012年报告期，欧洲AES首次在欧盟所有成员国中实施。

AES将学习活动划分正规教育，非正规教育和非正式学习三大类。从概念上讲，源自教育政策背景的要求与德国国家背景中出现的术语有明显的距离，也很难嵌入理论或专业讨论中。因此，应更详细地将AES的概念基础和业务实

① LFS是英文Labour Force Survey(劳动力调查)的简称。

② CVTS是英文Continuing Vocational Training Survey(持续职业培训调查)的简称。

施情况纳入调查工具。

AES 的概念基础是“学习活动的分类”(CLA)[①]。它定义了从正规的、面向学位的教育课程中的“正规教育”到“非正规教育”的范围，后者主要包括有组织的继续/成人教育到“非正式学习”。在有组织的教学/学习环境之外进行自我导向的有意学习。准确地说，“学习活动的分类”定义了“正规教育”(FED)[②]、“非正规教育”(NFE)[③]和“非正式教育”(INF)[④]的范围。图 8－1 是根据学习活动分类划分的教育形式示意图。

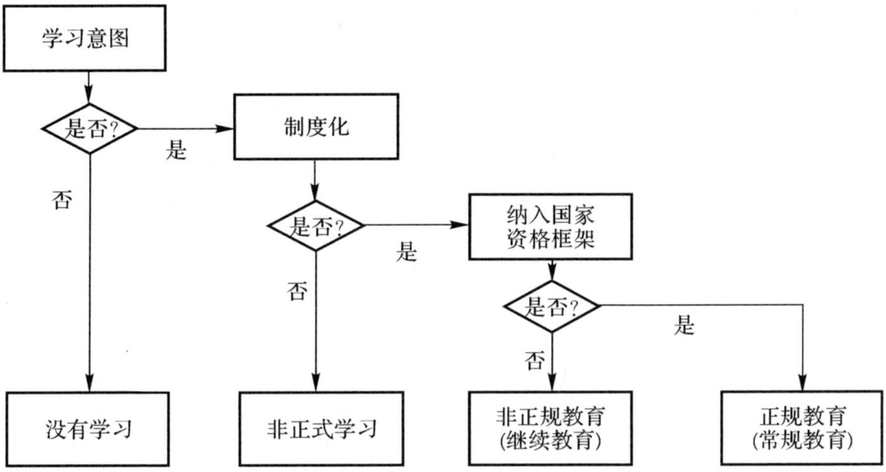

图 8－1　根据学习活动分类划分的教育形式示意图

(来源：die－bonn. de 网站)

AES 采用了联合国教科文组织 1997 年的定义，在此基础上，确定 AES 的三种教育参与形式，其定义如下：

(1)正规教育(FED)包括普通教育系统中的课程。在德国，与初等和中等教育以及高等教育课程相对应，例如在中小学、职业学校和高等学校学习。正规教育通常指的是纳入国家资格框架之中的有组织的全日制教育。

(2)非正规教育(NFE)包括一些教育活动，这些活动也发生在有组织的教学环境中，但并未纳入国家资格框架中。最低的组织水平对于非正规教育至关

① 英文为 Classification of Learning Activities，简称 CLA 。

② 英文为 formal education，简称 FED。

③ 英文为 non－formal education，简称 NFE。

④ 英文为 informal learning，简称 INF。

重要，即可以确定活动的提供者，确定活动的学习目标和课程，确定起点和终点。

欧洲非正规教育的概念与德国“继续培训”概念有着不同的理解，后者着重于教育过程，即在完成不同程度的第一阶段教育后继续或恢复有组织的学习。但是，这两者之间一致性足够大，可以根据两个术语收集单独的教育活动。它们涵盖了传统上在德语中称为继续教育的活动领域。所以，对于德国 AES 报告，所说的是继续教育或继续教育活动。

(3)与前两种形式的教育相比，非正式学习不是预先结构的、课程的、有方法的和专业化的“教学关系”。但是，它以个人学习意图为前提的。这主要包括自己组织的学习机会，当然可以包括其他人(例如家庭成员或朋友)的支持。

2015 年 9 月，德国政府和各联邦州宣布了扫盲十年，将成人扫盲和成人教育作为国家战略，改善无法读写的人的状况。作为一个广泛的社会联盟，它包括有市政当局、工会、教堂、联邦就业局和成人教育协会等。另外，还邀请了商会参加。有关成人教育及其教育机构将在本章第 3 节“成人和继续教育机构”中详细介绍。

按教育内容来分类的话，成人和继续教育可分为普通、政治和职业三个方面。

依教育目的不同，职业继续教育通常可分成培训与改行两个方面。有关培训的职业继续教育一般是建立在原教育水平基础上的进一步提高。有关改行的继续教育往往涉及职业工作的变化。从另外一个角度来看，职业继续教育是避免失业或降低失业率的一种有效手段。

此外，对成人教育与继续教育的分类，对成人教育、职业教育、培训、继续教育和高级培训这些术语的理解并不统一。成人教育与继续教育大致可划分为两大类：一类以职业关系来定，可分为职业的和非职业的教育，在职业继续教育中，又分为培训和改行两种；另一类则以教育系统形式来划分。

8.2　第二教育途径

在德国成人教育系统中，受教育者有两种：一种是出于自己兴趣、爱好、想要扩大知识面等，另一种是为了拿到普通教育文凭。德国人往往把后一种称为第二教育途径。在德国，普通教育系统指小学、初中、高中和大学，它们被称为正常途径，或者称为第一教育途径。非普通教育系统指夜校、大众学校、函授、或自学方式，也称为第二教育途径。第二教育途径的出现，给人们提供了更多的教育机会，这是本节讲述的重点。

并非每个人在十几岁时就能确切地知道自己将来想要做什么。对于许多人来说，只有在他们工作之后，才会发现自己在学校学到的知识太少。高中文凭成了自己职业生涯发展的阻碍。第二教育途径就是给这些人提供了一条提高文化水平的路，同时也为他们进入职业学校以及高等学校学习创造了客观条件。

通过第二教育途径，受教育者可以获得德国教育系统提供的任何文凭，比如：①普通中学毕业证书；②应用科技大学学证书；③与专业相关以及普通大学入学证书。

大多数采用第二教育途径学习的人只有初级或者普通中学文凭，常常由于职位的提升或者个人要求，利用业余时间进行学习。因此，这条途径通常比第一教育途径需要更长的时间。

参与第二教育途径是有要求的，他们必须年满 19 岁，正在工作或正在寻找工作，还要完成学徒期或至少有两年职业经历。

在德国，要想获得大学入学证书，有三条途径：①进入全日制大学预科；②进入高级中学夜校；③参加自学考试。

有关大学入学证书在前一章已介绍过，它可分为普通大学入学证书和与专业结合的大学入学证书两种类型。前者可在德国任何一所大学中申请学习位置，不受专业限制；后者则只能在专业限制的大学以及专业进行学习。不过，通过高等教育改革，学位 Diplom 分成了两级，即 Bachelor 和 Master，这样便取消了这一限制。

对于已结束了职业技术培训的成年人，在许多情况下，申请与原专业相关的大学入学证书比较有利，因为他们已经有了专业方面的知识和实际经验。

进入大学预科的条件是已结束了职业技术教育或至少 3 年以上的职业工作，年龄在 19 岁以上。在上大学预科期间，学生不得从事职业工作，大学预科属于全日制学校。如果有人因放弃工作去上全日制学校，在经济上有困难的话，那么他们可以去高级中学夜校，利用业余时间学习，同样也可获得大学入学证书，入学条件与大学预科一样。

年龄在 19 岁以上的人也可直接通过自学，参加自学考试，获得普通高等学校入学证书。这种考试分为两类：第一类是无教育文凭进入大学学习许可考试，又称天才生考试；第二类是非中学生的证书考试，也称外界证书考试。前一类是用于有天赋的人，在他们发展过程中没能参加证书考试，但他们在职业工作中，具有很高的造诣，并在科学领域上还有继续发展的前途，那么他们可以申请天赋生考试。申请者通常要有所选择的学习专业方向的基本知识的证明。此外，至少有认识申请者的两个人根据申请者的科学和技术素质对他的能力、天赋、造诣以及教育状况进行评价。这类考试对年龄有限制，最低 25 岁，最高 40 岁。后一类适用于完全通过自学，没有在公立的中小学受过教育，而是通过在国家没有承认的私人学校、业余大学或函授机构学习,申请获得普通高等学校入学证书。

为了达到教育平等的目的,第二教育途径仍然是免费的或由 BAföG 推广的,让更多的年轻人可以接受继续教育。

8.3 成人教育和继续教育机构

成人教育和继续教育大多指的是成年时期的教育,它们往往将职业培训和继续学习融为一体,从个人发展机会到促进参与有偿工作的技能发展。成人和继续教育正经历着新的飞速发展,对年长的雇员和失业者进行进一步的培训,为获得技术工人的潜力做出了贡献。

在数字化不断发展的情况下,成人和继续教育在媒体上有了进一步的增长。生活各个领域逐步数字化不仅加速了知识的应用,还要求日常职业和私人生活中具有新的能力。毫无疑问,在这种背景下的成人和继续教育尤为重要。

成人和继续教育的范围广、内容多,教育机构五花八门。从教育目的来说,成人和继续教育可分成基础教育、职业继续教育、扩展知识的继续教育。如今已将继续教育的概念提升到终身学习的层面,在这里,主要介绍德国几个主要的成人和继续教育机构。

8.3.1 夜校

夜校,顾名思义,就是晚上上课的学校。它不同于普通学校就读的教育机构。要去夜校学习,首先要了解夜校的各种优点和缺点。夜校最大的缺点是晚上学习的时间很短,这意味着学习或从学校毕业通常比传统学校更长。另外,夜校的课程不能灵活安排。

夜校是第二教育途径的学校,因此通常也被称为成人教育学校。夜校有如下三种类型。初级中学夜校:学生可以拿到初级中学证书。普通中学夜校:在夜校,学生可以拿到普通中学证书。高级中学夜校:学生可以拿到高级中学证书。

进入夜校的条件由各联邦州自行决定。一般而言,要获得高中毕业证书或其他学校毕业证书,必须满足以下条件:最低年龄为 19 岁;已完成了普通义务教育。大多数学生在 2~3.5 年内可以完成高中毕业或任何其他学校毕业。

8.3.2 函授学校

不是每一个人都可以随意支配自己的时间,有些人必须工作,或者不符合夜校的入学要求,或者他们所在地区没有这类学校,或者你想要更快获得学校证书,那么,函授学校是晚间学校的替代方案。

在德国,有 4 所大型远程学习中心,即达姆施塔特学习团体

(Studiengemeinschaft Darmstadt)、汉堡远程学习学院(Hamburger Akademie für Fernstudien)、远程成人教育学院(Fernakademie für Erwachsenenbildung)、学习系统学院(Institut für Lernsysteme)。学生可以在它们当中其中的一个注册,可以随时开始学习。首先,学生所需要的学习材料将由远程学习中心寄到他们的家中,然后学生可以自学,完成远程学习教师交给的学习计划和任务。在大约两年之后,学生参加考试,最后获得毕业证书。表8-1列举函授学校授予的毕业证书和所需的学习时间。

表8-1 函授学校授予的毕业证书和所需的学习时间

函授学习内容	函授学校	毕业证书	学习时间
初级中学(外语:英语)	Studiengemeinschaft Darmstadt	初级中学毕业证	19个月
专科高级中学方向:机械制造	Studiengemeinschaft Darmstadt	专科高级中学毕业证书	24个月
高级中学高年级课程	Studiengemeinschaft Darmstadt	高级中学毕业证书	32个月
普通中学(有或者无初级中学毕业证)	Institut für Lernsysteme	普通中学毕业证书	24个月
专科高级中学方向:经济和行政	Hamburger Akademie für Fernstudien	专科大学入学证书	24个月

(来源:fernstudi.net网站)

8.3.3 (高等)专科学校

(高等)专科学校是接受专业继续教育的机构,其课程设置与初始职业培训和专业经验相联系。

(高等)专科学校为期两年,提供约150个领域的农业、设计、技术、经济和社会工作领域的学习课程。最具代表性的学科包括电气工程、机械工程、企业管理、建筑技术和化学工程。还有其他的为期两年的家政专业学校和健康教育专业学校,以及为期一年的专科学校。在社会教育专业学校中,接受国家认可的教育者接受为期 2～3 年的儿童和青年福利服务（包括日托中心，日托中心和青年福利服务）社会教育领域的培训课程。

虽然职业学校和职业专科学校提供了职业培训，但（高等）专科学校为从事的职业提供了继续培训的机会。为了能够上这类（高等）专科学校，学生必须证明自己已完成职业培训。

（高等）专科学校学习内容非常广泛，几乎涉及各行各业，尽管各联邦州（高等）专科学校各自名称不同，但是也有许多地方相同或者相似。在这里，以巴登-符腾堡州中的（高等）专科学校为例。

1. 专科学校和设计专科学校

在工商业-技术领域的两年制专科学校中，分有专科学校和设计专科学校。该类学校是向学生提供所需学科领域和专业活动有相关的职业培训。在培训期间，学校必须准备独立的项目工作，并在专家级别层面上进行介绍，使学生可以获得远远超出职业培训的专业资格，这些资格被行业广泛接受。在通过期末考试后，技术学院或设计技术学院的毕业生将获得“国家认证技术人员”或“国家认证设计师”的专业称号，随着专业称号一起，还获得应用科学大学入学资格。在许多专科学校中，还提供非全日制课程。

2. 商业学校

两年制的商业专科学校分为工商管理、企业管理、商业信息学、酒店企业管理、酒店管理等领域。在商业专科学校的培训使毕业生能够独立且负责任地作为高级专业人员从事商业性质的管理和行政活动。培训的重点是获得与商业和个人特殊的技能。在培训期间，必须准备企业管理论文并在考试中呈示。入学的条件是申请人有与所需学科领域的相关职业培训、中学文凭或同等水平的学历，以及至少两年的相关专业活动。对于具有大学入学资格或应用技术大学入学资格的申请人，只需要一年的相关专业活动。在通过期末考试后，商业专科学校的毕业生将获得国家认证的经营者资格证书以及应用技术大学入学资格。

3. 高级技师学校

从学徒到熟练工再到高级技师，这是手工业中典型的培训过程。高级技师考试包括四个部分：实践、理论、经济与法律以及职业与工作教学法。高级技师培训也是一个成为个体经营者的好机会。此外，完成的高级技师考试是开展手工艺品行业职业培训的技术前提。高级技师学校学习时间通常持续一年，兼读则相应长一些。录取的前提是申请人有相关的完整职业培训和相关的职业工作经历。高级技师考试由工艺品商会、工商联合会或区域委员会的主管高级技师考试委员会主持。

4. 专科学院

专科学院注重和深化以往的职业培训和专业经验。专科学校培养学生的人力资源管理技能、企业管理方式和行动能力，使学生能够独立经营一家手工业企业。

专科学院的第一年，学生要为高级技师考试做准备。学生通过高级技师的考试后，才能继续在专科学校上学。学生通过毕业考试后，学校将授予学生专科大学/应用科学大学入学证书。

5. 护理继续教育学校

在护理继续教育学校接受护理继续教育培训，使学生能够专注于管理护理和职能部门，从而独立管理住院和门诊护理设施中的护理和职能部门，掌握规划、组织和实施护理工作流程，并控制和应用质量保证方法。

护理继续教育学校的入学条件是已完成了老年护理护士、保健与护理护士，保健与儿科护士或治疗护士其中之一的完整职业培训，以及至少两年与其相关的职业工作。

在继续培训期间，学生必须完成至少 400 个小时的与培训相关的练习。通过期末考试后，学生将获得国家认证的相关专业称号。此外，通过参加附加课程并成功完成附加考试，还可以获得专科大学/应用科学大学入学证书。

6. 组织与管理学校

组织与管理专科学校以兼职形式进行组织和领导力的进一步培训，使相关人员获得执行管理任务的资格。

在成功完成全部继续教育培训课程后，学生获得国家认证的相关职称。入学要求除了具有相关职业资格外，还要有两年的职业工作经验。具有应用科学大学入学资格或大学入学资格的申请人只要证明至少有一年的相关职业工作经历。

8.3.4 大学预科

在德国大学预科，学生学习的目的是获得普通大学入学资格，也就是德国的高级中学毕业文凭，学习时间通常需要三年。不过在两年内，学生也可以获得专科大学/应用科学大学入学证书。它与高级中学夜校不同，该学校在白天上课，面向希望通过全日制学习来提高文化水平的成年人。进入大学预科的先决条件在不同的联邦州有不同的规定，通常是普通中学或具有同等学历的职业培训，最低年龄为 18 岁。

在大学预科学习的优势在于，学生可以完全专注于在校学习。它与夜校相反，是白天上课，属于全日制的学校。另外，可获得多种毕业文凭，除了高级中学毕业文凭，还可以获得高级专科学校和应用科学大学入学资格。

大多数大学预科均由国家资助，所以学校是免费的。学生仍然有权申请助学金，并且有的学生刚入学就可以申请成功。

这里的大学预科属于第二教育途径的机构，不要与职业学院相混淆，因为后者属于第一教育途径的机构。

8.4.5 业余大学

业余大学是德国对所有的人开放的学校，特别在成人教育和继续教育领域。它在德国是无人不晓，无处不见。

业余大学的历史可以追溯到19世纪，1919年《魏玛宪法》为进一步开展公共责任培训奠定了基础。《魏玛宪法》第148条呼吁各级政府促进全民教育，包括业余大学。继续培训首次获得宪法地位，并成为公共教育事业中不可缺少的一部分。这涌现出全德国建立业余大学的热潮，该年约有130个业余大学成立。

目前约有900所业余大学分布在德国的城市和乡村，在校学生上几百万。业余大学又称民众大学或者大众大学。业余大学不是人们通常所指的高等教育中的大学，而是人人可以在这里继续学习的地方。它的教育范围包括外语、家务、地方历史和文化、手工与爱好等，课程通常安排在晚上和周末。业余大学的资金约1/3来自学生的学费，其余2/3来自地方政府、州政府以及私人捐款。

业余大学面向男女老少，没有年龄、学历、能力等限制，只有你愿意，便可以参入。从业余大学提供的课程和方向来看，它不像前面提到的教育机构，以拿到普通教育文凭为主，而是兴趣、爱好、扩大眼界为主，以终身学习为目标。图8－2是2019年业余大学课程参与者的年龄结构。在业余大学课程参与者中前三名年龄段的是50～64岁、35～49岁和25～34岁。另外，18岁以下和75岁以上的参与者均超过5％。

除了此之外，还有其他的教育机构，如手工业协会与商会、各种语言学校、教会教育机构、私人提供者。

2019年wbmonitor① 调查的结构信息显示，私有法律形式的提供商构成了最大的提供者群体，为40％，其中23％为私人商业性质、17％为私人非营利性质。18％是由教堂，政党，工会，基金会，协会或俱乐部赞助的公共机构，成人教育中心所占比例为16％，后者几乎与前者相当。在与经济相关的机构，即商会、行会和专业协会及其培训中心占所有提供者的十分之一。科学继续教育提供

---

① wbmonitor是联邦职业教育研究所与莱布尼兹终身学习中心之间的合作项目，以跨行业不同提供商的视角和不同分段的对比，补充了继续教育领域的教育报告。

者，如大学和应用科学学院或职业学院的继续教育中心（3%）以及公司教育机构（3%）和其他国有机构（2%）。德国在继续教育中各种设施类型的比例见图8－3。

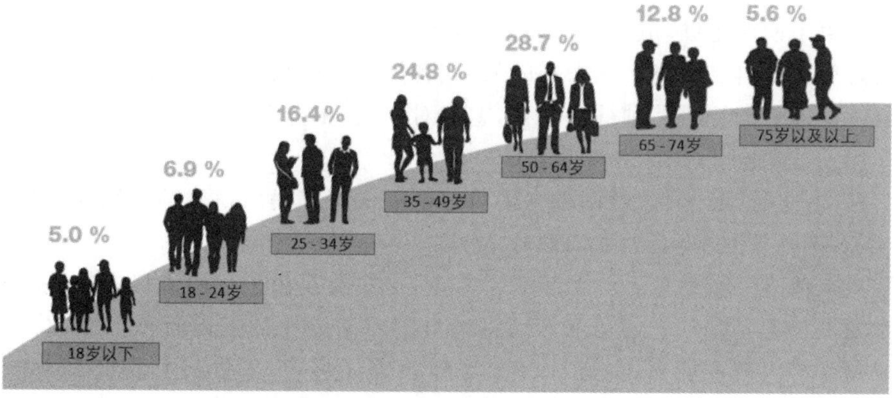

图 8－2　2019 年业余大学课程参与者的年龄结构

（来源：德国业余大学协会 2019 年年度报告）

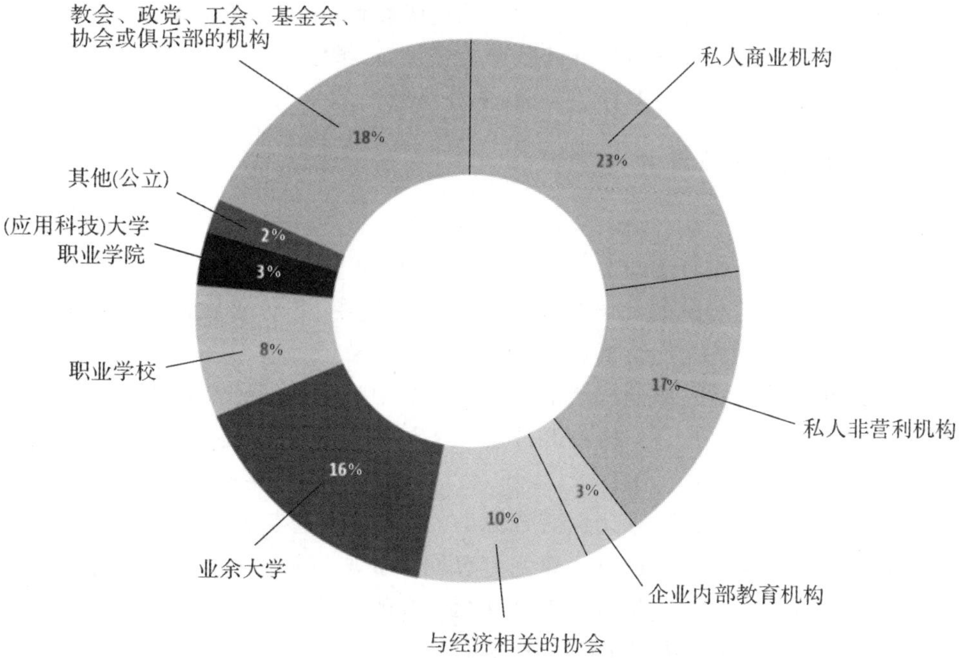

图 8－3　德国在继续教育中各种机构类型的比例

（来源：2019 年 wbmonitor 调查）

8.4 继续教育

从广义上来讲,继续教育包含两层意思:其一,它不仅仅适用于从事各种职业的成年人,而且还适用于青少年;其二,它表示人应当终身学习。换句话来说,即使结束了职业生涯,成为退休人员,也不是意味着停止学习。无论什么原因,只要希望提高自己自身文化水平的人,或者扩展自己兴趣和爱好的人,均可以进行继续学习。无论哪一种继续教育,它们对个人、企业以及社会起着积极和重要的作用。

在20世纪70年代,德国教育委员会第一次正式提出,将"继续教育"作为德国(当时的西德)的一个独立的教育范围。

成人的进一步培训和学习越来越重要,这主要是由于德国人口变化、移民和技术发展加速,同时,它们还融入到将终身学习制度化的发展过程当中,其目的是确保和扩大就业能力,促进社会参与和融合,增强个人发展和自我调节的能力。与其他教育领域相比,继续教育有与众不同的地方,成年人因其特定的工作和生活经历而具有更加多样化的学习需求。因此,在德国出现了多种类的继续教育机构和组织。

继续教育不同于前面各章节所介绍的初级教育、中等教育和高等教育,在许多方面有它独特之处。下面从继续教育的提供者、继续教育的学科、继续教育的参入者和继续教育的地区差异等方面,来介绍它们的特点。

8.4.1 继续教育的提供者

成人学习通常是在有组织的背景下进行的,成人是否参与、如何参与,以及参入到哪些学习和教育活动中,在很大程度上取决于继续教育的提供者和提供的内容。在技术不断向前发展和变化的工作环境中,作为最大的继续培训"机构",企业提供的服务尤为重要。

继续教育机构在不同的环境下运作。它们中间的一部分针对特定的目标群体,另一部分针对一般人群,因此开放程度不同。继续教育提供者可分成国家、企业、团体和商业提供者,如图8-4所示。团体提供者主要通过合同(例如专业协会、教堂和工会的会员)来确保其资源的安全,并通过参照公共利益使其工作合法化。国家提供者主要通过法律签订合同来获取资源,并根据公共利益来调整其提供的内容。商业提供者将提供继续教育的培训,将其作为服务,并与客户签订合同,以此作为获取资源的手段,他们的报价基于客户的私人利益。

与其他教育领域相比,继续教育的提供者表现出极大的多样性。它们的规模差别很大,在某些情况下,其法律形式(例如独资企业、民法下的公司或有限责任公司)也有很大差异。

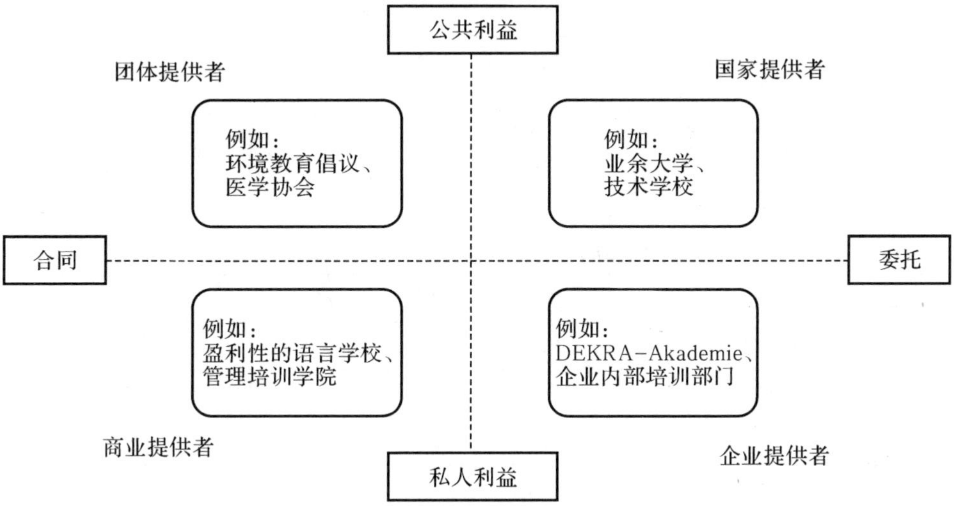

图8-4　继续教育的提供者
(来源:2020年德国教育报告)

2018年,成人教育调查涵盖的持续培训活动的16.9%由团体提供者提供,13.2%由国家提供者提供,21.7%由商业提供者提供,45.3%由企业提供者。此比例随提供者的类型而随每小时的数量而变化。因此,以持有小时数衡量的总交易量份额只有22%,大大低于活动所衡量的比例。对于其他提供商,每小时交易量所占的比例高于活动所占的比例。

提供者类型在不同程度上涵盖了企业继续教育、个人与职业相关的继续教育和非职业继续教育。65%的公司内部培训活动由公司提供。个人与职业相关的继续教育的比例在提供者类型之间分布更均匀。企业提供商仅占18%,而商业提供商则占30%。即使非职业继续教育,商业提供者也以39%的活动领先于该领域,其次是国家提供者的31%。表8-2是根据继续教育部门在继续教育活动中提供者类型的比例和每小时量占已完成继续教育报价总额的百分比。

表8-2　根据继续教育部门在继续教育活动中提供者类型的比例和每小时量占已完成继续教育报价总额的百分比*

继续教育部门	继续教育提供者				
	团体	国家	企业	商业	其他
已完成的继续教育报价:活动(%)					
合计	16.9	13.2	45.3	21.7	3.0

续表

继续教育部门	继续教育提供者				
	团体	国家	企业	商业	其他
企业继续教育	15.6	4.4	64.5	14.0	1.5
个人与职业相关的继续教育	19.5	27.5	17.9	29.8	5.4
非职业继续教育	19.1	30.7	5.2	39.2	5.9
已完成的继续教育报价:每小时量					
合计	18.2	22.2	22.3	32.8	4.5
企业继续教育	20.8	9.1	48.4	20.0	1.6
个人与职业相关的继续教育	16.8	31.3	6.2	38.4	7.2
非职业继续教育	16.0	30.5	2.7	45.7	5.1

注:* 个数:n=3994。

(来源:2020年德国教育报告)

2016年欧盟10国进行了参加继续教育的调查,其结果见表8-3。从该表数据显示,在选定的欧盟国家(希腊除外),公司内的继续教育占主导地位,占继续教育的五分之三至四分之三。这也意味着职业培训是这些国家培训系统的核心。

表8-3　2016年欧盟10国继续教育部门参加继续教育人数比例*

单位:%

国　名	参加继续教育总比例	其中按继续教育类型分类		
		企业继续教育	个人继续教育	非职业继续教育
德国	50.2	73.8	8.4	16.7
丹麦	43.8	77.1	8.4	13.8
芬兰	47.9	67.6	12.3	19.4
希腊	14.0	34.8	46.8	18.5
意大利	40.6	59	16.4	24.6
荷兰	61.5	70.9	8.0	17.3
奥地利	58.4	67.6	11.7	20.7
葡萄牙	44.4	77.3	11.5	11.3
瑞典	56.5	78.9	2.6	15.5

续表

国　名	参加继续教育总比例	其中按继续教育类型分类		
		企业继续教育	个人继续教育	非职业继续教育
西班牙	39.1	66.4	13.1	19.8

注：* 因缺少信息未显示，继续培训部分的总和可能小于100。

（来源：2018年德国教育报告）

8.4.2　继续教育的学科

参加继续教育的原因可能是个人发展的渴望，也可能是个人为了提高社会参与度和/或对工作场所中不断变化的需求做出的反应。2018年所有非正规教育活动大部分出于职业动机(80%)。所有非正规培训活动的70%属于公司培训，10%为个人职业培训，20%用于非职业培训。2018年参与非正规教育的积极发展主要得益于公司内部培训的参与率的提高，它从36%增加到40%。大多数参与者在经济学，行政管理和法律领域，其次是服务以及卫生和社会事务。继续教学科领域比例见表8-4。

表8-4　继续教育各学科领域比例　　单位：%

学科领域	继续教育		
	企业	与职业有关	与职业无关
普通教育课程和资格	4	9.85	4.67
农业、林业、渔业和兽医	0.79	1.33	2.71
自然科学、数学和统计	0.88	1.69	1.4
社会科学、新闻和信息	1.76	3.4	2.52
教育学	2.45	3.32	2.53
人文与艺术	3.61	26.82	33.05
工程、制造和建筑	9.98	5.78	3.11
信息学与通信技术	10.6	7.77	4.7
服务业	18.78	7.7	27.5
健康与福利事业	21.12	15.21	13.65
经济、行政和法律	26.03	17.14	4.14

（来源：2020年德国教育报告）

非正式学习活动的主题参考显示了不同的结构。有 58%的非正式学习活动不是出于职业目的，而是出于私人原因，有 76%的活动是在闲暇时间进行的。成人还经常参加人文和艺术方面的非正式培训。此外，还包括语言技能或历史和考古知识的掌握。人们最常将计算机应用程序作为学习内容，还经常包括家务劳动，例如住宅建筑的维护和修理。

从一个人成长的道路来看，第一教育途径揭开了他生活的第一页，在中小学中，学到人生各方面的基本知识；成年参加工作后，第二教育途径或继续教育成为总结生活经验、获得新知识的一条重要的途径。

按运营商不同分类，2017 年和 2018 年新课程学员变化情况见表 8－5。

表 8－5　2017 年和 2018 年按运营商不同分类新课程学员

担者类型	新课程学员			
	2017 年		2018 年	
	数量	%	数量	%
合计	291 911	100	202 933	100
业余大学（VHS）	99 541	34.1	76 716	37.8
语言/专科学校	58 269	20	41 779	20.6
教育机构	27 572	9.4	17 029	8.4
自由承运商团体	20 142	6.9	11 924	5.9
倡议团体	19 171	6.6	12 497	6.2
企业/超企业/继续教育培训中心	18 656	6.4	10 598	5.2
其他	48 560	16.6	32 390	15.9

（来源：2020 年德国教育报告）

总之，继续教育的组织形式繁多，有数月的正常上课方式，有一周的报告会、研讨会，有一至几天的专业会议或新产品、新工艺、新技术介绍，也有以幻灯片、电视片等方式介绍别国的风土人情、旅游观感的，等等。继续教育的内容也与它的教育组织方式一样，变化快、范围广，有不同的承担机构，内容差异很大。

8.4.3　继续教育的参与者

2020 年德国教育报告中报道，18～69 岁年龄段参加继续教育活动的比例提高到 52%。从业人员接受继续教育的培训的比例还有继续上升的趋势。图 8-5 是 2007—2016 年按年龄组分类参加继续教育的人数比例。

2018 年就业人口的职业继续教育情况见表 8-6。从表 8-6 可以看到，职业继续教育与职业类别有关，职员所占的人数最多，其次是自营者和公务员。人数最少的是失业者和帮助家庭成员。

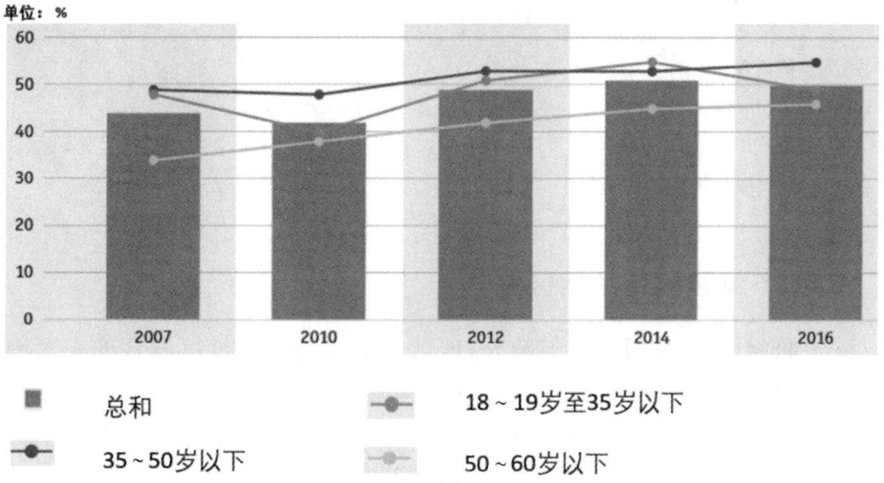

图 8-5　2007—2016 年按年龄组分类参加继续教育人数比例
（来源：2018 年德国教育报告）

表 8-6　2018 年就业人口的职业继续教育情况*　　单位：千人

	过去一年的职业继续教育参与者				
	总计	有移民背景		按国籍	
		无	有	德国人	外国人
参与者总数	7 108	6 165	944	6 626	482
按职业分类					
自营者	721	639	82	683	37
帮助家庭成员	6	5	/	5	/
公务员	665	640	24	660	5
职员[①]	5 059	4 385	675	4 726	334

续表

	过去一年的职业继续教育参与者				
	总计	有移民背景		按国籍	
		无	有	德国人	外国人
工人	519	402	117	446	73
学徒/职业培训生	119	90	29	101	18
失业者②	19	/	16	/	15

注：①包括低薪员工；

②包括没有信息；

* 微量普查的结果，年龄在15岁以上的人。

（来源：德国联邦统计局网站）

8.4.4 继续教育的地区差异

除了职业位置、学历以及年龄外，地区差异也是影响继续教育的一个因素。在大城市和中等城市密集的地区，教育机构与设备齐全，教育内容广泛丰富，他们的质量与数量均比小城市和农村地区好得多。大中型公司的培训基地都设在大城市内，职业协会、联合会和社会团体的总部大多数也设在大城市，它们均是继续教育的主要承担者，这必然地引起了城市与乡镇之间的差异。目前，在联邦德国某些州已有“继续教育法”，为了消除或减少地区差异，通过继续教育机构的配合，使其基本教育内容能覆盖各个地区。到目前为止，这一目标还没有达到。

在德国的各个地区之间以及在联邦州内部，参加继续教育活动的差异很大（5％～20％）。在德国南部的许多区域规划区域中，参与率很高；在东部各州中，萨克森州的参与度相对较高；巴伐利亚州内的区域差异最大（维尔茨堡为20％，多瑙-伊勒州为8％）。分别为4％和15％，反映出与总体参与率的比较大致相似的情况。差异是由于在某些空间规划区域中而产生的。例如，几乎所有报告的参与都是出于专业目的（高达94％）。这些比例最高的是德国东部和巴伐利亚州的东部规划区域。

8.5 继续教育发展中的问题

在职业继续教育中，大部分属于职业培训，参加企业内部的职业继续教育人数远远超过在企业外的，其原因有两个：其一，企业为了在激烈竞争中取胜，企业主动培训自己的职员，培训内容针对性强，培训方式灵活度高；其二，企业将自己的职员送到企业外进行继续教育，财力和物力上比在企业内部培训高得多。

在德国，大企业通常都有自己的培训中心或者职业培训机构，他们的财力、物力和人力雄厚，对执行与落实继续教育比中小企业容易。德国的中小企业没有专门的继续教育机构，不过这并不意味着中小企业对职员继续教育问题关心得少。职业协会与联合会是中小企业的“继续教育中心”。此外，(高等)专科学校、公共与私人的培训机构也承担职业继续教育的。

1974年通过的《高等学校条例》已明确规定，继续教育也属于高等学校的任务之一。联邦教育与科学部部长在1985年5月9日提交的“继续教育内容”中强调，继续教育必须像对待普及教育和职业技术教育那样，认真制定计划，要求有多样化的继续教育机构，并将涉及范围扩大，如妇女、失业者和外国人，使职业继续教育成为所有从业人员生活的一部分。目前，高等学校的继续教育机构主要是对已有大学文凭的从业人员或者学者的继续教育，德国的高等学校提供的继续教育内容与其他国家相比较少。

联邦政府或州政府对继续教育的影响较小。在继续教育中，属于州政府的承担机构，首先是(高等)专科学校，其次是第二教育途径的学校，最后是高等学校。

在德国，目前已有几个州有继续教育法。德国各联邦州是否存在有关成人/继续教育方面法律的一览表见表8-7。

表8-7　德国各联邦州是否存在有关成人/继续教育方面法律的一览表

联邦州名	成人/继续教育法			教育豁免法		优惠计划?
	是否存在?	如果存在的话：认可机构的特殊功能?	如果存在的话：使用质量管理体系的规范?	是否存在?	如果存在的话：使用质量管理体系的规范?	
Baden-Württemberg	□	—	—	□	□	—
Bayern	□	—	□	—	•	—
Berlin	—	□	•	□	—	—
Brandenburg	□	—	—	□	—	□
Bremen	□	—	—	□	□	□
Hamburg	—	•	•	□	—	□

续表

联邦州名	成人/继续教育法			教育豁免法		优惠计划?
	是否存在?	如果存在的话		是否存在?	如果存在的话	
		认可机构的特殊功能?	使用质量管理体系的规范?		使用质量管理体系的规范?	
Hessen	□	□	—	□	—	□
Mecklenburg-Vorpommern	□	—	□	□	—	□
Niedersachsen	□	—	(□)①	□	—	—
Nordrhein-Westfalen	□	□	□	□	□	□
Rheinland-Pfalz	□	—	—	□	—	□
Saarland	□	—	□	□	□	—
Sachsen	□	—	□	—	·	□
Sachsen-Anhalt	□	—	—	□	—	—
Schleswig-Holstein	□	—	—	□	—	□
Thüringen	□	—	□	□	—	□

注:①有义务每4年进行一次外部评估;

□ 存在;

(□)在有限范围内存在;

—不存在;

·没有可用数据。

(来源:2020年德国教育报告)

德国有教育休假,人们可以利用这一教育休假,根据自己的需要进行短期的继续教育,以提高自己的工作能力和分析问题的能力,这给企业带来了好处。在此期间,工资正常发,但其他费用自付,如学费、住宿费、旅行费等。当然,也存在着有人利用教育休假时间去做其他事情的现象。德国政府有一系列的规章制度防止这种现象的发生。首先,教育休假学习的学校必须是政府认可的学校,不是什么学校都可以的;其次,学习时间为2周,每周至少保证30小时的学时;最后,在学习结束时，学校必须给出证明，并发学习证书。另外，不是每一个联邦州都实施教育休假制度，比如巴伐利亚州。

对成人教育、职业教育、培训、继续教育这些术语的理解并不统一。在讨论中，这些术语所指的内容非常不同，因此在处理有关这些主题的陈述的内容之前，有必要澄清每种情况下对该术语的理解。普通的和政治的继续教育也可归于到成人教育范围。由此可见，成人教育与继续教育的定义要看从什么角度出发。有时可以将两者统一讨论，有时又可将两者分开分析。成人教育在这里被理解为成人针对各种形式的教育活动的通称。职业培训应与成人教育的所有其他领域区分开。

如何对继续教育过程进行质量评估是继续教育中一个关注的问题，也是一个争论问题。这是因为继续教育的多元化、复杂化、多样化、变化快。

继续教育，特别是非正规教育活动和非正式学习活动，不同于其他教育领域的学习活动，如在参与管理中，通过课程、教育标准或类似机构法规体现了它的特点。在需求方面，是个人（及其雇主），在供应方面是培训提供者，他们预测需求并考虑到他们在供应发展方面的教育使命和利益，很难评估已实现报价的质量，因为无法应用通常的标准（例如，未上课人数、教师中的横向进入者数量、学习者和毕业生的能力），或者没有数据。因此，只能给出继续教育过程质量的间接指标。

参与者对其继续教育的主观满意度来着手研究继续教育的质量。然而，它仅应在有限的程度上反映理想的过程功能，如教学方面的影响或伴随的学习建议。关于预期学习和转移成功的结论只能在有限的范围内得出。质量管理系统（QMS）[①]被广泛用于继续教育中，其建立部分源于教育政策对资金的要求。QMS 为教学过程的组织框架条件设定了标准，因此也涉及组织层面上继续教育的质量问题。

继续教育机构越来越多地使用质量管理系统，来测试和改进其组织的工作流程和产品的质量。QMS 的要求由质量管理标准定义而来，然后组织可以根据自己的需要调整这些标准，最后经过认证。例如，在德国最广泛使用的 DIN 标准（DIN EN ISO 9001：201511）中，定义了每个 QMS 中都必须包含的 7 项原则（例如，以客户为导向和管理职责）。继续教育中的 QMS 声称涵盖了所有与质量有关的继续教育过程，通过评估满意度的评估以及参与者的学习和知识转换成功来改善教学过程。

2017 年，在网络调查的 1 684 个继续教育机构中，有 80%实施了 QMS，另

① 德文为 Qualitätsmanagementsysteme，简称 QMS 。

外5%则计划很快实施该体系。

表8-8是德国根据提供商不同类型的认证使用质量管理体系。QMS广泛应用于所有类型的继续教育提供者。业余大学(VHS)的比例高于平均水平。业余大学统计数据的最新数据显示,2018年有91%的业余大学实施了QMS。另一方面,私营商业机构接受持续培训的流行率相对较低。如表8-8所示,在州立机构继续教育培训机构中,实施QMS的水平很低,这主要是由于大学和学院的继续教育部门的融资模式与认证的联系程度较小。

表8-8　在提供商不同类型下的认证使用质量管理体系　单位:%

提供商	质量管理体系		
	外部认证	未认证	不存在
总计	52	28	20
政府提供商			
合计	39	36	26
业余大学	62	20	18
应用科技大学、大学、技术学院	28	44	29
职业学校	37	45	18
(其他)国有	27	34	40
团体提供商			
合计	67	18	15
私人机构(非营利组织)	72	18	10
与业务有关的机构(例如商会,行会,专业协会或其分支机构)	68	17	16
教会、政党、工会、基金会、协会或俱乐部的机构	61	20	19
商业提供商			
合计	34	39	28
企业提供商			
合计	54	30	17

(来源:2020年德国教育报告)

在继续教育中,存在着这样或者那样的问题,主要体现在如下几个方面:

(1)职业教育研究问题,比如:如何更准确的评估继续教育的质量,什么是继续教育的标准和统一的指标等。

(2)继续教育中的教学法、课程研究。

(3)继续教育中的教育经费问题,如经费来源、经费使用。

(4)继续教育的组织计划和机构,对系统和教学大纲的研究。

(5)继续教育需要和教育计划发展,对继续教育中的供与求的问题研究。

(6)科研成果如何迅速转变成现实。

德国继续教育的特点是:国家给予支持,鼓励企业与个人发展继续教育,并用此措施减少失业率,同时普遍存在着教育休假制度,给从业者时间和灵活性。

在科学与社会日新月异发展的今天,要想使自己的产品在世界市场上站稳脚跟,就必须提高劳动者的素质。高质量的劳动力已成为德国经济的决定性资源。联邦政府和企业雇主乐意出钱对自己的公民和职员进行继续教育。对于从业人员,如果没有较高的职业能力和素质,就业机会愈来愈少,提高自己工作能力的压力也就愈来愈大。因此,联邦政府、企业与个人在继续教育中是相互依赖、相互牵制、相互平衡的三个方面,如何调节它们之间的关系,如何有机地结合,如何发挥各自的最大作用,是继续教育中最重要的研究课题。

第9章 数字化世界中的教育

9.1 概　　述

数字化不仅正在迅速改变人们的日常生活方式，而且还影响着人们的工作环境以及在教育机构中的教育过程。

从“数字化”原始含义来看，这一词描述了将模拟值转换为数字可用格式的过程。从19世纪的电报发明到20世纪30代的第一部二进制加法器，从20世纪60年代的超文本系统到如今的万维网。随着计算能力不断增强，系统和（移动）终端的联网，以及随时随地对数据和信息独立访问，数字媒体和工具改变了人们沟通、提供信息、工作和学习的方式，并且形成意见、参与政治决策、社会和文化参与的方式也发生变化，从而根本上改变了教育的框架条件和机会。

1998年，德国只有十分之一的家庭可以访问互联网，20年之后，这一数字增加了9倍。此外，大多数人都拥有多个数字终端设备。同时，对数字媒体的访问还取决于个人和结构特征，例如社会或地区位置：高收入家庭有互联网设备，有20%的最低收入家庭没有互联网设备，在妇女和70岁以上的人群中有较低端的互联网设备。同样，有些地区的宽带接入不足：虽然超过90%的城市社区的连接速度超过100 Mbit / s，但在农村社区中，还不到一半（49.6 %）。数字化现在已渗透到每个人的生活中。它在日常生活中的重要性不断提高，影响着我们适应世界的方式。在数字化社会中找到自己的道路，取决于我们每个人的个人数字技能。

智能手机和平板电脑因其不断提供的互联网和移动应用软件而变得无所不在。它们使人们几乎可以随时随地访问取之不尽的信息，并且在不同的环境中开拓了新的交流模式。同时，出现了社会参与和积极参与政治决策的新机会。

数字化在所有经济和科学领域开辟了新的视角，也产生了新问题，例如隐私保护。对于整个教育部门而言，这既是机遇，也是挑战。说它是机遇，是因为它有助于改变正规的教育过程（教与学），从而使人才和潜力得到个别发展；说它是挑战，是因为必须重新考虑和设计以前实践的教学形式以及学习环境，必须重新定位教育目标。另外，为了实施数字化，还必须加强基础设施、法律和个人框架条件建设，这也属于挑战之一。

德国各州文化部长联席会议为应对教育数字化变革和转型带来的挑战，于2016 年 12 月制订了“数字化世界中的教育”战略，为德国教育未来发展提出了行动方案，旨在推动数字世界的发展。

将社会的数字化转型整合到教育系统中是一个极其复杂的过程。该战略指出，在若干行动领域中，必须同时计划、协调和实施各种措施。该战略中描述的行动领域有：

(1)教育计划、教学发展和课程发展；

(2)对教育工作者的培训和继续教育；

(3)基础设施和设备；

(4)教育媒体；

(5)电子政务和学校管理方案、教育和校园管理系统；

(6)法律和职能框架条件。

数字化世界中教育过程的基本框架条件首先以宏观层面的偶然结构的形式创建。除了提供数字基础设施以外，例如通过扩展电信网络或教育机构的技术设备，还包括可以促进或规范数字媒体和工具使用的法律框架条件。然而，在社会变革的过程中，不仅改变了个人的学习机会，而且改变了个人的学习要求。在劳动力市场上，可以特别清楚地看到新的职业要求。交流的形式、社会关系的形成和社会参与，直至办公室和政府的服务数字化，都在发生变化，这是公民无法避免的。

因此，教育机构必须对不同的学习情况做出灵活的反应，传授数字技能的迫切性已摆在教育机构的面前。数字化不断地渗透到各级教育过程。数字化对各教育阶段的有哪些影响？又有什么样的要求？数字化对教育系统是什么？这是本章的介绍重点。

9.2　幼儿园数字化

在早期教育中是否使用数字媒体是一个有争议的问题。早期教育的教学专家认为，数字技能的教学意义不大。此外，父母往往对日托中心使用数字媒体持批评态度。

日托中心很少有与儿童一起使用的平板电脑。根据 2017 年在德国 709 个日托中心进行的电话调查，在大多数情况下，数码相机(92%)和电脑(82%)供专业人员和管理人员使用。但是，不到三分之一的机构也将计算机用于教育工作。

与儿童互动时，诸如数码相机或平板电脑之类的移动技术也越来越多地被使用。在对日托中心进行的一项调查中，约有一半的教师表示，他们与所在机构的孩子一起使用数字设备。36%的受访者至少每月使用一次数字设备。有14%的受访者说，他们每周陪伴孩子使用数字媒体一次或几次。2%的受访者每天与孩子一起使用数字设备。大多数父母对在日托中心使用数字设备没有过高要求，只有10%的父母认为孩子应该在日托中心学习使用数字设备。

随着教育系统数字化逐步转型以及家庭环境中的儿童与数字媒体的较早接触，儿童早期是否应该使用数字媒体和如何使用被广泛讨论。

“联邦各州日托中心早期教育的通用框架”将基本媒体能力视为幼儿教育的课程组成部分，并呼吁在早期教育中使用独立的具有创造性的媒体，尽管未明确提及数字媒体教育。由于日托中心的教育选择权是联邦政府的责任，因此，在联邦政府中也必须决定对此问题的处理方式。他们的儿童早期教育和养育计划可用于此目的，但这些通常仅涉及媒体教育。大多数联邦州的教育和培训计划中都特别提到了数字媒体以及相关的使用建议和教育目标，但是差异很大。

为了能够使用数字媒体，幼儿必须首先获得某些“基本技能”，尤其是触觉和视听感知领域的自我调节机制。例如，30个月左右的儿童能够根据先前显示的图像、标志或符号首次识别房间中的某些物体，3～6岁的幼儿也可以点击、拖动和滑动以进行触摸屏操作。带触摸屏的设备特别易于使用，引起年幼儿童的极大兴趣。此外，家庭在年幼儿童中使用数字技术通常会自动鼓励他们自己使用数字技术。KIM① 的研究结果明确表明，与2010年相比，2014年无人陪伴的儿童上网人数有所增加。

除了处理数字设备之外，考虑对内容的哪种基本理解也很重要。儿童可以首次接触数字媒体，但到目前为止，几乎没有任何经验知识。

从儿童在互动活动中，可以扩大词汇量和提高学习成绩。2岁以下的儿童使用互动媒体时也是如此。此外，数字技术可用于支持有(语言)教育需求、学习有障碍或残疾的儿童，例如，联邦政府“语言与写作教育”框架开发了用于语言教育的应用程序和数字游戏，并在日托中心进行了测试。平板电脑、数字学习笔和电子书正越来越多地被儿童使用。在国际上，对数字媒体对儿童语言和书面语言技能的影响进行了初步研究。

---

① KIM是德文Kindheit，Internet，Medien的第一个字母，即为儿童、互联网、媒体的简称。KIM研究是专门调查德国儿童(6～13岁)的媒体使用情况。自1999年以来，西南传媒教育研究协会(Medienpädagogischen Forschungsverbund Südwest)一直定期举办。

9.3　中小学校数字化

中小学校的主要任务是为学生适应当前和未来社会的生活做好准备，并使他们能够积极地参与文化、社会、政治、专业和经济生活。在此过程中，中小学校要适应社会和经济的变化过程以及新的要求。

由于数字化在不同程度上涵盖了各个年龄段的人群，因此应该在小学阶段培养学生使用数字化媒体和工具。

KMK 策略制定了一个目标，即到 2021 年，每个学生都应该能够使用数字化媒体和工具，并能够访问 Internet。另外，还应通过新的电子政务提议和扩展教育管理系统，在行政活动中利用这种潜力，以启用电子学生档案。不过，要实现这一目标的前提条件是要有一个功能良好的基础架构(学校设备、内容、平台)，各种法律问题(包括教与学材料、数据保护、版权法)的阐明，教学人员的发展要求。

为了该策略，KMK 对于中小学校提出了两个主要目标：

(1)在课程和教育计划以及框架计划中，联邦州从小学开始，就积极主动参与数字世界所需的能力。该框架不只限于在单独的科目中，而是针对所有学科的专业课程中以特定主题的方式实施。

(2)在设计教学过程时，遵循教学法的首要原则，根据课程要求系统地使用数字学习环境。通过适应新近可用选项的课程结构，以便增强学习过程中个性化和承担个人责任的可能性。

随着数字化的日益增加，教师的作用也在不断继续发展。教师的教学职能变得越来越重要。在包容性教育方面，正是由于学习群体的日益多样化，才有必要发展和提供个性化的学习安排。数字学习环境可以创造必要的自由，但是必须重新调整以前的教学概念，以使数字学习环境的潜力变得有效。

数字化学习可帮助学生组织团队，共同开发解决方案，依靠自己的努力，独立完成任务。数字化学习简化了学生在学习方面的组织和沟通，有助于确保随时记录和提供工作资料和中期结果。除了课堂上的常规学习外，数字化学习不受固定时间和实际状态的影响，因此可以用于在不同学习组之间赋予学生更多的机会来塑造自己的学习方式，从而促进他们的独立性。

对于因长期或经常性疾病而暂时无法去学校或完全依赖家庭或医院课程的学生，数字媒体的使用提供了广泛参与其班级或学习小组学习过程的机会。对商务旅行者的儿童的教学也产生了新的观点。

使用的平台、学习环境和网络必须符合数据保护要求。

总体而言，数字化可在学校内的各个级别实现新的组织和沟通文化。教师、学生、父母、学校和学校主管的网络结构可以加速信息流的速度，有助于更全面地参与学校生活。

9.3.1 教师的培训和继续教育

教学数字化对学校和教师提出新的要求：所有教师必须具有一般的媒体技能。具体来说，教师在其各自的专业课中使用数字媒体，根据要求对其内容进行反思。在这样做的过程中，他们要处理各自的学科问题，以及由此产生的学生的学习要求。所以，在针对所有教学岗位的特定主题的教师培训中，必须确定发展相应的能力。

因此，在“数字世界”中负责任地履行其中小学教育和幼师教育任务的教师必须有这种能力，这不仅可以理解为对教学科目和教育科学培训的一项整体任务，而且必须在教师培训的各个阶段进行发展和不断更新。

9.3.2 教育媒体

教育媒体指在教育过程中承载和传递教育信息的媒体。例如，教科书、工作表、教育软件、模拟、电影或音乐片段，以及用于在专业领域映射工作和业务流程的实际技术设备、工作设备、机器和行业专用软件。

除了最初为教育部门而创建的内容、具有说服力、并且适合年龄的媒体之外，可将不同来源的媒体扩展到教育媒体的范围。例如博物馆、档案馆和图书馆的媒体收藏。

数字化过程对教育媒体产生了深远的影响。相反，媒体的制作、发行和使用关系正在被打破，因此，每个人都可以自己开发和传播媒体。联合国教科文组织创造了“开放教育资源”一词。使所有人可以不受限制地访问以及免费使用、处理和传播。由作者自己确定他们授予哪些使用权，以及为其保留哪些权利。

9.3.3 基础技术设备

学校的基本技术设备是所有数字化教学的起点和前提。这包括为使用数字终端设备提供高性能的网络基础设施。此外，特别是在职业培训领域，有必要为其配备专业的技术设备和系统以及特定行业的软件

各地学校的设备情况有所不同。一方面，学校当局的财务状况通常决定了学校设备的质量。另一方面，在农村地区和较小的城市中，宽带连接存在不足。

9.3.4 电子政务、教育管理系统和学校管理计划

“E－Government”(电子政务)通过数字信息和通信技术支持公民与政府机

构之间的直接联系，行政行动变得更加透明和高效。“教育管理系统”是指教育系统的发展、设计和管理。教育管理系统为教育控制、教育监控和教育研究提供了IT支持的模块化专业流程。“学校管理计划”管理有关学生、班级、培训公司、教师和课程的数据。学校管理计划支持学校的行政进程，收集数据，并向学校当局和学校监督当局提供报告，是教育管理系统的一部分。“学习平台”(学习管理系统)是用于组织、控制和沟通学与教的软件系统。

联邦各州和市政当局已经在教育和学校管理以及数据统计方向使用了许多软件解决方案，但是，在兼容性方面存在缺陷。

这一行动领域的战略目标是为学校范围内的各种IT解决方案提供通用的交流流程，并在全德国范围内提供服务。

2019年5月“行政协议DigitalPakt”[①]签署生效，联邦和州政府为普通教育学校和职业学校提供55亿欧元，以改善数字基础设施，例如扩大宽带连接。此外，一些联邦州还为学校购买了移动设备、数字工作设备和显示设备提供资金。

在2020年初进行的一项学校管理调查中，超过2/3的小学领导人员表示，他们学校的所有教室都无法使用移动设备上课(占71%)，也无法访问宽带互联网或WiFi(占69%)。ICILS[②] 2018调查显示研究，可以用不同的方式查看初中学校的设备，2018年平均有近10名学童共享数字终端，与2013年的第一次调查相比，没有显著差异。

在国际比较中，德国的数字媒体在中学教育中很少使用。2003年，第二次PISA研究的结果表明，德国15岁以下儿童在教学中使用计算机的情况低于平均水平。在接下来的年度调查中，情况也没有改变。

到目前为止，数字媒体已主要用于德国学校的教学中，作为一种提供信息的工具，而不是为学习者提供个人支持或合作学习环境。其原因在于现有的技术设备、学校管理部门、技术相关的事项、教师的态度与经验，以及促进学习使用数字媒体的应用相关和教学能力。

很大比例的教师(87%)表示愿意扩大进一步的培训机会，甚至强烈要求进一步的培训机会(78%)，这显然也表明需要扩大进一步的培训机会。因此，在教师培训和进修中都可以看出教师对发展的需求。

从学科区分的角度来看，外语教学的效果最大，而数学和科学方面的影响仍然很小。由于学习效果与学习科目的特征有关，因此数字媒体的这一特定学科

---

① 德文为Verwaltungsvereinbarung DigitalPakt。

② ICILS是International Computer and Information Literacy Study的缩写，中文为国际计算机和信息素养研究。

的有效性必须有所保留，需要做进一步的研究。必须注意数字媒体在阅读方面的成功率很低。2018 年 Delgado 等人的荟萃分析[①]表明，只要提取和处理信息，从纸上阅读优于在技术设备上阅读。

鉴于德国学校中学生的异质性日益增加，数字媒体通常具有为个人量身定制课程设计的潜力，例如通过使用数字技术检查学生的知识水平并选择个人学习内容。

9.4 职业技术培训和职业学校数字化

职业学校作为双轨职业培训的合作伙伴，受到数字化带来的技术和经济变化的影响也最大。在为今后工作需求做准备时，物联网、工业或经济 4.0、知识管理、智能工艺、数字化建设、电子商务、智能农业或电子健康等，也将纳入教育计划。根据实际适用的教学原则，由数字化发展引发的工作领域也必须尽快纳入职业学校的课程中。

德国各州文化部长联席会议提到对于中小学校的关于新的学习形式、个人支持以及教学方法的要求同样适用于职业学校。在职业培训的各个领域中，还必须针对特定职业进行培训。

应当给教师提供与各自课程或职业具有长期相关性的培训方向，而又不过多地限制其行动范围。培训可以通过教育计划工作和教室的具体实施来进行质或量上的区分。

在职业教育和培训领域，在数字化背景下，促进与工作相关的技能也构成了教学技能的重要组成部分，并作为其教学活动的起点。这里要求所有专业学科进一步发展课程，以便确保现代教师培训。

数字化对工作、生产和业务流程的影响，在很大程度上涉及职业培训。本课程的目标是越来越多地获得使用数字工作设备和技术的能力。除了对数字过程的理解外，这还需要推进数字化的间接影响，例如关于部分全球网络化的生产、供应和服务链的工作组织和沟通方面。

德国 2020 年教育报告数据显示，在德国职业学校中很少提供数字化设备。其中台式计算机和笔记本电脑以及投影仪的数量最多，数码相机和交互式白板的数量较少。

为了获得对公司培训中的技术设备的信息，BIBB 在 2019 年对培训过程中所选数字工作设备的使用进行了调查，其结果是具有互联网访问权限的设备现

---

① 荟萃分析(Meta - analysis)是定量总结和评价在科学研究领域追求相同问题的不同研究结果的统计方法。

在已成为公司培训中基本设备的一部分，只有 7％的企业并非如此。学习台式机使用方法的最多(82％)，其次是学习使用扫描仪(62％)，还有学习使用笔记本电脑和智能手机(约占受访公司的 3/5)。

还值得注意的是，数字媒体和技术的使用程度根据培训领域而有所不同。护理和教育专业的学员，他们很少使用不同形式的数字媒体，而技术领域的学员，他们经常使用数字媒体。工商管理专业的学员经常使用软件和数据库方面的数字媒体。

根据 2015－2016 年进行的对教师和公司内部培训人员的调查结果，与公司内部培训人员相比，职业学校的教师在课程中更频繁地使用数字媒体。当使用数字媒体和技术作为教学工具时，94％的教师和 84％的培训人员使用数字演示工具，77％的职业学校教师还使用软件和数据库进行学习。

根据职业学校和公司培训人员对学习管理系统或云服务的使用程度来衡量，数字媒体在学校或公司内部培训中似乎没有作为职业培训的组织工具发挥决定性作用，关于数字化组织的工作和行动过程在学校和公司中传播的程度及其对教学行动专业性的影响，只有很少的数据。

在职业学校中，已经越来越频繁地使用数字化考试。职业学校经常使用计算机辅助考试，45％半标准化的考试和测试，由老师自己评估结果。通常，在护理和教育领域的全日制学校课程中，数字化考试使用最少。

与培训人员相比，职业学校的老师更支持数字化学习方式。在职业学校，将近 3/4 的教师认为数字化学习具有激励作用。公司内部培训师中只有一半同意这一观点。数字化学习对于降低某些学习者群体的学习障碍的作用也被认为是积极的。

几乎一半的教师认为学习数字媒体可以使人们更容易理解复杂的关系(48％)，有 33％的教师对数字媒体改善学习质量的潜力则持怀疑态度。当教师使用数字媒体和技术进行职业培训时，数字化学习将变得更加积极，而当教师不使用数字学习时，数字化学习将变得更加消极。

在职业学校接受调查的教师中，近 2/3 的教师(比在普通教育学校接受调查的人数要多)还指出，他们在培训或学习期间已经掌握了数字化教学的技能。公司内部培训人员的比例略低，约为 60％。

9.5　高等学校数字化

自从 2016 年 12 月 KMK 通过了“数字世界中的教育”战略以来，联邦各州政府共同推动大学数字化的发展。数字化本身并不是目的，利用数字化帮助高等学府完成教学和科研方面的核心任务，才是真正的宗旨。在实施 KMK 战略中，其中设定的目标的所有协调项目里也必须充分考虑到大学的自治权。

数字化是一个连续的过程，必须不断重新考虑其内容和目标，以及其进一步发展。为了满足这一需求，KMK 在 2018 年上半年举办以如下三个主题的研讨会："数字化是大学教学方法的挑战"（2018 年 3 月 21 日，美因茨）；"数字大学教学：从最佳实践到标准，虚拟课程和技术要求"（2018 年 5 月 28 日，汉诺威）；"数字高等教育的服务和支持"（2018 年 6 月 21 日，汉堡）。

在众多参与者的交流和最佳实践实例的基础上，大家提出了具体建议，以便在高等学府中实施"数字化世界的教育"战略。

该研讨会的主题基于在大学教学中使用数字元素的实践，使研讨会上的贡献和讨论能够对数字概念在大学教学中的发展和实际应用提供具体见解，从而描绘出现状。此外，还提出与在大学教学中使用数字概念相关的教职员工的需求。结果表明，讲习班的主题与大学部门"数字世界中的教育"战略的所有十个行动领域密切相关，并且可以展示所有这些行动领域的知识。

通过这三个研讨会，KMK 不仅促进了数字大学教学领域参与者之间的对话，而且促进了这些参与者与 KMK 之间的信息交流。

社会中的数字化变化表明，数字化也必须被视为大学的一项永久任务。在研讨会上提出的措施和项目的多样性表明，大学教学必须面对数字化环境的要求。重要的是，在教学中，尤其是在开发适当的数字格式方面的承诺，以及因此在大学教学中进行数字化更改的设计，应被理解为所有大学成员活动的核心要素，从而提出了 8 个目标：

（1）大学管理层确保大学教学的数字化立足于各级大学的整体战略发展。

（2）大学为在数字世界中实施和支持教学创造了组织、人员和财务前提。

（3）大学始终利用数字化的机会为大学提供跨学科支持和进一步发展。

（4）大学确保教师的信息、交流和联网，以进一步发展数字化教学。

（5）讲师在其专业领域就数字媒体的使用交换意见，并为在教学中采用数字化元素的课程整合以及新的数字化学习和教学形式制定适当的概念。

（6）大学的教学法为教学和概念的数字化设计提供了基于研究和面向实践的提议。

（7）对学习计划的认可，它确保了数字能力课程在学习课程中充分地扎下了根。

（8）大学通过定义标准和设置适当的接口，以符合数据保护的方式，实现大学之间学生数据的数字传输。

州和联邦政府的共同任务是为实现这些目标提供必要的框架条件。由于数字技术的发展及其在日常生活中的存在，学术教育的要求正在发生变化，这种动态无法在持续进行的任务开发框架内进行管理。高等学校是数字化机会的重要用户，同时也是数字化发展的驱动力。在数字化教育的背景下，教学具有特殊的意义。数字媒体可以更全面地考虑个人的学习要求，比以往更大程度地进行终身学习。同时，教育研究中出现了新的问题，由于数字化影响了高等学校的各个领域，因此也影响了高等学校在学习、教学和考试中的行政程序、教学与研究之间的内容和技术接口。

高等学校和联邦政府共同承担起数字化进一步发展的责任。已经开发出许多概念和策略，并开展了各种活动，以利用社会、科学和商业中不断发展的数字化所提供的机会，为此创造有利的框架条件。

数字化有助于使高等学校成为更具吸引力的教育场所。数字化教育可以提高德国高等学校的知名度，尤其是吸引来自其他国家的学生。数字化也可以为教育创造新的入学途径。因此，数字化在德国高等教育以及地区和国家科学机构的战略调整中起着重要作用。

为此，对高等学校有如下几方面的要求。

1. 教学

多样化的数字教学已经是教学的一部分，也是其进一步发展的方向。数字媒体的使用必须代表教学的附加值，一个重要的附加值是个性化、灵活性和所提供课程范围的改进，例如以混合学习的形式。它们应该易于访问和使用，并考虑到学生的多样性。根据知识水平和学习进度，学生应使用数字化工具和措施，获得技能，更灵活地构建自己的学习方式。在这方面，数字化课程也适合非传统学生（例如具有专业资格的学生）和外国学生。

2. 教师

教师应将数字技术整合到他们的教学中，以获得使用数字技术的综合能力，这是欧洲终身学习关键能力参考框架的“计算机能力”和“学习能力”的定义。因此，大学的教职人员必须能够根据自己在教学过程中的适用性来确定当前和未来技术发展，使其可用于相应的学习环境，然后反映、评估和进一步提高他们的教学质量。

3. 学生

大学的任务是让学生用新的交流和工作形式来获得知识，其目的是使学习者能够独立地处理新技术，有意义地使用它们并进行批判性地反思。

学生通过在教学和研究中进行数字化实践，提高了处理和应用数字媒体与工具的能力。

数字仪器可以用于基于研究的学习中，还可以用于从提出问题到寻找知识的方法论，再到结果的准备和展示的过程中。这适用于扩展硕士课程中与研究相关的信息技能。

4.课程

在大学制定课程时,必须考虑数字化课程的要求。在遵守大学的自主权和研究与教学自由的同时,呼吁学者们进一步发展和调整课程,以获得和使用数字媒体和工具的技能。

教学的进一步发展不仅具有技术性,而且还可以促进课程、教学法和教学组织的发展,例如数字化仪器可以帮助将研究内容融合到教学中。这涉及如虚拟实验室、研究数据库、数字模拟和数字支持的合作。在这些科目和课程中,学习和教学的主题是促进获得这种能力,例如在教学专业中的教育、培训和继续教育。对教师的能力要求以及对与教师培训有关的课程的认可,导致在此领域需要相应的课程锚定。

5.开放教育资源(OER)[①]

开放教育资源基于开放许可证创建,人们可以免费获得和使用的教材(例如交互式练习、视频、模拟)。虽然 MOOC[②] 通常是内容封闭的课程,但 OER 可以灵活地嵌入到教学中。

6.质量保证

技术要求是质量保证的基准。对于高质量的数字教学、数字技术与教学方法相互联系是至关重要。因此,质量保证应涵盖到内容、技术和教学理念之中。质量标准可以从各大学认证的最佳实践示例中得出。认证可以促进大学之间的相互认可。通常,质量保证应在认证过程的框架内进行。

7.对教师的支持

为教师提供的服务和支持对于大学数字化的可持续发展至关重要。这些必须提供知识、经验和工具,特别是在媒体技术、教学法和法律领域,以及针对性地扩展教师现有的教学技能。许多大学已经拥有提供此类服务的机构(例如:虚拟大学、媒体中心)。这些机构之间应加强大学之间和联邦州之间的合作。从一个角度来看,使用数字技术是大学教师职业生涯的一部分。为了在数字教学中树立创新动力,还必须促进教育活动和研究项目。

数字媒体和教学情景的开发和使用,需要额外的资源和激励措施。此外,大学还可以在聘用协议中确定资格目标和实施数字化教学。还可以采取其他措施,例如教学奖或向公众展示最佳实践示例,以提高数字化教学的质量。

---

① OER 是英文 Open Educational Resources 的简称,它指的是具有免费许可的免费学习和教学材料。

② MOOC 是英文 Massive Open Online Courses 的简称,中文为大规模开放在线课程。

8. 设备与连接

大学已经制定了有助于大学数字化的重要基础设施要求。除了宽带连接确保大学通常具有的快速数据传输之外，还必须保证在校园和所有大学位置使用网络。关于宽带网络的连接，由市政府赞助的非大学教育机构的全面解决方案是有意义的，尤其是在农村地区。

大多数大学已经将其部分行政和服务系统换为校园数字化管理系统。该系统作为电子学习过程的数字平台，它们服务于内容的分发、学习者与教师之间的交流以及组织流程的处理。

为此，有必要对大学信息系统制定标准，以促进其技术实施，其中还包括处理所有录取程序。还必须检查这些系统在多大程度上能够集成商业市场上作为消息服务可用的通用通信格式。

新的数字方法和工具扩展了收集和分配数据的可能性，因此，需要特别注意数据保护和数据安全的要求。

大学图书馆作为保存和提供知识的机构，是数字化教学和研究的核心接口。通过与计算机中心的紧密合作，图书馆专业知识应扩展到专家鉴定、长期归档以及系统的测试和应用领域。

为了支持研究过程的研究信息系统或支持学习过程的图书馆系统，应考虑哪些各种软件系统都可以充当研究与教学之间的接口，以避免对特定区域缺少解决方案。在这方面，研究数据管理的设计也助于利用研究数据用于教学内容。

9. 大学策略

数字化为大学提高自身的形象提供了机会。大学应根据自己的情况调整数字化方案。大学也应继续努力促进教学的数字化，并将数字化作为总体研究和教学策略的一部分。

10. 网络

高等教育数字化变革是一项国家任务。在这方面，还应寻求各州与联邦政府的共同资助，以进行数字大学教学。政府应加强大学之间的合作交流，并通过与其他教育领域的接口将大学现有的基础设施联网。在文化和教育领域之间建立接口时也需要采取行动，以便能够从博物馆、档案馆和图书馆获得资源。

根据这些研讨会的结果和提出的建议，可以帮助各级参与者进一步利用数字技术发展大学教学，使高等学校更具吸引力。

9.6　成人教育与继续教育数字化

数字化正在改变我们社会的日常生活和工作生活。成年人面临着在数字世界中不断加深、扩展和更新现有技能的任务。终身学习作为成人教育链中最长的组成部分，在成人教育过程中变得越来越重要。人们对继续教育的需求将会不断增加。

数字化培训不受时间和地点的影响，成年人可以根据年龄或教育要求，继续独立学习。那些对教育感兴趣且不习惯的人可以通过数字支持的服务获得继续接受教育的新途径，向所有人开放的这些教育形式，为社会的教育公平做出了重要贡献。在这种情况下，数字化变革所创造的新的学习机会是通向学习者的重要桥梁，要求所有参与进一步培训的人之间加强合作。

继续教育与中小学校、职业培训和高等学校教育相比，具有一些特殊之处。

1. 学习者多样性

就年龄、生活经历和专业背景或先前的学历而言，应注意接受继续教育的参与者的多样性。学习者追求不同的兴趣和目标，在设计和实施进一步的培训课程时必须考虑这些兴趣和目标。

2. 课程自由和正规化程度低

除了通过职业描述、继续教育资格和参考框架（例如资格、语言）形式化的领域外，对公众负责的继续教育仅对课程、讲师的资格要求、考试要求和资格方面的法律要求很少。

3. 政府监管不到位

与学校和大学相比，公共继续教育部门受到的国家监管较少。这主要是为了改善继续教育的框架条件，并为促进参与和教育平等提供动力。

4. 继续教育的多元化

继续教育的提供者是由不同方面的组织和机构所组成。它们可以是国家与私营、非营利性和以营利为导向、公司内部和公共教育机构，也可以是教会、经济和社会伙伴以及其他社会团体的教育机构。这些通常具有不同的报价信息和合作伙伴。

数字化既是继续教育的内容又是其框架。数字教学世界以有意义的方式补充了模拟学习世界。教育学的首要地位适用于成人教育，就像教育链的所有其他领域一样。关于数字学习环境，应寻求行为者与继续教育机构之间的合作。下面介绍继续教育数字化对学与教的影响具体体现四个方面。

9.6.1 数字化学习

当个人或职业发生变化时，通常尽有可能地利用继续教育/培训机会。数字化学习促进了面临挑战的学习者的自主性和积极性，还为他们提供了选择、组织和管理自己的继续教育的机会。该学习模式支持针对个人的知识需求及目标定制的个人学习计划。学习不受地点限制，课程参与者可以与该地区以及其他联邦州的学习者和老师交流。

没有接受过继续教育的人都可以进行数字化学习。数字化学习在线支持的工具还提供学习记录，并为用户提供有关当前学习水平的信息。它们使学习过程的进一步发展和对学习者的支持成为可能。

9.6.2　数字化教学

数字化学习环境中的教学场景改变了对教师能力和教学内容发展要求。目前的KMK战略包含对教学过程、内容、学习形式(虚拟会议室、电子审核、交互式在线方法)的更改，角色的变化，以及教师培训、进修和继续教育同样适用于继续教育中的教与学。在这种背景下，教师资格是一个中心行动领域，将这些设施联网可以利用现有的技能和资源，实现协同效应。

数字化发展不仅影响教学方法论，还影响着继续教育机构的整个概念取向和组织，与行政人员需要进一步培训一样，管理方法、咨询和设施管理的资格培训也是不可避免的。

9.6.3　基础设施

将数字格式纳入继续教育的先决条件是安全可靠的基础设施。在该区域可以分为三个级别：

1. 网络和终端设备

需要一种基础结构，使学员能够无延迟地访问学习内容。这包括扩大农村地区的宽带覆盖范围，在合适的位置和适当的终端设备接入WiFi。

2. 学习平台和云

提供数字学习环境和具有合作和媒体交流技术解决方案的中央学习平台。

3. 共享内容和数字市场

与真实市场类似，数字市场是受许可形式限制或可以相对自由使用(例如OER)的内容和材料的转运点。

9.6.4　框架条件

框架条件主要有如下4点。

1. 法律框架和IT安全性

实施数字继续教育时，重要的是要创建各种法律和功能框架条件，以确保安全可靠的数字化的教与学。这里应该提到数据保护，数据安全和IT安全，版权和许可证保护以及网络策略问题(例如网络中立性)的措施。有关各方之间的数据使用和交换必须受到法律的明确监管，在定义的过程并受到法律保护。

2. 对学习者提供咨询服务

向有兴趣进一步培训的人员提供咨询服务，以获得数字化培训方案。必须检查在什么程度和范围内可以使用自我评估工具，这些评估工具可以向用户提供有关现有状态（也包括非正式获得的知识）的反馈，从而提出如何以及在什么水平上可以进一步学习。

3. 对赞助商、机构和老师提供咨询

在法律事务方面，就发展媒体教学理念的发展、选择和实施学习平台或与合作伙伴合作等向继续教育机构的管理提供咨询意见。

4. 质量标准

尽管成人教育在某些方面与大学教育不同，但质量保证至关重要。确定数字化继续培训课程的质量标准，并将其纳入到经过验证的质量系统中，这对数字化继续教育的进一步发展有着重要的意义。

为了使成人教育与数字化世界的要求保持一致，在终身学习领域中，需要联邦州和联邦政府共同努力。

2019 年，继续教育跟踪系统以数字化焦点，调查了正在研究继续教育提供者的状况。重点放在各机构数字技术的使用上，尤其是教与学。80％的学生使用数字媒体和格式经常补充或支持传统的面对面教学。超过 36％的学生综合学习，将面对面学习和在线学习的各个阶段结合在一起。相比之下，只有不到 18％的机构进行在线课程，而只有 5％的机构主要是线上研讨会。

虽然绝大多数提供商都为教师配备了投影仪和数字终端设备分别为 84％和 72％，但只有 37％的教师两者都具备。使用交互式白板可以观察到设备的最大不足，在供应商报告中表明，47％的供应商认为设备缺乏，只有占 24％的供应商觉得供应充足。在互联网质量方面，从许多机构的角度来看，还有改进的余地。

继续教育跟踪系统还对各机构当前状况的评估及其对招聘讲师的要求感兴趣。从结果的整体角度来看，可以确定教师发展潜力，尤其是在媒体教学能力、应用学习分析方法来确定学习进度，以及如何提高学习者使用数字化技术和自己开发学习内容的能力。81％的提供者支持他们的老师提高数字技能，例如提供内部培训机会或鼓励参加外部课程。

9.7 机遇与挑战

数字化已经在生活的大多数领域中发挥着核心作用，它不仅影响着人们之间的沟通、方向确定或教育，而且在工作和职业领域中的变化也具有深远的意义。在数字化发展过程中，产生了新的职业领域，从而形成出新的与工作相关或与职业相关的技能和资格要求。因此，未来参与数字社会的机会将主要取决于数字技能，除了对数字过程的基本了解和与应用程序相关的技能的获得外，还需要具有总体的、批判性的反思技能。教育机构作为数字技能教学场所变得越来越重要。

受新冠肺炎疫情影响，中小学校、职业学校、高等学校等教育机构短期关闭，更加突出了教育数字化带来的机遇、风险和挑战。到目前为止，教育机构的技术设备不足，教育人员缺乏技能以及诸如数据保护问题，使得以数字学习变得困难。目前，人们对教育数字化产生的新认识化。这不仅在联邦州之间出现不同框架条件，而且还存在于不同的教育部门之间，在同一教育领域和附属区的教育机构之间。对潜力和限制的日益了解，增加了推动持续改善教育机构数字化进程的机会。

并非所有人都有平等参与数字化发展的机会。即使数字化正在日益改善人们的生活环境，数字媒体的使用及其使用也取决于个人和结构特征，例如教育水平、区域位置或社会地位。可以确定在非机构领域使用数字媒体以及在可用的数字技能方面与原籍有关和针对性别的明显差异。如果不能确保所有受教育对象都能获得数字媒体访问权限并根据其个人需求发展相关技能，那么这些差距将成为教育和社会挑战。

教育机构内外的数字学习世界大相径庭。在非教育机构环境中进行数字学习已成为越来越多学生的理所当然的事情。人们普遍认为，数字媒体在教育活动中的日常使用率很高，因为新技术具有许多优势，这些优势在教与学过程中通常被认为有成效。但是，通过媒体进行学习，以及利用媒体在教育系统本身体制中组织学习过程，它们是不同的方式。虽然数字媒体在大学教学中使用相对较多，但在普通学校和职业学校中不太常见。同时，随着新冠肺炎疫情影响，各机构在数字媒体使用方面也发现一些问题。尽管一些学校通过广泛使用学习平台和其他协作学习工具弥补了一些教学损失，但由于教师技能的缺乏以及学校和个别基础设施的不足，但在其他学校中，这弥补的效果非常有限。对教师进行的一项调查中，只有三分之一(33%)的教师表示自己的学校为新情况做好了充分的准备，因为在学校关闭之前就已经广泛使用了数字媒体。受新冠肺炎疫情影响教育设施关闭，数字技术在教育领域变得更加重要。

从所有教育领域可以看到，数字媒体通常仅在机构中用于支持传统的学习形式(例如，以数字文本的形式)，而很少以创新形式使用。迄今为止，利用数字媒体来帮助个性化学习，并激发个人提升学习者的机会很少被利用。因此，教育机构和教育人员面临的挑战是，一方面要应对教育机构内外的数字学习世界的差异，另一方面要寻求将数字媒体有效融入到教学环境中的方法。

教育中数字化的可能性和风险存在争议。一方面,将数字媒体在教育机构和非教育机构学习环境中的使用与多种选择结合在一起,例如时间、地点和与资源无关的获取学习资料的方法。另一方面,强调了负面方面,例如电子产品上瘾的风险或社会经验的不足。研究特别强调了教育专业人员要以讲授切实可行的方式使用数字媒体,同时要考虑到每个特定内容领域和学科的具体要求,因此,它必须更多地涉及社交媒体客观地进行辩论,清醒地权衡教育中数字化的机会和风险。

毫无疑问,为教育机构提供使用数字技术的基础设施是必要的。随着2019年"DigitalPakt Schule"①的推出,联邦和州政府启动了一项重要的教育政策,以改善普通和职业学校的技术设备。但是,到目前为止,联邦各州对拨款的要求受到限制,学校的申请率也很低。

以利用数字化来改善学习过程,这在德国社会上已经达成广泛共识。目前缺少的是从早期教育开始持续到各教育阶段,直至成年整个过程的数字化的教育方针。只有在对工作人员的资格以及学校的技术和教育资助进行了投资的情况下,才能期望教与学过程得到可持续的改善。

在教育领域中,数字技术的重要性因教育领域而异。虽然在早期教育中,模拟体验尤为重要,在初等和中等教育之间也存在重大差异,但学校中数字技术的使用几乎没有问题。因此,在教育领域之间和联邦州之间,教学人员的培训和继续教育的内容中采用数字化的努力是截然不同的。在普通教育学校,联邦州通过不同的活动和优先事项来满足德国文化部长会议提出数字化战略的要求。在职业教师培训中,数字技术在很大程度上固定于职业科目的技术研究中,而在专业的教学培训中却可以找到相当大的带宽。此外,继续教育的教师几乎完全依靠自组织和非正式学习。在教师学习环境中使用数字技术的协调倡议,并随之而来的教育专业挑战的挑战,可产生必要和有益的协同效应,同时为培训教学人员带来有效和可持续的进一步发展的机会。

当前,大量调查和监视研究或多或少地提供了报价和数字媒体使用的完整清单。此外,高级媒体心理学研究主要是通过实验研究数字媒体学习时信息处理的基本过程,但尚未充分提及日常应用问题上。同样,通常有大量商业驱动的数字工具开发,但没有专业的教学专业知识。这些趋势是由几乎在各个教育部门之间难以协调的资助政策所加速的,并且尚未就如何在实践中快速,可持续地实施科学证明的概念提出令人信服的想法。因此,在未来,它将越来越依赖研究

① DigitalPakt Schule(学校数字化协定)是联邦与州政府为促进普通教育学校的数字化而达成的协定。

与政治之间与发行商和软件公司之间更紧密的合作。

及时进行横断面研究是有意义的，该研究代表性地询问如何以及与哪些成功机构、教学实践者和实践者以及哪些成功机构、教学实践者和实践者可以（能够）以代表性的方式使用数字媒体，而不是所有教育领域。我们应更深入地了解教育领域数字化的机会、风险和挑战，并发起有效的创新，来弥补研究、实践、政治和行政管理中错过的发展步骤。循序渐进的办法是适当的，该过程将根据随附的评估，保持对更改的框架条件的适应性。

关于数字化的可能性和风险进行了有争议的讨论，而经验证据却很少。在公开讨论中，人们很少以中立的态度看待数字化现象，常常充满极端的期望或抵触。在教育领域，人们普遍认为，数字技术的使用与高水平利益相关，但是，各种研究表明，教学中使用的数字媒体只有一小部分对学习成果呈积极影响。比使用的技术更具决定性的是，教师如何将数字媒体整合到日常的教学中。

第10章　基金会与教育

10.1　基金会的发展与现状

在提起德国教育时，不得不说基金会，因为基金会对教育各个方面，特别是在时局动荡不安、国家收入减少的情况下，发挥着重要作用。

在德国，基金会有着悠久的传统，已有1 000年的历史。它属于对公共福利事业的最古老承担者形式之一。在中世纪，一些高官贵族、教会和富商创立了基金会，建立了许多医院和孤儿院，以便进行慈善工作。如今不少的医院和孤儿院还留下他们的痕迹。

1161年由科隆大主教Rainald von Dassel在Hildesheim成立了约翰尼斯基金会①，它是德国最古老的基金会之一，同时还建立了约翰尼斯医院。但是，有不少古老的基金会没能延续到现在。目前仍然存在的古老基金会不多，其中包括1192年成立的圣贝内迪克蒂医院基金会②和1180年建立的圣伊丽莎白医院基金会③。

在1870年以前，基金会主要由教会建立，用于发展慈善和社会救济。目前，现存的古老基金会中用于慈善事业的比例明显高于近几十年来设立用于此目的的基金会。这类基金会开始主要救济穷人和老人，从19世纪开始，救济范围扩宽，增加了救济儿童这一项目。除了社会救济之外，当时另一个资助项目是教育，特别是对优秀的大学生和中学生给予奖学金，同时，还存在着为数不多的用于艺术、自然科学和医学的基金会。

1914年之前，德国建立了一系列的基金会，出现了德国基金会事业发展的黄金时代。这时，救济儿童已在慈善基金会中占有较重要的地位。在巴伐利亚州，这类基金会几乎占当时建立的基金会的1/4。

---

① 德文为Johannishofstiftung。

② 德文为Hospitalfonds St. Benedikti。

③ 德文为St. Elisabeth - Hospital - Stiftung。

1914 年第一次世界大战爆发，1918 年战争结束。在经历了战争的创伤和 1923 年通货膨胀后，又进入了第三帝国兴衰时期(1933—1945)。在这种战争和经济下跌的情况下，人们没有精力和资本来发展基金会。过去已建立的基金会，不少承受不了战争和经济膨胀的打击，没能继续存在下去。基金会的个数明显地下降，出现德国基金会发展史上最暗淡的时期。

第二次世界大战结束之后，德国被划分成为两个国家：西德和东德。在战争在废墟上，通过德国人十几年的努力，经济上升，人民生活得到明显的改善，西德基金会事业也出现了新的转机，转机的标志是 1959 年建立的弗里茨·蒂森基金会(Fritz Thyssen Stiftung)。它的出现，开辟了当时西德基金会发展的新路子——用基金会促进和推动德国的科学与技术的发展。后来出现了许多这样重要的基金会，如大众汽车厂基金会，给基金会事业增添了活力。

自从 1990 年德国统一以来，德国基金会得到了进一步发展，新创基金会的数量也在急剧增加。1990 年成立了 181 个基金会，五年后上升到 385 个。通过 2000 年的改革，新创基金会的数量更是不断上升。自 2001 年以来，基金会的数量一直稳定增长。目前，基金会的数量是上个世纪末的两倍以上。2007 年联邦政府分布了《进一步加强公民义务法》[①]，它对基金会创建和发展起到了促进作用，基金会增长数量出现了高峰。2007 年，公民创建了 1 134 个法律基金会，达到了顶峰，第二年有 1 020 个基金会，2009 年仍为 914 个基金会。1990—2019 年德国新成立基金会发展数量如图 10－1 所示。

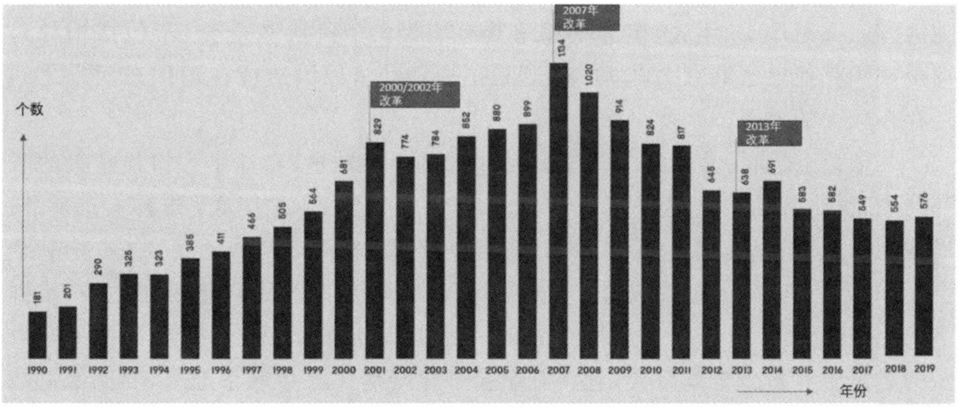

图 10－1　1990—2019 年间德国新成立基金会发展数量(截至 2019 年 12 月 31 日)

(来源：Bundesverband Deutscher Stiftungen 网站)

① 德文为 Gesetz zur weiteren Stärkung des bürgerschaftlichen Engagements。

2001—2019 年，德国具有法律行为能力的民法基金会数量为23 230个(见图 10-2)，其中慈善基金会所占的比例为 95%。

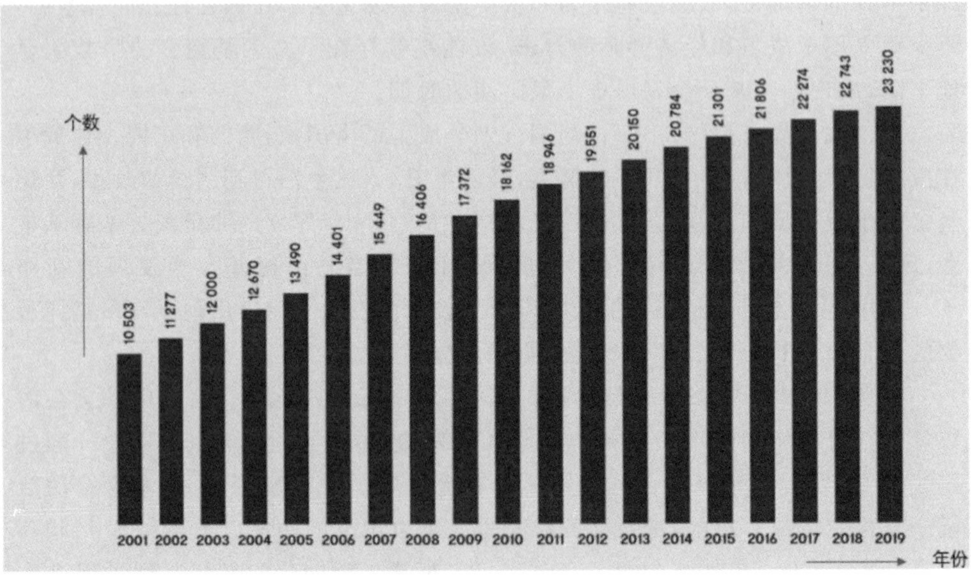

图 10-2　2001—2019 年民法基金会每年的数量(截至 2019 年 12 月 31 日)
(来源：Bundesverband Deutscher Stiftungen 网站)

德国基金会在各联邦州中发展不平衡。在德国东部基金会明显少于德国其他地方。截至 2016 年底，东部联邦州共有 1 513 个民法基金会(不包括柏林)，而全德国其他地区共有 20 293 个，这是历史和经济原因造成在德国东西方之间还存在较大的差距。

北莱茵-威斯特法伦州领先于联邦州的基金会数量，在这个人口最密集的联邦州中，民法基础上法律法规最多的基金会。截至 2016 年底，共有 4 258 个。巴伐利亚紧随其后，成立了 3 938 个基金会，巴登-符腾堡州成立了 3 255 个基金会。2016 年，联邦州总共成立了 134 个民法基金会。巴伐利亚州在 2016 年排名第二，建立了 100 个具有法律约束力的民法基金会。基金会密度是在一定数量的居民中有多少个基金会，它将基金会数量与居民人数联系起来，要比绝对数字更有意义。相比之下，城市州遥遥领先：汉堡有 78 个基金会。拥有近 1 400 个基金会的汉萨同盟城市不仅是德国最富有的城市，而且根据该基金会的基金会，还领导着联邦各州基金会的排名。位居第二的不来梅州，每 10 万居民中有 49 个基金会。黑森州每 10 万居民中就有 32 个基金会。巴伐利亚紧随其后，密度为 31，巴登-符腾堡州密度为 30，而下萨克森州每 10 万居民中有 29 个基金会。

在目前的排名中，截至 2019 年 12 月 31 日，德国的基金会密度最高的城市是维尔茨堡（Würzburg），每 10 万居民有 99 个基金会，其次是达姆施塔特（Darmstadt），每 10 万居民中有 97 个基金会，紧靠其后的奥尔登堡（Oldenburg）和美因河畔法兰克福（Frankfurt am Main）。就人口而言，波茨坦（Potsdam）每 10 万人中拥有 33 个基金会，是德国东部最大的城市。因此，按基金会密度，波茨坦在所有主要城市的排名中均排名第 39 位。2019 年德国基金会密度排名前 50 名的城市见表 10－1。

表 10－1　2019 年德国基金会密度排名前 50 名的城市*

名次	城市名	密度	名次	城市名	密度
1	Würzburg　维尔茨堡	99	26	Kassel　卡塞尔	45
2	Darmstadt　达姆施塔特	97	27	Bielefeld　比勒费尔德	44
3	Oldenburg　奥尔登堡	83	27	Wiesbaden　威斯巴登	44
4	Frankfurt am Main 美因河畔法兰克福	81	29	Hildesheim 希尔德斯海姆	41
5	Hamburg　汉堡	78	30	Essen　埃森	40
6	Stuttgart　斯图加特	76	30	Köln　科隆	40
7	München　慕尼黑	71	32	Gütersloh　居特斯洛	39
8	Bonn　波恩	67	32	Koblenz　科布伦茨	39
8	Heidelberg　海德堡	67	34	Kiel　基尔	38
10	Mainz　美因茨	66	34	Saarbrücken　萨尔布吕肯	38
11	Münster　明斯特	62	36	Mannheim　曼海姆	36
12	Hannover　汉诺威	61	36	Reutlingen　罗伊特林根	36
12	Ulm　乌尔姆	61	38	Fürth　菲尔特	34
14	Lübeck　吕贝克	57	39	Krefeld　克雷菲尔德	33
15	Regensburg　雷根斯堡	56	39	Pforzheim　普福尔茨海姆	33
16	Bremen　不来梅	55	39	Potsdam　波茨坦	33
16	Freiburg im Breisgau	55	42	Aachen　亚琛	32
18	Augsburg　奥格斯堡	53	42	Solingen　索林根	32
19	Osnabrück　奥斯纳布吕克	52	44	Erlangen　埃尔朗根	31
19	Trier　特里尔	52	45	Heilbronn　海尔布隆	30
21	Braunschweig　不伦瑞克	50	45	Jena　耶拿	30

续表

名次	城市名	密度	名次	城市名	密度
21	Düsseldorf 杜塞尔多夫	50	45	Neuss 诺伊斯	30
23	Nürnberg 纽伦堡	49	48	Paderborn 帕德博恩	29
24	Göttingen 哥廷根	48	48	Siegen 锡根	29
25	Karlsruhe 卡尔斯鲁厄	47	48	Wuppertal 伍珀塔尔	29

* 每10万居民中基金会个数(民法下具有法律约束力的基金会)

(来源:Bundesverband Deutscher Stiftungen 网站,截至2019年12月31日)

德国96%的基金会都以慈善为目的。许多基金会与企业有关,德国最大的100家公司见附录18。

10.2 基金会的分类

"基金会"一词后面隐藏着各种各样的法律形式,涵盖形形色色的组织,它们有一个共同点,那就是将财富用于特定的目的。基金会分类有多种方式。通常人们按基金会的目的、资金来源、法律归属范围等进行分类。

1. 按基金会的目的

(1)慈善基金会。

该基金会用于慈善、社会救济等方面,如老人救济、儿童救济。

(2)与企业相关的基金会。

它们大多数受在业成员和家属的支持,其宗旨是培训企业内的职工,发展企业内外的职业教育和继续教育,研究企业内部的问题。

(3)用于促进教育和科学发展的基金会。

它致力于普通教育事业和特殊问题的研究,并给予经济资助,推动教育事业和科学技术的发展,此外,还鼓励发展文化与艺术,德国最大的基金会——大众汽车厂基金会便属于这一类。

(4)政治基金会。

它主要出于政治目的,政治基金会有一个共同的特点是重视加强人与人之间的沟通和国家间的合作。

2. 按基金会的资金来源

按基金会的资金来源又可分成私人、家庭、教会、社会团体与政党、公共以及企业等类。

3. 按基金会法律归属范围

(1)民法基金会。

民法基金会是德国传统的基金会形式。它的特征是永久专用于特定目的的资产。通常,基金会的大基本资产必须永久保存。因此,只有基金会资产和其他捐赠的收入可用于实现该目的。基金会成立目的由创始人在建立基金会时确定,成立以后很难更改。在德国,有 95%的基金会以追求公益和慈善为目的。它们受国家对基金会的监督,该监督由州法律规定,并由财政当局控制。

基金会的基础是基金会业务和基金会章程。在这里,创始人确定了三个基本基础目的,捐赠资产和内部组织的内容。德国没有法定最低资产限额。捐款金额必须符合预期的基本目的,需进行个案审查。根据基金会监管机构的一项调查,截止到 2019 年 12 月 31 日,德国有 23 230 个民法基金会。

(2)基金会协会、基金会有限公司和基金会股份公司。

在协会、有限责任公司或公司的法律形式中也可以找到类似基金会的结构。但是,由于公司法的法律框架狭窄,后者很少见。基金会协会、基金会有限公司和基金会均不受 BGB[①] 的约束,而受协会的管制。与民法的法律基础相反,它们具有联盟结构,例如作为成员或股东。基金会有限公司和基金会协会对具有民法下法律行为能力的基金会更为灵活,例如,对章程的修改或基金会的解散更容易。但是,为了确保长期实现目标和遵守创始人的愿望,这种灵活性也可能是不利的。基金会协会,基金会有限公司和基金会股份公司的确切数目未知。2017 年德国基金会联合会的数据库列出了 235 个基金会协会,256 个基金会有限公司和 5 个基金会股份公司。

(3)信托基金会。

信托基金会也称为附属基金会或从属基金会。与民法基金会不同,他们没有法律资格。受托人基金会的基础是创始人与受托人选择的受托人之间的合同协议。在其中,创始人承诺将一定的财产转移给受托人。作为回报,受托人承诺根据公司章程将资产与自己的资产分开管理,该章程定期纳入创始人与受托人之间的协议中。信托基金会的建立比法律基金会的财富要少得多,它不受国家监督,如果双方都同意,可以在建立后的任何时间更改其章程。因此,在基础系

① BGB 是德文 Bürgerliches Gesetzbuch 的缩写,中文为民法典。自 1896 年以来,德国民法典规范了自然人和法人之间可能出现的多种法律关系。

统中通常将其称为一次性模型。慈善机构的身份由税务机关确认和控制，以利用慈善基金会的税收减免。受托人可以是自然人，也可以是法人。但是，法人实体比长期目的更可取。这些受托人是非营利机构，例如协会、教区、大学，尤其是社区基金会。此外，还有市政和教堂基金会以及包括银行和储蓄银行在内的商业基金会管理部门。

信托基金会与法律基金会不同的是，信托基金会没有自己的法人资格，不受基金会监督机构的控制，而由税务机关监督。尽管它没有法律资格，但可以是独立的纳税人，通常具有自己的非营利性质。

由于信托基金会不受任何监管机构的管辖，因此其确切数目尚不清楚。德国基金会的数据库中有 5 534 个信托基金会。为了提高信任基金会管理部门的透明度和质量，德国基金会联邦协会已为信任基金会的良好管理发起了质量认证。

(4)公民基金会。

公民基金会是为公民服务的基金会。它致力于一个地域或者社区。通常，它是作为民法基金会而建立的。专职人员可以为社区基金会贡献各种资源，例如金钱、时间和想法。公民基金会采用的“公民基金会的 10 个特征”来定义了“公民基金会”一词，并将其与其他同名区别开来。符合这些条件的社区基金会可以申请德国基金会联邦协会的社区基金会工作组的批准印章。截止到 2016 年 12 月 31 日，德国有 307 个公民基金会获得批准。

(5)与公司相关基金会。

这类基金会与公司有着千丝万缕的联系。德国基金会联合会拥有约 1 500 个与公司相关的基金会。许多创始人用已经获得的资金建立了重要的基金会。通常，这些基金会还拥有公司股份。公司还自行建立基金会，作为其慈善参与战略的一部分。这些基金会被称为企业基金会或企业社会责任基金会。公司附属基金会是持有公司股份的基金会(股权基金基金会)或自己经营公司的基金会(公司基金基金会)。

(6)赞助基金会。

赞助基金会的发起人通常都是企业家。通过这种方式，企业家实现了自己的目的。赞助基金会是德国基金会的原始形式，其中包括德国最古老的基金会。联邦协会有 2 106 个赞助基金会，该基金会往往经营养老院(27.1%)、学校和非大学教育机构(20.2%)或博物馆(17.7%)。

(7)公共部门基金会。

这类基金会既可以是私人的，也可以是公共的。它们由政府(联邦、州、市)通过基金会法案(通常是法律)而建立。它们以追求特定公共利益的目的，一般是永久性的，独立于政府行政管理部门。

(8)教会基金会。

教会基金会是根据私法或公法具有法律行为能力的基金会，主要用于教会。教会监督当局负责独立的教会基金会，是否确定为教会基金会取决于教会的意愿和各自教会许可。特别在德国南部，有许多教会社区和教会基金会，其中大多数是公法下的教会基金会。根据德国联邦基金会的记录，民法下具有法律约束力的教会基金会的数量为1 083。

(9)消费基金会。

消费基金会是根据创始人的意愿将其资产在一定时间内全部或部分用于基金会。这意味着消费基金会不是永久存在的，而是在创始人设定的期限结束后完全解散。也就是说，如果可以在一定时间内实施完成基金会项目，这将是非常有意义的。如果创始人担心在死亡之后，目标的效率实现不再得到保证的话，他们可以将基金会的存在限制假设为30年。通过2013年3月的《加强志愿工作法》[①]，创造了建立具有消费者能力的基金会作为具有法律行为能力基金会的法律可能性，条件是它至少存在十年。2017年，在德国基金会的数据库中记录了40个此类基金会。其中，有26个具有法律责任，还有14个是非法人消费基金会。

(10)家庭基金会。

家庭基金会主要致力于家庭幸福，受益人与创始人有关。家庭基金会通常是根据民法设立的具有法律行为能力的基金会。除了保护家庭之外，它们还经常用于保存家庭资产，保护其免遭破坏。由于家庭基金会属于私人受益，不是为普通大众服务，因此这类基金会不享受税收优惠，也须缴纳遗产税。德国基金会的数据库包含808个家庭基金会。

10.3　基金会的作用与特点

10.3.1　基金会的作用

德国存在着许多基金会，种类繁多、形式多样。无论出于政治目的，还是用于慈善与社会救济，无论是私人的，还是国家与地方政府的，它们发展和扶持的项目主要集中在如下九个方面。

1.社会、慈善与社会救济

它是基金会最初建立时就在发展的属典型的基金会的传统的扶持对象。

---

① 德文为Gesetz zur Stärkung des Ehrenamtes。

2.教育

在欧洲,促进和发展教育事业是基金会传统的扶植项目,德国也不例外。它涉及教育的各个领域,如幼儿教育、中小学教学法、课程计划与安排、教育改革、师资培训、成人教育与继续教育等。

3.艺术与文化

艺术与文化生活属于人类生活的一部分。基金会在艺术与文化方面,主要有资助艺术家培训和提高,资助修建博物馆、音乐厅、剧院等文化设施,保护和维护古迹,举办传统习俗活动等。

4.科学

科学包括人文与社会科学、医学、自然科学、科学研究。推动科学技术发展是联邦德国基金会重点项目之一,特别是在战后建立的基金会,它们首先资助科研项目,其次是培训科学技术的后备力量。基金会资助的科研项目有生命科学、基础理论、技术应用与设备、经济、社会科学、人文科学等方面。

5.健康与体育

促进公共健康与卫生事业的发展也是德国基金会传统的项目之一,如资助护理职业、护士业务培训,以及科普体育、保健、家庭护理和知识等等。

6.环境保护

环境保护包括自然保护和景观维护、植物育种和配种园艺、动物保护、环境保护等。随着社会和经济的发展,人们对周围环境要求也逐渐提高,德国人对环境保护的意识可谓为欧洲之最,人人希望在一个较好的环境下生活,人人有责任保护环境,人人也自觉地参与环境保护运动。德国很早实行垃圾分类,无论男女老少都自觉遵守,如果没有较高的环保意识,这一环保措施是很难推行的。

7.宗教与教会

它是基金会最初建立时就在发展的属典型的基金会的传统的扶持对象。

8.国际关系

国际发展合作与谅解。德国基金会不仅促进国内科学教育、慈善社会救济等发展,还致力加强国际间合作,与发展中国家进行科学合作,与发达工业国进行磋商。通过东西方之间科学家交流,加强东西方之间的了解,研究发展中国家问题,如饥饿问题、人口问题,并且加强与欧洲共同体各国之间的合作。

9.私人使用

私人使用包括管理创立人财产、家庭赡养费、公司为员工利润分配等。

基金会承担了许多社会任务,它们具有独立性和持久性,其影响无法仅凭短期成功来衡量,同时它们还可以启动长期的改革,敢于尝试新事物,在此过程中承担公共部门无法承担、私人公司不愿意承担的风险。例如,在科学领域方面,基金会促进创新研究项目,成为推动其发展的动力。由于基金会投入科学机构的基本资金保持不变,所以德国基金会联邦协会又担负起社会任务。

无论是文化、教育还是科学方面,基金会都被视为社会奉献,是社会变革、凝聚力和可持续性的参与者。同时,基金会将自己视为公民参与的平台,作为利益和位置之间的积极调解者,以及多元化社会中有能力和面向解决方案的联系与合作伙伴。

社会、教育和艺术与文化是德国基金会投资最多的三个主题。大多数基金会在其章程中都有不同目的,这样提供了对特定的社会问题做出灵活反应的机会。基金会本质上是社会性的,这种传统继续影响着该行业。2019 年基金会目的的主题分布情况为 52.1%的资金于社会方面,并且包括照顾老年人与病人;35%资助中小学、幼儿园、大学中的教育项目;其他主题的分布情况如图 10-3 所示。

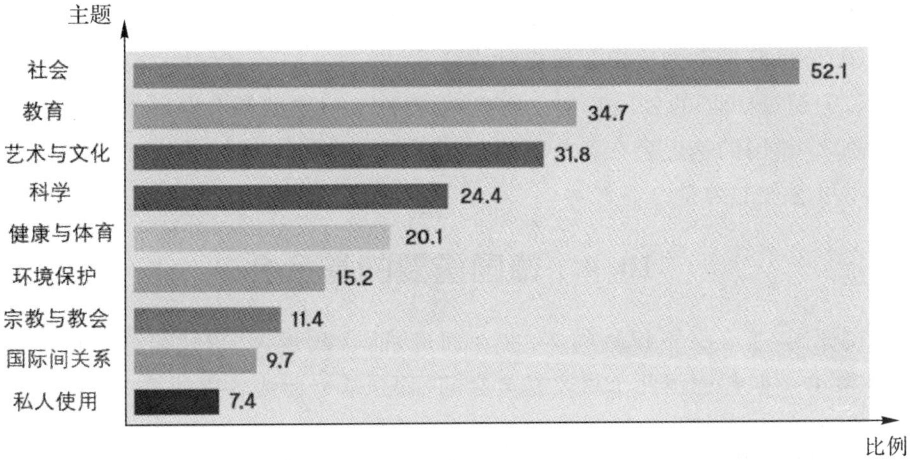

图 10-3　2019 年基金会目的的主题分布情况*(单位:%)

注:* 这里只包括民法基础上的基金会

(来源:Bundesverband Deutscher Stiftungen 网站)

自 2011 年以来成立的所有基金会中有 19%活跃于环境保护方面,而在 1951—1960 年只有 7%。环境运动激发了绿色基金会的发展。国际基金会的比例增加到 11%。尽管其他基金会主题(例如艺术、文化、科学、教育)在过去几十年中发展相对稳定,但在新成立的基金会中,社会基金会主题的比重一直在下降。基金会通常专注于他们的城市或地区。具有法律行为能力的所有基金会中,有 42%是本地基金会,另有 32%在地区性基金会。目前,全德国的基金会在国外活跃的不足1%。

10.3.2 基金会的特点

从德国基金会联邦协会统计数据来看，该组织的会员有如下特点：

(1)基金会最普遍的目的是教育和学生资助。

(2)近2/3的基金会完全由自然人设立。

(3)一半的基金会是在妇女的参与下建立的，自2011年以来，男性捐款越来越多。

(4)男女在选择主题上没有差异。

(5)在自然人的参与下创建的基金会中，有超过80%是创始人生前所创建。

(6)基金会中1/3的员工为义务工作者。

(7)超过90%的基金会追求纯慈善目的。

(8)超过60%的基金会专门作为赞助工作。

(9)公民基金会的法定宗旨多种多样。

(10)超过30%的公民基金会拥有50万欧元以上的基金会资本。

总之，德国的基金会在各个领域起到了积极作用，特别在教育与科研方面是一股不可忽视的力量。

10.4 德国重要的基金会

在德国，基金会不仅种类多、涉及面广，而且数量大、形式多样。在这一节里，主要介绍联邦德国几个重要基金会的情况（基金会按名称的第一个德文字母顺序进行排列[①]）。

在这里值得一提的是，德国的基金会，特别是大的基金会，通常具有“三个一”特点：一个基金会，一位创立者，一家公司。换句话说，一个基金会由一位创立者创建，基金会的名字通常以创立者的名字命名，这个基金会的背后又有一个公司在支撑着。有关德国最大的私人基金会、德国最大的公法下基金会和德国最大的政治基金会的情况见附录19、附录20和附录21。

10.4.1 Alfried Krupp von Bohlen und Halbach 基金会

Alfried Krupp von Bohlen und Halbach 基金会[②]是以 Alfried Krupp von

① 为了避免翻译后产生误解，文中基金会的名称以及人名和地名尽量用德文原名。

② 德文为 Alfried Krupp von Bohlen und Halbach - Stiftung。

Bohlen und Halbach(1907—1967)命名的。

Alfried Krupp von Bohlen und Halbach 出生于 1907 年 8 月 13 日，是家中的长子。他在埃森(Essen)高中毕业后，进入大学学习冶金工程，1934 年以工程师的身份毕业。1936 年 10 月，他加入克虏伯(Krupp)公司，两年后被任命为董事会成员。1943 年，他接管管理层，成为该公司的唯一所有者。

第二次世界大战结束前不久，1945 年 4 月 11 日，Alfried Krupp von Bohlen und Halbach 被美军逮捕。三年后，美国军事法院判处他 12 年徒刑，并没收其所有财产。1951 年他被赦免，1953 年在废除了对克虏伯资产的没收之后，他又回到了公司的顶层。同年 11 月，Alfried Krupp von Bohlen und Halbach 任命 Berthold Beitz(1913－2013)作为他的私人代表，其任务是重建该集团。在短短几年内实现，Krupp 公司实现了新的生产重点，成功地返回到国际市场中。1950 年代末，Krupp 公司是西德销售额最高的公司之一。

在 Alfried Krupp von Bohlen und Halbach 去世后，他的全部财产均转移到了他成立的基金会中，该基金会于 1968 年 1 月 1 日开始运作。Alfried Krupp von Bohlen und Halbach 基金会直接用于慈善事业。该基金会有科学、教育、健康、体育和文化这五个活动领域，努力促进新的发展，鼓励创新力和奉献精神。该基金会的总部设在埃森(Essen)。

自 1968 年 Alfried Krupp von Bohlen und Halbach 基金会成立以来，该基金会已批准了约 6.78 亿欧元的资金。截至 2018 年 12 月 31 日，该基金会资产的账面价值为 11 亿欧元。2019 年，基金会批准了约 850 万欧元的资金。

10.4.2　Bertelsmann 基金会

位于居特斯洛(Gütersloh)的 Bertelsmann 基金会①是一个独立私法基金会。它由 Reinhard Mohn (1921—2009)于 1977 年创立，是德国目前最大的基金会之一。

Reinhard Mohn 于 1921 年 6 月 29 日出生于 Gütersloh。他的父亲 Heinrich Mohn 带着当时的 85 名员工接管了 Bertelsmann 出版社的管理。高中毕业后，Reinhard Mohn 开始工作，第二次世界大战爆发后，他被征召入伍。1943 年，他在突尼斯被美国俘虏，作为一名空军中尉，Reinhard Mohn 被送往美国堪萨斯州(Kansas)的军官营，在那里他学习了英语和管理知识。1946 年初，Reinhard Mohn 得以返回 Gütersloh。但是，他放弃了最初学习工程学的愿望，

---

① 德文为 Bertelsmann Stiftung。

而在图书行业当学徒，按照他父亲的意愿准备接管 Bertelsmann 出版社的管理。1947 年，年仅 25 岁的 Reinhard Mohn 担任 Bertelsmann 出版社的负责人，一直任职到 1981 年。

1950 年，Reinhard Mohn 创立了“贝特尔斯曼·莱瑟灵”书友会(Bertelsmann－Lesering)。10 年后书友会已有 250 万成员。书友会的迅速发展使 Bertelsmann 出版社从一家省级公司跃升为全国性经营集团。在随后的二十年中，Reinhard Mohn 通过建立更多的业务分支机构和收购外国印刷和出版社，创立了 Bertelsmann 出版集团，该集团于 1971 年转变为 Bertelsmann 股份公司。除了 Gütersloh，慕尼黑现在也成为一些分支出版商的所在地。20 世纪 70 年代，Bertelsmann 股份公司通过参与巴塞罗那和纽约的出版社而变得越来越国际化。

Reinhard Mohn 在公司内部开展了一种特殊的企业文化，这种企业文化是通过员工与管理层之间的合作以及思想交流而形成的。1977 年，Reinhard Mohn 创立了 Bertelsmann 基金会，自 1988 年以来，该基金会每年颁发 Carl Bertelsmann 奖，用于促进文化、科学、社会和政治等领域。Reinhard Mohn 于 1981 年辞去董事会主席一职，担任监事会主席。1991 年从公司退休后，他一直担任 Bertelsmann 基金会的首席执行官。1993 年，Reinhard Mohn 将 Bertelsmann 集团的大部分股本转移到 Bertelsmann 基金会。1998 年，他辞去 Bertelsmann 基金会的首席执行官一职。

Bertelsmann 是一家专注于媒体、服务和教育的公司，活跃于全球约 50 个国家。该公司拥有 126 000 名员工，在 2019 财年实现销售额 180 亿欧元。

Reinhard Mohn 于 2009 年 10 月 3 日在斯坦哈根(Steinhagen)去世。

Bertelsmann 基金会主要资助领域是教育、民主、欧洲、卫生、价值观和经济以及人口变化等。Bertelsmann 基金会在 2019 财年的总支出为 9 050 万欧元。自成立以来，Bertelsmann 基金会已为慈善事业提供了总计约 16 亿欧元的资金。

10.4.3 Carl-Zeiss 基金会

Carl-Zeiss 基金会[①]是由物理学家、数学家 Ernst Abbe(1840－1905)于 1889 年在耶拿成立，基金会是 Ernst Abbe 以已故的商业伙伴兼朋友 Carl Zeiss(1816

① 德文为 Carl-Zeiss－Stiftung。

—1888)的名字命名的。它是德国最古老的私人科学基金会之一。

Carl-Zeiss 基金会是自然科学和工程科学领域富有远见的优秀科学合作伙伴,基础研究和面向应用的科学同样也得到资助,其目的是为科学突破创造空间。

该基金会的宗旨是:① 两个基金会公司的经济保障和延续,同时考虑到它们所赋予的特殊社会责任;②基金会公司促进总体经济和慈善利益以及机构;③直接通过基金会为研究和教学提供资金,特别是在自然科学和工程科学领域。

Carl-Zeiss 基金会是 Carl Zeiss AG 和 Schott AG 的唯一股东。该基金会的特殊性在于不同基础目的的结合,两个基金会公司内外必须共同实现。基金会不得出售其两家公司的股份,这是基金会章程所规定的。直到 2004 年,它一直是德国最大的企业基金会之一。在基金会的深刻改革过程中,两家基金会公司于 2004 年从基金会中分离出来,转变为合法独立的股份制公司。与此同时,基金会的章程从根本上进行了现代化,没有改变基金会创始人的原则和目标以及基金会的精神。

该基金会由巴登-符腾堡州和图林根州的科学部长领导,由他们组成基金会管理机构,并任命基金会理事会的成员,该理事会对公司行使基金会的所有权。

Carl Zeiss 股份公司和肖特股份公司属于德国最知名的技术集团行列,其产品在全球范围内都有需求。在只有创新者才能在经济上取得成功的原则下,两家公司都声称在国际开发和产品进一步开发方面处于领先地位。Ernst Abbes 于 19 世纪在 Zeiss 公司中引入了"研究与生产的统一性"原则,利用最新的科学技术改进 Zeiss(蔡司)显微镜。

Carl-Zeiss 基金会计划的内容遵循年度主题。每年的年度主题由科学家和商业专家共同制定。这些主题代表了基金会宗旨,并为各大学在数学、计算机科学、自然科学和技术领域中的特征和研究重点提供了连接点。

2020 年年度主题是"老龄化社会的智能解决方案"。德国人口老龄化问题日益突出,到 2050 年,将有 50%的人口超过 65 岁。人口变化的影响对医疗保健、基础设施、企业和工作环境构成了重大挑战。如何针对老龄化社会问题,提出智能解决方案。科学可以为回答这些问题提供必要的动力。为此,各个项目旨在对老龄化社会中的特定挑战开发有针对性的解决方案,利用不同的方法,如机器人技术、自动化、技术辅助系统、移动和远程控制的诊断、数字网络系统、机器学习和人工智能或大数据之类的技术。专注于 MINT(MINI 指数学、信息、科学、技术)的项目可以跨学科进行交流,也纳入设计或社会科学学科,以增进对问题的理解，有效提出解决方案。

在过去的12年间，该基金会资助了543个项目。2019年的筹资活动领域也进入了新的领域。它已经批准了超过7 000万欧元的资金，成为德国最大的科学促进基金会之一。

10.4.4 Dietmar Hopp基金会有限公司

Dietmar Hopp基金会有限公司①成立于1995年，其目的在于促进慈善项目的实施。该基金会的资产主要由Dietmar Hopp(1940—　)私人拥有的SAP股份组成。Dietmar Hopp基金会有限公司是欧洲最大的私人基金会之一。该基金会成立以来，已分发约8亿欧元(截至2019年12月)。

1940年4月26日Dietmar Hopp出生于海德堡。他在卡尔斯鲁厄工业大学学习通信工程学，1966年以硕士工程师的身份毕业。随后，Dietmar Hopp加入"IBM德国"，最初在斯图加特担任软件开发人员。从1968年到1972年，他在公司曼海姆分公司担任系统顾问。Dietmar Hopp与其他四个IBM同事一起于1972年在曼海姆成立了系统分析和程序开发公司。小型软件公司的商业理念基于在大型公司中使用的计算机程序规范化和标准化。事实证明，这种商业理念是成功的，这要归功于ICI公司的第一笔大订单，使他们公司在第一年就有了盈利。1977年，成立了SAP公司。20世纪80年代SAP的商业软件在德国家开始流行。从财务会计到生产计划和控制，SAP系统涵盖了越来越多的公司和生产管理领域。SAP系统在海外迅速流行，在海外建立服务网络，为公司带来了不断增长的销售额。

在公司转变为股份公司和首次公开募股的过程中，Dietmar Hopp于1988年被任命为"SAP AG"的首席执行官。1992年，"R/3"软件包的开发标志着SAP在国内和国际上的突破。1994年，SAP已经成为德国标准应用软件的领先制造商，拥有4 000个客户公司。在随后的十年中，该公司发展成为标准化商务软件的全球市场领导者。1996年，全球超过一百万的用户使用了"R/3"系统。1997年，Dietmar Hopp与Hasso Plattner一起被任命为董事长。1998年，Dietmar Hopp加入SAP监事会，一直担任该委员会的主席直至2003年。2005年5月，Dietmar Hopp离开SAP委员会，成为监事会的普通成员。从SAP退休后，他仍然参与了许多公司的一些工作，还收购了巴登-巴登附近著名的

---

① 德文为Dietmar Hopp Stiftung GmbH，下面简称Dietmar Hopp基金会。

Schloss - Hotel Bühlerhöhe。他不仅购买了圣莱昂·罗特高尔夫俱乐部,而且支持建造曼海姆球场,还发起推广冰上曲棍球和手球。Dietmar Hopp 被认为是最富有的德国人之一(见附录22),也是职业足球俱乐部 TSG 1899 Hoffenheim 的赞助人。该俱乐部在2008年跃升到德甲联赛的队伍。同年,他被任命为年度最佳体育经理。2009年,他因慈善获得了劳伦斯运动奖。2010年,被授予德意志联邦共和国联邦十字勋章。2014年,他获得了德国联邦基金会的德国捐赠者奖。Dietmar Hopp 对 Rhein - Neckar 地区有着特殊的感情,他曾经说过:"我在这里出生和长大,这里是我成功的摇篮。这就是为什么我现在想回馈该地区的原因。"

Dietmar Hopp 基金会主要赞助如下四个领域的项目:

(1)对促进青年体育发展起核心作用。

(2)医学是在最高水平上促进医学研究项目,例如在癌症研究和儿科方面。

(3)社会事务领域特别侧重于促进老年人与年轻人、有残疾人与没有残疾人的尊重共存。

(4)教育领域则资助儿童和青少年进行全面教育,为他们创造未来前景。

为了在体育、医学、社会事务和教育四个资助领域创造可持续的利益,Dietmar Hopp 基金会还通过有针对性的筹款活动实现其目标。迄今为止规模最大的活运以"alla hopp!"为标题,让更多人能参与其中。2015—2017年,基金会创建了19项运动和设施,总价值为4 500万欧元,并将其捐赠给了各个市政当局。

10.4.5 Else Kröner - Fresenius 基金会

Else Kröner - Fresenius 基金会[①]由企业家 Else Kröner(1925－1988)建立的。该慈善基金会致力于促进医学研究并支持医学人道主义项目。

Else Kröner 原名 Else Fernau。于1925年5月15日出生在美因河畔的法兰克福。她三岁时失去了父亲。在她父亲去世后,她与她的母亲一起住进了法兰克福药剂师 Eduard Fresenius 博士的家里。Eduard Fresenius 博士是 Hirsch 药店的老板,也是在 Bad Homburg 的 Fresenius 公司的创始人。这位药剂师没有孩子,把 Else Fernau 当作自己的女儿。1944年,Else Fernau 作为实习生进入 Hirsch 药房,她决定学习药学。两年后,即在她毕业之前, Eduard Fresenius

① 德文为 Else Kröner - Fresenius - Stiftung。

博士去世了。年仅 21 岁的 Else Fernau 接管了药房和公司的责任。当时 Fresenius 公司负债累累，在 400 名员工中，除了 30 人，其他员工不得不解雇。多年来，她和丈夫 Hans Kröner 博士重建了公司。随后几十年的发展中，Fresenius 在国际市场上也具有竞争力。直到 1981 年，Else Kröner① 一直负责公司的管理工作。在公司改制为有限公司后，Else Kröner 一直担任监事会主席。

1983 年 4 月 7 日，Else Kröner 创立了慈善 Else Kröner－Fresenius 基金会（EKFS），以确保公司的发展。她为该基金会配备了 50 000 德国马克的资本储备。但是，创始人规定，如果她去世，她的全部私人财产（包括费森尤斯 95％的股本）应转移给 EKFS。为了保证基金会的慈善地位，决定不批准任何可能使 Fresenius 集团或其他制药公司受益的赠款申请。1988 年 6 月 5 日，Else Kröner 意外去世，享年 63 岁。

自 Else Kröner－Fresenius 基金会成立以来，已投入约 4.3 亿欧元，用于约 1 930 个医学科学和医学人道主义项目。

2019 年批准了约 5 940 万欧元的资金。这笔总资金分别用于如下三个方面：①约 4 077 万欧元用于医学科研项目；②约 1 138 万欧元用于医疗和人道主义项目；③储备金为 725 万欧元。

在科学资助方面，2019 年，该基金会批准了 44 个项目，总金额约为 1 030 万欧元。在重点项目资金中，有 13 个项目的总金额约为 540 万欧元。Else Kröner 研究学院获得了 700 万欧元，Else Kröner 卓越奖学金获得了 900 000 欧元。Else Kröner 纪念奖学金获得了约 130 万欧元的资助，还有一所博士生学院获得了 75 万欧元。

图 10－4 是 2009—2019 年 Else Kröner－Fresenius 基金会批准资金情况。

10.4.6 Fritz Thyssen 基金会

Fritz Thyssen 基金会②于 1959 年 7 月 7 日在科隆成立，该基金会是私法独立的慈善基金会。创立者是 Amélie Thyssen（1877—1965）和女儿 Anita Gräfin Zichy Thyssen（1909－1990），她们是钢铁工业家 Fritz Thyssen（1873－1951）的两个继承人，为纪念 August Thyssen（1842－1926）和 Fritz Thyssen 而创立了基金会。

---

① 自从 Else Fernau 与 Hans Kröner 结婚以后，Else Fernau 改了姓。

② 德文为 Fritz Thyssen Stiftung。

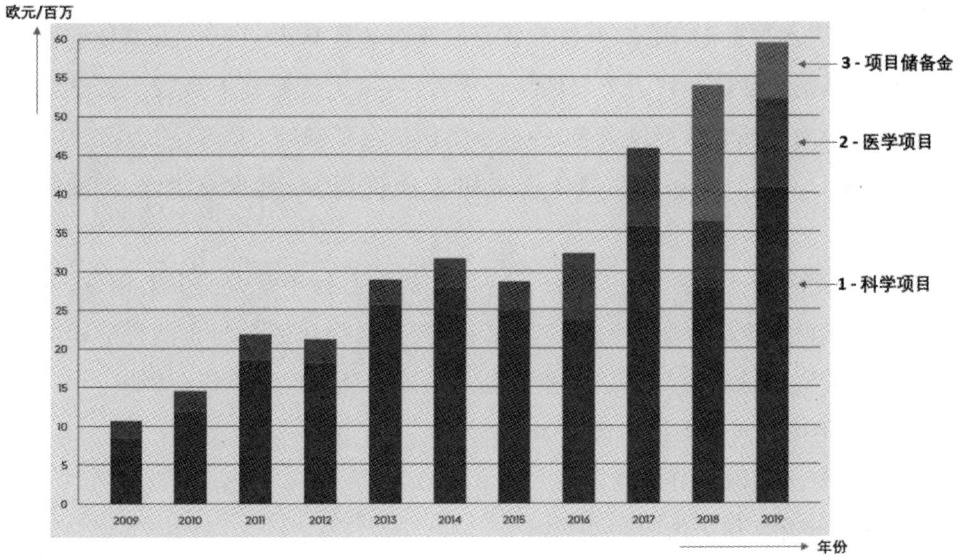

图 10 - 4　2009—2019 年 Else Kröner - Fresenius 基金会批准资金情况

（来源：Else Kröner - Fresenius 基金会 2019 年年度报告）

1960 年，她们为基金会提供了 August Thyssen - Hütte AG 价值 1 亿德国马克的股票。

Fritz Thyssen 是 August Thyssen - Hütte 股份公司创始人 August Thyssen 的长子。August Thyssen 于 1926 年去世后，Fritz Thyssen 将他的工业遗产带到 Vereinigte Stahlwerke 股份公司，在 1926—1939 年期间领导该公司的监事会。

1951 年 2 月 Fritz Thyssen 去世之后，作为家庭传统守护者和重要财产所有者的 Amélie 促成了 Thyssen 集团的重建。基金会将她视为公司成功的最高成就，基金会代表了她对她丈夫的回忆。

Fritz Thyssen 基金会是联邦德国历史上第一个大型私人的促进科学发展的基金会。该基金会在德国推进所有非营利性基金会免征资本利得税中，起到了先锋作用。

根据其章程，该基金会的唯一目的是促进德国的科学大学和研究机构的科学技术发展。创始委员会决定将重点放在促进人文和社会科学上，并且应 Amélie Thyssen 的要求，还考虑了医学。从一开始，基金会就制定了自己的目标并成立了主题工作组。

历史、语言与文化、国家、经济和社会以及医学是 Fritz Thyssen 基金会资助的主题。该基金会特别致力于发展年轻学者,向博士后研究人员授予奖学金以及为项目中的职员职位提供资金,为科学工作奠定了基础。

Fritz Thyssen 基金会大部分资金用于项目资金,其次是奖学金和科学活动。

历史、语言和文化方面是 Fritz Thyssen 基金会每年最大的资助领域,资助全额超过了已批准总金额的一半。国家、经济与社会和医学与自然科学领域各自约占批准资金总额的 20%。特别计划只是该基金会的最小资金领域。

2019 年按不同分类拨款情况如下:

(1)按资金领域划分的资金:

—历史,语言和文化:980 万欧元;

—国家,经济和社会:450 万欧元;

—医学和自然科学:270 万欧元;

—其他:10 万欧元。

(2)按资金类型:

—项目:1290 万欧元;

—奖学金和旅行补助金:190 万欧元;

—会议:180 万欧元;

—其他:50 万欧元。

Fritz Thyssen 基金会制定了倡议主题,在其资助领域内确定了特别的联络点,鼓励对主题感兴趣且久经考验的科学家进行研究。该基金会组织科学座谈会和讲座,计划和组织了一系列示范计划,以促进特别合格的年轻科学家。

Fritz Thyssen 基金会也与其他机构合作,如与德国图书贸易证券交易所协会和外交部合作,每年共同颁发“人文国际”奖,该奖金用于将获奖作品翻译成英语。

该基金会没有自己的研究机构或教学设施。原则上,它不资助与基金会收入来源领域有关的项目。

10.4.7 Körber基金会

Körber基金会①是由企业家Kurt A. Körber(1909—1992)于1959年成立的非营利基金会。

1909年9月7日Kurt A. Körber出生于柏林。直到1923年,全家搬到Chemnitz,他在那里先后就读了普通中学和高级商业学校。Kurt A. Körber很早就对无线电技术感兴趣。当他15岁时,就有了他的第一个发明,即自动控制的发射机阅读量表,他在柏林为这项发明注册了专利。在他完成Chemnitz的通用机械工程公司电气工程学徒制和在Mittweida获得电气工程学位后,他继续研究他的发明,在他的一生中注册200多项其他专利。

1935年,Kurt A. Körber加入了位于德累斯顿的Universelle-Werke J. C. Müller & Co.。该公司从事生产军备,雇用了多达3 000名外来劳工。1944年,他被提升为Universelle公司的技术总监。

Kurt A. Körbe于1946年7月在汉堡开始修理卷烟机,并且生产手烟切割机。创立了Hauni Maschinenfabrik Körber&Co KG。得益于当地政界人士的支持,Kurt A. Körbe从1952年开始在Kampchaussee(现为Kurt-A.-Körber-Chaussee)扩展了他的公司。

1957年,Kurt A. Körber成立了汉堡塔利亚剧院重建基金会。于1959年他创建了Kurt-A.-Körber基金会,目的是建立一所技术学院,以培训工业实践管理人员。1969年,Hauni基金会成立。1981年,这两个基金会合并为Körber基金会。从1959年到1992年,Kurt A. Körbe为促进文化和科学事业提供了2亿多马克资金。Kurt A. Körber作为一名成功的实业家,将他的创业意志转移到了社会。

1960年Kurt A. Körber获得纽伦堡大学名誉博士称号。1965年,德国发明家协会为他颁发了Diesel金牌。1983年,他获得了德国联邦总统Karl Carstens颁发的德国基金会联合会为基金会服务的勋章。1989年,他成为德累斯顿工业大学的名誉博士。1991年,当时的汉堡市市长Henning Voscherau授予Kurt A. Körber为汉堡市的荣誉公民。Kurt A. Körber于1992年8月10日在汉堡去世。

---

① 德文为Körber-Stiftung。

1987年,所有柯尔柏斯(Körber)公司合并,并将虹霓工厂改名为柯尔柏股份公司。到1992年,柯尔伯公司已发展成为一个拥有近6 800名员工,营业额达15亿德国马克的国际集团。如今,柯尔柏集团是一家国际技术公司,在数字、制药、供应链、卫生纸和烟草业务领域的全球100多个地点拥有约10 000名员工。

Körber基金会工作有以下五个领域:

(1)科学、研究和教育;

(2)文化与艺术;

(3)老年护理和福利事业;

(4)国际间沟通;

(5)环境保护。

该基金会在汉堡和柏林分别开展自己的项目和活动,在国内和国际上都很活跃。如今,Körber基金会每年大约有1 900万欧元用于基金会的慈善工作。汉堡和柏林地区约有130名全职和兼职员工,以及约90名志愿者。

Körber基金会是柯尔柏股份公司的唯一股东,柯尔柏股份公司是基金会资产的一部分,其中总计有5.6亿欧元。基金会每年从参与中获得红利,仅用于非营利目的项目。

10.4.8 Robert Bosch基金会有限公司

Robert Bosch基金会有限公司[①]于1964年根据Robert Bosch(1861—1942)的意愿而成立的。它是欧洲最大的企业基金会之一。

Robert Bosch是德国实业家、工程师和发明家。随着他于1886年在斯图加特开设的精密机械和电气工程车间的建立,为当今的Robert Bosch有限公司奠定了基础。

在担任精密机械师的学徒后,Robert Bosch在德国和国外的多家公司工作。全球公司Bosch的成立可追溯到1886年11月15日。这一天,Robert Bosch在斯图加特开设了精密机械和电气工程车间[②]。一年后,Robert Bosch制造了第一台用于内燃机的低压磁电机,雷管成为他公司迅速崛起的基础。随着世界范围内的机动化,业务迅速发展。Bosch公司将其业务扩展到了国外,1898年首先到达英国,然后再延伸到其他欧洲国家。1913年,该公司在美国、亚洲、非洲和澳大利亚设有分支机构,其88%的销售额来自德国以外地区。

① 德文为Robert Bosch Stiftung GmbH,下面简称Robert Bosch基金会。

② 德文为Werkstätte für Feinmechanik und Elektrotechnik

从一开始，Robert Bosch 就特别关注员工的教育和培训，意识到企业家的社会责任。他早在 1906 年就推出了 8 小时工作日，为德国创造了这种工作制。随后，员工又获得了堪称典范的社会福利。

1937 年，Robert Bosch 将股份公司改制为股份有限公司。目的是防止对公司的外部影响，保持其独立性。

1910 年，Robert Bosch 向斯图加特工业大学捐赠了 100 万马克，开始了他的“几乎无与伦比的赞助”，这是西奥多·休斯①（Theodor Heuss）在《红色大亨罗伯特·博世传》中写道的。

Robert Bosch 基金会的创始人只是“典型的”企业家性格。凭借对企业家精神，慈善行为和政治承诺的了解，Robert Bosch 在 20 世纪初奠定了基调，希望为公众做出自己的贡献。Robert Bosch 于 1942 年 3 月 12 日去世，葬于斯图加特森林公墓。

Robert Bosch 基金会是欧洲最大的企业附属基金会之一。该基金会活跃于健康、科学、社会、教育和国际沟通领域。该基金会持有 Robert Bosch 股份有限公司约 92％的股份，并从此项投资中获得股息。自 1964 年成立以来，Robert Bosch 基金会已在慈善事业上花费了约 18 亿欧元。

2019 年，Robert Bosch 基金会在其国际间沟通、健康、科学、教育和社会等推广领域新批准了 188 多个项目，加上子公司的机构资金，特别是 Robert Bosch 医院及其医学研究公司，2019 年的总资金约为 105 万欧元。

按主题分类的项目资金，2019 年资金总额分配如下：

（1）健康：37 百万欧元；

（2）国际间沟通：31 百万欧元；

（3）教育：15 百万欧元；

（4）社会：9 百万欧元；

（5）科学：7 百万欧元；

（6）跨领域：6 百万欧元 。

Robert Bosch 基金会在 1964—2019 年每年年度资助总资金见图10－5。

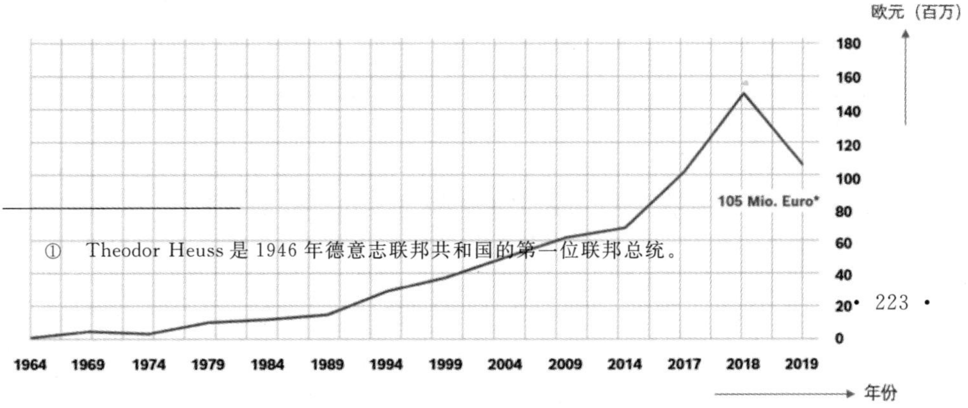

图 10－5　Robert Bosch 基金会在 1964－2019 年每年年度资助总资金

注：* 不包括慕尼黑安全会议的人员和材料费用以及捐赠

（来源：Robert Bosch 基金会 2019 年年度报告）

① Theodor Heuss 是 1946 年德意志联邦共和国的第一位联邦总统。

10.4.9 Studienstiftung des deutschen Volkes e. V 基金会

Studienstiftung des deutschen Volkes e. V(德意志大众学习基金会)是德国最大的培养学生的组织,也是在政治、宗教和意识形态上独立的组织。1925年该基金会成立于德累斯顿,1934年解散,1948年在科隆重新成立为注册协会。该基金会向特别有天赋的大学生和博士生提供奖学金,甚至送到国外深造。它也是德国规模最大、历史最悠久的捐赠基金。如今该基金会总部坐落在波恩,还在柏林设有办公室。在财政上,研究经费由联邦政府、各州和地方当局、基金会、公司以及私人捐助者负担。2019年的研究预算为1.17亿欧元。

2007—2019年德国高校学生人数以及德意志大众学习基金会资助人数见表10-2。

表10-2 2007—2019年德国高校学生人数以及德意志大众学习基金会资助的人数

年份	资助大学生和博士生人数			德国高校学生人数
	大学生	博士生	合计人数	
2007	8 438	1 080	9 518	1 941 405
2008	10 030	1 194	11 224	2 025 307
2009	11 482	1 211	12 693	2 121 178
2010	11 336	1 303	12 639	2 217 294
2011	11 123	1 350	12 473	2 380 974
2012	11 373	1 274	12 647	2 499 409
2013	11 195	1 273	12 468	2 616 881
2014	11 858	1 184	13 042	2 698 910
2015	12 158	1 141	13 299	2 757 799
2016	12 879	1 156	14 035	2 807 010
2017	12 749	1 202	13 951	2 844 978
2018	12 752	1 270	14 022	2 869 200
2019	12 953	1 321	14 274	2 892 044

(来源:studienstiftung.de网站)

德意志大众基金会除了资助大学生和博士生在德国学习之外,还支持大学生到国外大学学习深造,不仅派到哈佛、牛津、剑桥等高等学府,而且自1988年以来，每年还送10名大学生到中国的高等学府学习，如在中山大学、复旦大学等。另外，基金会举办语言培训班，为学生出国学习做准备，还提供在国内外的各种实习经费。通过其资助计划，它传达了深入的科学知识、跨学科对话和国际经验。

10.4.10 Volkswagen基金会

Volkswagen基金会[①]于1961年根据民法成立的法律基金会，总部设在汉诺威，1962年正式开始工作。Volkswagen基金会不是Volkswagen公司基金会。

Volkswagen基金会的创始资金是由联邦政府和下萨克森州所提供，作为大众汽车股份公司私有化进程的一部分。该基金会的各机构在决定上是自主和独立的。

第二次世界大战后，多方向沃尔夫斯堡（Wolfsburg）的大众汽车工厂提出索赔，但没有明确的所有者。经过长期争论之后，联邦政府和下萨克森州最终同意将当时的Volkswagenwerk有限公司转变为股份公司，用所得款项来建立一个基金会。

通过发行大众股票，将60％的股本转让给私人所有，联邦政府和下萨克森州各保留20％的股份。私有化的收益和保留在州和联邦政府中的股份的获利权利（联邦政府已出售其股份）被转移到新成立的Volkswagen基金会，直到1989年为止。

Volkswagen基金会是德国最大的私人科学基金会，也是德国最大的基金会之一，每年的总资助额约为1.5亿欧元。它只将其资金奖励给科研机构。自1962年以来，Volkswagen基金会已资助了约33 000个项目，总金额超过51亿欧元。该基金会也是德国私法下最大的非营利基金会之一。

该基金会的资金一方面来自其资本，目前约35亿欧元；另一方面，它们来自下萨克森州持有的超过3 000万股大众汽车股份，并由基金会提供财产索偿权以及其股息。

Volkswagen基金会通过其资金为科学提供有针对性的动力，该基金会根据其法定职责促进研究和教学中的科学技术。该基金会制定了自己的资助计划，面向未来的研究领域。这些构成了其筹资活动的框架，并作为他们自己的活动提供的一部分。通过专注于有限数量的计划，基金会可以确保其资金得到有效利用。

---

① 德文为Volkswagen Stiftung。

Volkswagen 基金会特别关注年轻科学家和研究人员的合作,还致力于改善德国的培训和研究结构。这些目标通常是与其他基金会和公共资助机构交换意见而实现的。

自该基金会成立以来,基金会的总资助额首次突破 30 亿欧元大关。1962—2019 年,总计提供了约 31 亿欧元。

1962—2019 年报告年度显示,大众基金会共发放了约 33 266 笔赠款。在此期间,它为这些计划和项目提供了超过 53 亿欧元的资金。

在 2019 年,基金会批准了总计 2 532 亿欧元以实现其目标。其中,450 万欧元分配给基金会自己的活动和项目,9 390 万欧元分配给外部申请人。下萨克森预付款的一部分提供了 1 548 亿欧元。已批准资金的 73.9%用于支助主要处于早期科学职业阶段的人员(博士职位、博士后职位、初级教授职位)。因此,促进年轻科学家的发展是在所有计划中的共同目标。

第11章 战略计划与发展方向

2008年10月22日，德国总理与联邦各州州长在德累斯顿举行了峰会，决定启动一项全面计划，以加强德国的教育和职业培训。《德累斯顿决议》强调了联邦政府和州政府在教育政策方面的高度重视，同时还包含了具体措施，为未来指明了方向。这个决议被称为"通过教育提升——联邦政府的评定倡议"[①]，它对德国教育提出了指导方针、今后的目标以及应采取的措施，这对德国战略计划与教育发展起着重要作用和深远的影响。

11.1 指导原则

在联邦政府和各联邦州之间达成这项协议中，提出了如下十点指导原则：

1. 通过教育来提升自己

无论来自何等社会阶层，通过教育提升自己是决定自己未来的关键。因此，获得公平的教育机会和教育系统的透明性是教育政策的指导原则。

2. 从一开始就接受较好的教育

要加强家庭建设，创造有利于儿童的教育环境，为了实现从一开始就接受较好的教育的目标，有必要将幼儿教育和学校教育更紧密地结合在一起。

3. 语言是教育的关键

每个孩子在入学时都必须掌握所需的语言技能。为了使所有儿童从第一天开学起就能够积极参与学校学习，并具有同等重要的地位，就必须针对性地在学前推广德语。

4. 加强MINT科目

提高儿童和青少年对数学、信息技术、自然科学和工程技术热情和兴趣，以便减轻技术工人的短缺问题。

5. 给中学生提供更多的培训机会

中学的毕业证书是开始职业生活的必要条件。对于每个毕业文凭必须有它的连接口。

---

① 德文为 Aufstieg durch Bildung – Qualifizierungsinitiative der Bundesregierung。

6. 加强职业教育与培训

将来,许多行业需要比以往更多的专业知识。为了不断地更新专业知识,必须加强双轨制体系中的职业培训、进修和继续教育。

7. 确保学术教育以提高德国的创新实力

今后会有越来越多的高素质工作岗位。为了维持和增强德国的创新实力,培养高素质的人才是至关重要。这就是为什么德国需要更多专业人才和更加透明的教育系统。

8. 终身学习

教育不只是从学校开始,也不会止步于学校。不断发展的社会需要人们不断学习,终身教育。在生活的各个阶段,必须传播和加强终身学习的意愿和能力。

9. 公司担负着对技术工人的培训和进一步资格认定的责任

公司获得成功,训练有素的人才是必不可少的。公司对工作地点的保障和升级,还有责任为年轻人提供职业培训场所,并使员工能够接受进一步培训和发展。

10. 联邦秩序中的教育、培训和资格认定

目前的措施是基于这样一个事实,即联邦制已证明是一种促进多样性和促进竞争的政府形式。联邦制改革出现联邦政府与各州之间职责分工更加明确。联邦政府和各州在其各自的责任领域内独立执行必要的措施和倡议。这样,可确保在联邦政府与州政府充分考虑到每个州的具体情况和预算方案。

11.2 目　　标

除了上述十点指导原则外,联邦政府与州政府还制定了相关评定目标,它涉及到如下七个行动领域的目标:

(1)教育在德国应放在首要地位;

(2)每个孩子均应具有尽可能最好的起跑条件;

(3)每个人都应该能够获得学校毕业证书和职业资格;

(4)每个人都应该有机会学习,通过教育取得进步;

(5)更多的年轻人应该进入大学学习;

(6)更多的人应该对科技职业充满着热情;

(7)更多的人应该接受继续教育的机会。

在这次教育峰会上,联邦政府和州政府除了决定了德国的评定/资格认证计划以外,他们还设定了自己的目标,即将国民生产总值的10%投资于教育、科学研究。

在2020年德国教育报告中指出,2018年的教育支出为2 183亿欧元。尽管

自 2010 年以来一直在稳步增长，但 2014 年以来，教育支出在国民生产总值中所占比例一直保持在 6.5%左右。在国际比较中，2016 年德国的教育支出，低于经济合作与发展组织和欧盟的平均水平，但每名学生的平均支出则高于经济合作与发展组织和欧盟的平均水平。

11.3　发展方向

联邦政府和州政府通过共同制定全面措施，与经济和社会伙伴一道，在各自的责任领域和通过联合举措，促进和支持良好的教育。这主要从如下几个方面进行衡量：

1. 幼儿教育有了好的开始

现在，有 1/3 的三岁儿童以及所有四岁儿童都在日托中心或幼儿园上学，在幼儿阶段为儿童今后学校中的发展打下了良好的基础。例如，联邦教育部还通过从阅读开始(Lesestart)计划来支持幼儿教育。2016 年初，政府还向难民儿童发放了阅读材料，使他们迈出在德国生活第一步。

2. 良好的教育需要好的老师

联邦教育与研究部通过“优质教师教育”提供了总计 5 亿欧元的资金，以进一步提高教师教育的质量。2012 年国际学生评估项目的结果所示，近年来，贫困学生的学习状况有了明显改善。2006—2013 年，没有中学证书的离校生的比例从 8%下降到 5.7%。

3. 高等教育和职业教育

德国需要技术熟练的工人和工程师。通过“培训和继续教育联盟”或“职业机会”倡议，联邦政府、各州政府和社会伙伴正在使职业培训更具有吸引力。2013 年，没有职业资格的年轻人比例下降到 13.8%。

与此同时，每年超过一半的年轻人在大学学习。联邦教育与研究部为他们提供支持：一方面，根据个人情况通过 BAföG 或德国奖学金向学生提供资助；另一方面，大学通过高校协定(如青年科学家倡议或卓越倡议)得到进一步发展。

德国联邦教育部支持高等教育和职业教育之间相互联系。在德国，终身学习也早已成为现实。2014 年，超过二分之一的德国人接受了继续教育。

4. 通过全民教育来增加的更多机会平等

教育是融合的关键，联邦教育部支持新老移民的教育工作。例如 KAUSA 计划的目的是吸引具有移民背景的自营职业者接受双轨制职业教育，并增加移民和难民参与培训的机会。联邦教育与研究部投资 1 亿欧元，使移民和难民能够在德国学术交流中心或德国大学获得学习机会。

5. 在德国学术交流中心或面向未来世界的教育

德国处于满足知识时代需求的有利位置,40%的中学毕业生决定接受MINT学科大学学习或职业培训。联邦教育部提倡中小学生从小有好奇心和研究精神——从“小研究人员之家”到“女孩节”再到“MINT职业女性国家协定”。尤其令人高兴的是,越来越多的女性选择MINT职业。

联邦政府也在塑造数字化转型,“工业4.0”倡议数字化教育成为职业培训的组成部分。同时,联邦教育与研究部正在大力投资教育机构的数字化,并与联邦各州一起制定“数字化学习战略”。

前面各章分别介绍了德国教育系统的每一个阶段的内容、特点、现状和挑战等,介绍了德国教育的昨天、今天和明天。从学前教育、中小学教育到高等教育,从职业培训、特殊教育到双轨制高等职业教育、成人与继续教育以及数字化教育,对德国教育系统勾画出了一个大概的轮廓。作者对此做一个总结,它展示了目前德国教育系统的基本结构,见图11-1。

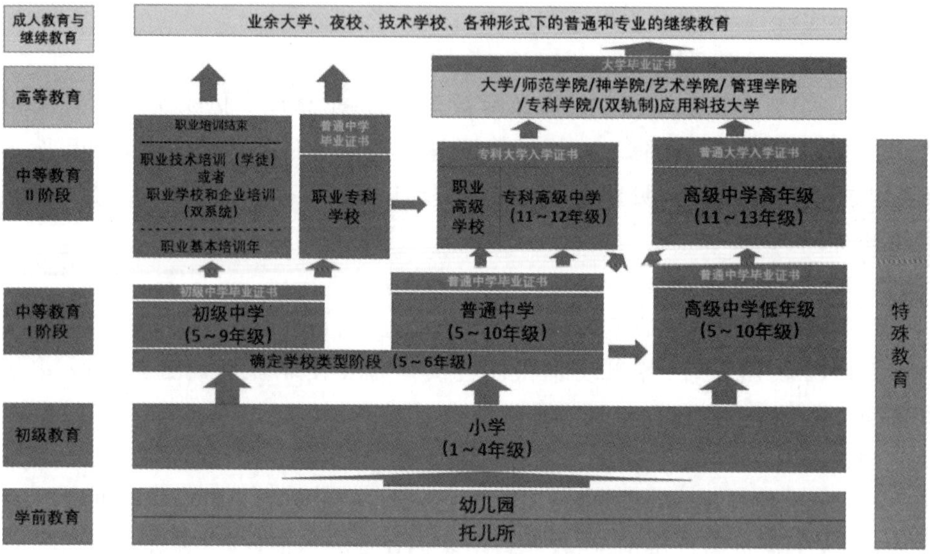

图11-1 德国教育系统的基本结构

“德国制造”为何能名扬天下?答案有很多,不过有一点是肯定的,那就是这与德国教育系统紧密相关。对于任何事情,由于每个人处于不同的家庭和社会环境,有着不同的经历,必然会产生不同的反应和看法。德国的教育系统是在历史、文化、地理位置、工业与社会发展下形成的。

教育是立国之本,它适用于世界上任何一个国家。教育开阔了人们的视野,它使每个人都能发挥自己的才能，同时它也是每个人参与社会、推动社会进步和充实生活的关键。教育不仅涉及国家政府，还关乎着千家万户，与每个人都有着千丝万缕的联系。当今时代，科学技术发展日新月异，怎样更新知识，如何学习新东西，数字化给人类带来什么样的挑战和机遇……这些都离不开教育。

我写这本书的目的就是希望更多的人了解教育、关心教育，参与到教育的行动中。众人拾柴火焰高，人人增添自己的一份薄力，让社会生活更加丰富，让家庭更加幸福，让世界更加美好，让未来更加灿烂。

附 录

附录0 表格符号说明

0	数字大于零,但少于使用单位的一半。
—	无数据
·	数字值未知或出于保密缘故未公开
X	类别不适用
…	稍后将提供信息
/	数值不确定
()	信息价值有限
p	临时数字
r	更正数字
s	估计数字
D	平均值(算术平均值)

(来源:德国联邦统计局网站)

附录1 德国首都、联邦州以及地区名称的德中文对照表

德文全称	德文简称	中 文
Baden - Württemberg	BW	巴登-符腾堡州
Bayern	BY	巴伐利亚州
Berlin	BE	柏林市
Brandenburg	BB	勃兰登堡州
Bremen	HB	不来梅市

续表

德文全称	德文简称	中　文
Hamburg	HH	汉堡市
Hessen	HE	黑森州
Mecklenburg - Vorpommern	MV	梅克伦堡-前波莫瑞州
Niedersachsen	NI	下萨克森州
Nordrhein - Westfalen	NW	北莱茵-威斯特法伦州
Rheinland - Pfalz	RP	莱茵兰-普法尔茨州
Saarland	SL	萨尔州
Sachsen	SN	萨克森州
Sachsen - Anhalt	ST	萨克森-安哈尔特州
Schleswig - Holstein	SH	石勒苏益格-荷尔斯泰因州
Thüringen	TH	图林根州
Deutschland	D	德国
West Deutschland (ohne Berlin)	West (o. BE)	西德(不包括西柏林)
Ost Deutschland (mit Berlin)	Ost (m. BE)	东德(包括西柏林)

附录 2　相关教育术语的德英中文对照表

德/英文全称	德/英文简称	中　文
Adult Education Survey	AES	成人教育调查
Aktiengesellschaft	AG	股份公司
Academic Rankings of World Universities	ARWU	世界大学学术排名
Bundesagentur für Arbeit	BA	联邦就业局
Bundesausbildungsförderungsgesetz	BAföG	联邦教育促进法
Bundesamt für Familie und zivilgesellschaftliche Aufgaben	BAFzA	联邦家庭与公民社会事务办公室
Berufsbildungsgesetz	BBiG	职业教育法
Bundesfreiwilligendienstgesetz	BFDG	联邦志愿服务法

续表

德/英文全称	德/英文简称	中　文
Berufsgrundbildungsjahr	BGJ	职业基本培训年
Bundesinstitut für Berufsbildung	BIBB	联邦职业教育研究所
Bruttoinlandsprodukt	BIP	国内生产总值
Bildung durch Sprache und Schrift	BiSS	语言和写作教育
Bundesministerium für Bildung und Forschung	BMBF	德国联邦教育与研究部
Bundesministerium für Familie, Senioren, Frauen und Jugend	BMFSFJ	德国联邦家庭事务、老年公民、妇女和青年部
Berichtssystem Weiterbildung	BSW	继续教育报告系统
Bundesverband Deutscher Stiftungen	BVDS	德国基金会协会
Berufsvorbereitungsjahr	BVJ	职业培训准备年
Classification of learning activities	CLA	学习活动分类
Deutscher Akademischer Austauschdienst	DAAD	德国学术交流中心
Deutscher Ausschuss für Technisches Schulwesen	DATSch	德国技术教育委员会
Deutsche Forschungsgemeinschaft	DFG	德意志研究联合会
Deutsches Institut für Erwachsenenbildung – Leibniz – Zentrum für Lebenslanges Lernen	DIE	德国成人教育研究所-莱布尼茨终身学习中心
Leibniz – Institut für Bildungsforschung und Bildungsinformation	DIPF	莱布尼茨教育研究与信息研究所
Deutschen Qualifikationsrahmen	DQR	德国资格框架
Deutsche Zentrum für Hochschul – und Wissenschaftsforschung	DZHW	德国高等教育和科学研究中心
Eingetragener Verein	e. V	注册协会
European Credit Transfer System/ European Research Council	ECTS	欧洲学分转换系统
European Research Council	ERC	欧洲研究理事会
Statistische Amt der Europäischen Union	Eurostat	欧洲联盟统计局

续表

德/英文全称	德/英文简称	中 文
formal education	FED	正规教育
Das Freiwillige Ökologische Jahr	FÖJ	志愿生态年
Das Freiwillige Soziale Jahr	FSJ	志愿社会年
gemeinnützige Gesellschaft mit beschränkter Haftung	gGmbH	非营利性有限责任公司
Gesellschaft mit beschränkter Haftung	GmbH	有限责任公司
Hochschul - Informations - System eG	HIS	高等学校信息系统注册合作社
Qualifikationsrahmens für deutsche Hochschulabschlüsse	HQR	德国大学学位资格框架
Hochschulrektorenkonferenz	HRK	大学校长会议
Handwerksordnung	HwO	手工业法规
International Computer and Information Literacy Study	ICILS	国际计算机和信息素养研究
International Association for the Evaluation of Educational Achievement	IEA	国际教育成就评估协会
informal learning	INF	非正式学习
Initiative Neue Soziale Marktwirtschaft	INSM	新社会市场经济倡议
International Standard Classification of Education	ISCED	国际教育标准分类
Jugendfreiwilligendienstegesetz	JFDG	青年志愿服务法
Kindertagesstätte	Kita	儿童日托中心
Kultusministerkonferenz = Ständige Konferenz der Kultusminister der Länder in der Bundesrepublik Deutschland	KMK	文化部长会议，即德国文化教育部长常务会议的简称
Mathematik, Informatik, Naturwissenschaften, Technik	MINT	数学、信息技术、自然科学和工程技术
nonformal education	NFE	非正规教育
nationalen Qualifikationsrahmen	NQF	国家资格框架

续表

德/英文全称	德/英文简称	中　文
Organisation for Economic Co-operation and Development	OECD	经济合作与发展组织
Physikalisch-Technischen Bundesanstalt	PTB	德国联邦物理技术研究院
Quacquarelli Symonds World University Rankings	QS	Quacquarelli Symonds 世界大学排名
Studienstiftung des deutschen Volkes	SDV	德意志大众学习基金会
Times Higher Education World University Rankings	THE	泰晤士报高等教育世界大学排名
United Nations Educational, Scientific and Cultural Organization	UNESCO	联合国教科文组织
Verein Deutscher Ingenieure	VDI	德国工程师协会
Verband Deutscher Maschinen-und Anlagenbau	VDMA	德国机械与设备工程协会
Volkshochschule	VHS	业余大学

附录3　2012—2019年按宗教信仰划分的德国人口分布

单位:千人

基准日	合计	基督教新教①	天主教②	犹太教③
2012.12.31	80 524	23 356	24 340	102
2013.12.31	80 767	23 040	24 171	101
2014.12.31	81 198	22 629	23 939	100
2015.12.31	82 176	22 272	23 762	100
2016.12.31④	82 522	21 922	23 582	99
2017.12.31⑤	82 792	21 536	23 311	98
2018.12.31	83 019	21 141	23 002	96
2019.12.31	83 167	20 713	22 600	95

注:①Evangelische Kirche in Deutschland (EKD)。

②Deutschen Bischofskonferenz（DBK）。

③Zentralrat der Juden。

④由于统计和计算方法上的变化和技术发展，2016 年报告年度的结果仅与上一年的数据具有部分可比性。结果的准确性由于寻求保护个人的隐私权有所限制。

⑤由于统计和计算方法上的变化和技术发展，2017 年报告年度的结果仅与上一年的值具有可比性。

（来源：德国联邦统计局网站）

附录 4 德国各州面积和人口分布①

州名	面积②/（平方千米）	人口总数量	男性	女性	人/平方千米
BW	35 748.22	11 069 533	5 501 693	5 567 840	310
BY	70 541.57	13 076 721	6 483 793	6 592 928	185
BE	891.12	3 644 826	1 792 801	1 852 025	4 090
BB	29 654.48	2 511 917	1 239 460	1 272 457	85
HB	419.36	682 986	338 035	344 951	1 629
HH	755.09	1 841 179	902 048	939 131	2 438
HE	21 115.68	6 265 809	3 093 044	3 172 765	297
MV	23 294.62	1 609 675	793 639	816 036	69
NI	47 709.50	7 982 448	3 943 243	4 039 205	167
NW	34 112.31	17 932 651	8 798 631	9 134 020	526
RP	19 858.00	4 084 844	2 017 576	2 067 268	206
SL	2 571.11	990 509	486 159	504 350	385
SN	18 449.96	4 077 937	2 009 619	2 068 318	221
ST	20 454.31	2 208 321	1 086 679	1 121 642	108
SH	15 804.30	2 896 712	1 419 457	1 477 255	183
TH	16 202.37	2 143 145	1 060 814	1 082 331	132
德国	357 582.00	83 019 213	40 966 691	42 052 522	232

注：①由于方法上的变化和技术发展，2016 年报告年度的结果只能在一定程度上与上一年的值进行比较。有关解释，请参阅 www.destatis.de 网站。

②通过四舍五入可能会导致区域信息出现偏差。由于对“官方地籍信息系统”进行勘察管理的技术和方法上的变化，因此只能有限地与 2014 年以来的面积数据和前几年的面积数据相比较。

（来源：德国联邦统计局网站，截至 2018 年 12 月 31 日）

附录 5　2018 年德国各州出生人数和生育率

州　名	出生人数	生育率
巴登-符腾堡州	108 919	1.58
巴伐利亚州	127 616	1.55
柏林市	40 203	1.45
勃兰登堡州	19 881	1.62
不来梅市	7 163	1.60
汉堡市	21 126	1.49
黑森州	61 012	1.57
梅克伦堡-前波莫瑞州	13 032	1.55
下萨克森州	73 652	1.62
北莱茵-威斯特法伦州	173 150	1.60
莱茵兰-普法尔茨州	37 647	1.59
萨尔州	8 149	1.47
萨克森州	35 890	1.60
萨克森-安哈尔特州	17 410	1.61
石勒苏益格-荷尔斯泰因州	25 236	1.58
图林根州	17 437	1.60
德国	787 523	1.57
老联邦州（不包括柏林）	643 670	1.58
新联邦州（包括柏林）	103 650	1.60

（来源：德国联邦统计局网站）

附录 6　2019 年外国人在德国旅馆住宿次数最多的14个国家

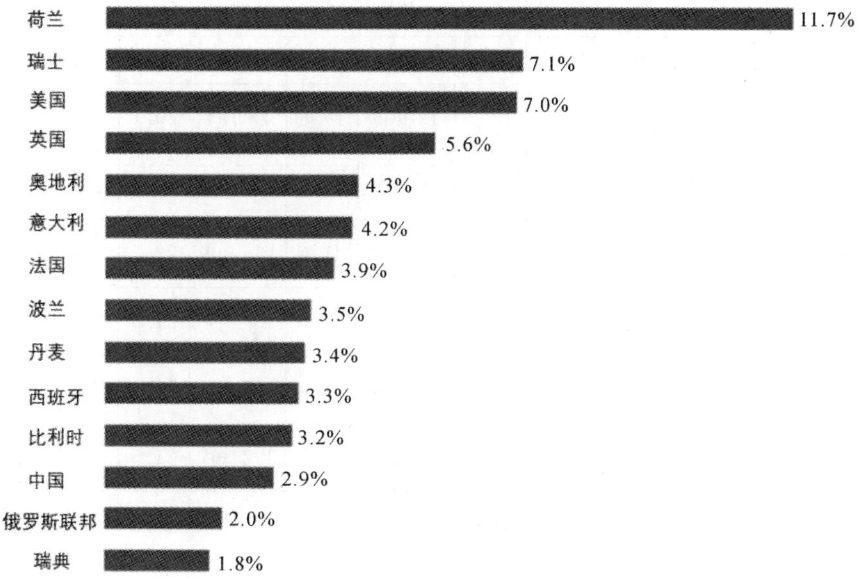

（来源：德国联邦统计局网站）

附录 7　2015—2019 年德国各州申请父母津贴的总数量以及父亲所占的比例

单位：%

州　名	2015 年		2016 年		2017 年		2018 年		2019 年	
	申请育儿津贴总数	其中父亲比例	申请育儿津贴总数	其中父亲比例	申请育儿津贴总数	其中父亲比例	申请育儿津贴总数	其中父亲比例	申请育儿津贴总数	其中父亲比例
BW	214 381	24.1	223 078	25.2	240 400	25.3	250 879	25.8	257 882	26.5
BY	262 316	23.9	283 791	24.3	295 960	25.4	301 073	26	311 803	26.6
BE	74 833	22.8	77 979	24.8	86 959	25.7	93 525	26.3	92 930	27
BB	42 654	21	44 137	22.8	47 330	23.5	48 696	24.2	48 093	25.6

续表

州名	2015年		2016年		2017年		2018年		2019年	
	申请育儿津贴总数	其中父亲比例	申请育儿津贴总数	其中父亲比例	申请育儿津贴总数	其中父亲比例	申请育儿津贴总数	其中父亲比例	申请育儿津贴总数	其中父亲比例
HB	12 630	16.7	11 929	18.2	13 905	19.8	15 194	20.1	15 732	20
HH	40 876	22.6	44 184	23.2	46 495	24.2	47 139	25.1	47 902	26.3
HE	116 872	19.7	127 987	20.2	132 423	21.6	136 009	22.3	139 728	22.8
MV	27 625	17.1	29 501	18.9	29 485	20.5	29 777	21.5	29 982	23
NI	155 382	18.7	153 303	21	167 340	21.4	175 551	21.9	179 329	22.9
NW	317 764	18.1	336 413	19.9	368 254	21	392 367	21.5	404 013	22.4
RP	71 062	18	74 784	19.2	82 353	19.6	86 019	19.6	87 834	20.7
SL	14 951	15.3	15 865	17	17 541	17.5	18 216	17.3	18 236	18.1
SN	83 485	25	84 523	26.5	90 362	27.6	90 506	28.4	88 327	29.3
ST	34 437	18	35 122	20.8	39 413	21.4	40 362	22.7	40 624	23.1
SH	51 277	17.6	52 847	18.8	55 961	20.1	57 243	21.3	58 042	22
TH	41 052	22.8	44 675	23.4	46 289	24.6	46 476	25.8	44 672	26.6
德国	1 561 597	20.9	1 640 118	22.2	1 760 470	23.1	1 829 032	23.7	1 865 129	24 4

（来源：德国联邦统计局网站）

附录 8　2017 年和 2018 年联邦各州日托中心的支出

	2017 年	2018 年	变化情况	
	总计		绝对值	百分比(%)
巴登-符腾堡州	3 918 502	4 272 826	354 324	9.0
巴伐利亚州	5 025 664	5 198 014	172 350	3.4
柏林市	1 680 843	1 822 998	142 155	8.5
勃兰登堡州	1 050 984	1 161 181	110 197	10.5
不来梅市	491 683	551 545	59 862	12.2
汉堡市	783 748	897 513	113 765	14.5
黑森州	2 457 079	2 652 004	194 925	7.9
梅克伦堡-前波莫瑞州	491 103	541 467	50 364	10.3
下萨克森州	2 362 037	2 662 514	300 477	12.7
北莱茵-威斯特法伦州	5 875 458	6 157 053	281 595	4.8
莱茵兰-普法尔茨州	1 549 578	1 633 976	84 398	5.4
萨尔州	320 364	345 559	25 195	7.9
萨克森州	1 682 128	1 797 828	115 700	6.9
萨克森-安哈尔特州	876 056	953 567	77 511	8.8
石勒苏益格-荷尔斯泰因州	872 692	954 480	81 788	9.4
图林根州	692 048	733 849	41 801	6
德国①②	30 138 898	32 346 694	2 207 796	7.3
老的联邦州地区(不包括柏林市)①	23 656 805	25 325 484	1 668 679	7.1
新的联邦州地区(不包括柏林市)	4 792 319	5 187 892	395 573	8.3

注:①包括最高联邦政府给出的费用;

②由于数字的舍入而出现总和的偏差。

(来源:德国联邦统计局网站)

附录 9　德国高中毕业考试总积分与平均成绩对照表

总积分点	平均分数	总积分点	平均分数
823～900	1.0	535～552	2.6
805～822	1.1	517～534	2.7
787～804	1.2	499～516	2.8
769～786	1.3	481～498	2.9
751～768	1.4	463～480	3.0
733～750	1.5	445～462	3.1
715～732	1.6	427～444	3.2
697～714	1.7	409～426	3.3
679～696	1.8	391～408	3.4
661～678	1.9	373～390	3.5
643～660	2.0	355～372	3.6
625～642	2.1	337～354	3.7
607～624	2.2	319～336	3.8
589～606	2.3	301～318	3.9
571～588	2.4	300	4.0
553～570	2.5		

注：对照表至成绩及格为止

（来源：kultusministerium. hessen. de 网站）

附录 10　2018 年联邦各州职业培训者人数

州名	总计	职业培训者年龄段								
		16 岁以及以下	17 岁	18 岁	19 岁	20 岁	21 岁	22 岁	23 岁	24 岁以及以上
合计	1 330 764	61 770	126 600	193 959	220 869	203 259	159 732	106 422	68 166	189 984
BW	190 959	8 577	18 651	29 094	32 577	28 971	22 656	14 970	9 753	25 713
BY	241 749	25 404	37 011	46 740	41 595	30 105	19 482	11 760	7 452	22 200

续表

州名	总计	职业培训者年龄段								
		16 岁以及以下	17 岁	18 岁	19 岁	20 岁	21 岁	22 岁	23 岁	24 岁以及以上
BE	38 649	984	2 457	4 395	5 322	5 625	4 899	3 690	2 562	8 715
BB	26 160	1 140	2 706	4 344	4 686	4 122	2 835	1 803	1 083	3 438
HB	14 538	258	735	1 488	2 187	2 535	2 220	1 515	954	2 646
HH	31 623	615	1 797	3 153	4 353	4 971	4 716	3 504	2 346	6 168
HE	94 539	3 216	7 569	12 252	15 201	15 120	12 543	8 262	5 406	14 973
MV	19 623	786	2 268	3 342	3 492	2 850	1 992	1 251	747	2 895
NI	141 138	3 423	10 548	20 013	25 620	24 726	18 858	12 003	7 110	18 837
NW	299 232	6 150	17 523	32 859	46 068	50 091	43 896	30 615	19 779	52 248
RP	64 992	3 534	6 096	8 733	10 176	9 921	8 160	5 529	3 462	9 384
SL	16 068	591	1 077	1 773	2 319	2 427	2 172	1 521	1 050	3 138
SN	50 199	2 892	7 266	9 663	9 246	6 612	4 263	2 694	1 782	5 787
ST	26 700	1 188	3 312	4 908	5 097	3 846	2 529	1 509	963	3 345
SH	48 633	1 530	3 990	6 417	8 082	7 731	6 096	4 356	2 790	7 647
TH	25 956	1 491	3 591	4 788	4 848	3 606	2 415	1 440	927	2 853
其中女性										
合计	479 898	19 380	39 675	65 874	78 321	77 178	65 034	42 252	25 770	66 414
BW	70 245	2 751	6 054	10 143	11 712	11 181	9 444	6 180	3 738	9 045
BY	88 896	9 312	13 692	17 664	15 051	10 674	7 563	4 446	2 757	7 740
BE	15 813	294	909	1 710	2 247	2 442	2 124	1 590	1 071	3 426
BB	8 475	273	666	1 281	1 497	1 407	1 083	651	357	1 260
HB	5 751	87	246	561	861	1 017	975	603	405	996
HH	12 480	195	615	1 116	1 665	2 121	2 043	1 485	990	2 247
HE	34 554	882	2 262	4 197	5 457	5 955	5 148	3 300	2 136	5 211
MV	6 753	249	657	1 053	1 152	1 011	783	468	267	1 110
NI	50 496	942	3 096	6 576	9 099	9 387	7 581	4 689	2 670	6 459
NW	106 896	1 503	4 347	10 200	16 359	19 512	18 096	12 096	7 275	17 511

续表

州名	总计	职业培训者年龄段								
		16岁以及以下	17岁	18岁	19岁	20岁	21岁	22岁	23岁	24岁以及以上
RP	22 680	822	1 647	2 787	3 444	3 798	3 363	2 217	1 302	3 300
SL	5 613	132	264	525	834	924	906	576	375	1 077
SN	16 716	828	2 118	3 048	2 964	2 274	1 641	1 047	672	2 127
ST	8 574	333	918	1 410	1 575	1 293	945	537	336	1 224
SH	17 709	408	1 236	2 187	2 955	3 030	2 436	1 797	1 074	2 589
TH	8 250	363	954	1 425	1 452	1 155	903	564	348	1 086
其中男性										
合计	850 866	42 393	86 925	128 085	142 548	126 081	94 698	64 170	42 396	123 570
BW	120 714	5 826	12 597	18 954	20 865	17 790	13 212	8 790	6 015	16 668
BY	152 853	16 089	23 319	29 076	26 547	19 434	11 919	7 314	4 695	14 460
BE	22 836	690	1 545	2 685	3 075	3 183	2 778	2 100	1 491	5 289
BB	17 685	867	2 040	3 063	3 189	2 718	1 752	1 155	726	2 178
HB	8 790	171	489	927	1 326	1 521	1 245	909	549	1 650
HH	19 143	423	1 182	2 037	2 688	2 850	2 673	2 019	1 353	3 921
HE	59 985	2 331	5 307	8 055	9 741	9 165	7 392	4 962	3 270	9 759
MV	12 870	537	1 611	2 289	2 337	1 836	1 209	783	480	1 785
NI	90 642	2 481	7 455	13 437	16 521	15 339	11 277	7 314	4 443	12 378
NW	192 336	4 647	13 179	22 659	29 709	30 582	25 800	18 522	12 504	34 737
RP	42 315	2 709	4 449	5 946	6 732	6 123	4 797	3 312	2 160	6 081
SL	10 458	459	816	1 248	1 485	1 503	1 266	945	675	2 061
SN	33 483	2 064	5 148	6 615	6 282	4 338	2 622	1 644	1 110	3 657
ST	18 126	852	2 394	3 501	3 522	2 553	1 584	972	630	2 121
SH	30 924	1 119	2 754	4 230	5 130	4 701	3 660	2 556	1 716	5 058
TH	17 706	1 125	2 637	3 363	3 396	2 451	1 515	876	579	1 767

注:出于数据保护隐私的缘故,所有数据(绝对值)均有多次舍入过程。因此,总值可能出现偏差的现象。州名中文详见附录1。

(来源:德国联邦统计局网站)

附录 11　2019 年德国女性受训人员最受欢迎的 20 种职业[①]

培训职业名称[②]		人数/个	所占总数的比例/(%)
总合计(女)		469 773	100
1	办公室管理人员	49 188	10.5
2	医疗助理	40 620	8.6
3	牙科助手	31 539	6.7
4	工业商	27 822	5.9
5	零售商	26 385	5.6
6	售货员	19 677	4.2
7	理发师	14 733	3.1
8	行政办事员	13 830	2.9
9	批发与外贸商	13 515	2.9
10	酒店工作人员	12 141	2.6
11	税务员	12 069	2.6
12	银行职员	11 655	2.5
13	食品贸易专业推销员	9 882	2.1
14	律师助理	6 897	1.5
15	货运和物流服务商	5 697	1.2
16	保险和金融商	5 517	1.2
17	兽医专业员工	5 463	1.2
18	配镜师	5 190	1.1
19	汽车推销员	5 007	1.1
20	社会保障办事员	4 992	1.1
	其他专业	147 957	31.5

注:①出于数据保护的原因,所有数据(绝对值)均进行了加工。因此,总值可能不同于各个值的总和;

②来自不同培训领域的相同职业已合并,即将到期的培训职业划分到后继职业。

(来源:德国联邦统计局网站)

附录12　2019年德国男性受训人员最受欢迎的20种职业[①]

培训职业名称[②]		人数/个	所占总数的比例/(%)
总合计(男)		859 191	100
1	酒店工作人员	65 238	7.6
2	电子技术员	40 860	4.8
3	工业机械师	40 380	4.7
4	IT专业人员	36 915	4.3
5	卫生、供暖和空调技术的工厂技工	35 193	4.1
6	零售商	26 895	3.1
7	机电工人	26 334	3.1
8	仓库物流专业人员	22 338	2.6
9	企业技术电子技术员	21 933	2.6
10	批发与外贸商	21 336	2.5
11	工业商	20 343	2.4
12	切割机操作员	18 768	2.2
13	办公室管理人员	18 720	2.2
14	售货员	18 396	2.1
15	木匠	15 606	1.8
16	金属工人	15 042	1.8
17	厨师	14 037	1.6
18	粉刷工和油漆工	12 033	1.4
19	银行职员	11 064	1.3
20	园林工人	10 584	1.2
	其他专业	367 176	42.7

注:①出于数据保护的原因,所有数据(绝对值)均进行了加工。因此,总值可能不同于各个值的总和;

②来自不同培训领域的相同职业已合并,即将到期的培训职业划分到后继职业。

(来源:德国联邦统计局网站)

附录 13 2004—2005 学年至 2018—2019 学年各联邦州儿童直接进入特殊学校的入学率*

州名/性别	直接进入特殊学校的入学比例/(%)														
	2004－2005	2005－2006	2006－2007	2007－2008	2008－2009	2009－2010	2010－2011	2011－2012	2012－2013	2013－2015	2014－2015	2015－2016	2016－2017	2017－2018	2018－2019
德国	3.1	3.5	3.5	3.6	3.6	3.7	3.4	3.4	3.3	3.2	3.2	3.1	3.0	3.1	3.1
男	4.0	4.5	4.5	4.6	4.8	4.8	4.5	4.5	4.4	4.2	4.2	4.0	4.0	4.1	4.2
女	2.2	2.4	2.4	2.5	2.4	2.5	2.3	2.4	2.2	2.2	2.1	2.0	2.0	2.0	2.1
西德	3.0	3.5	3.4	3.6	3.7	3.8	3.5	3.6	3.5	3.4	3.4	3.2	3.1	3.2	3.4
东德	3.8	3.4	3.5	3.4	3.4	3.3	2.9	2.8	2.8	2.6	2.5	2.5	2.5	2.4	2.3
BY	4.1	4.2	4.4	4.4	4.6	4.6	4.4	4.3	4.3	4.1	4.1	4.1	4.1	4.4	4.3
BB	2.8	2.8	1.7	1.9	2.3	2.4	2.4	2.2	2.0	2.0	2.0	2.0	2.1	2.3	2.3

续表

州名/性别	直接进入特殊学校的入学比例/(%)														
	2004－2005	2005－2006	2006－2007	2007－2008	2008－2009	2009－2010	2010－2011	2011－2012	2012－2013	2013－2015	2014－2015	2015－2016	2016－2017	2017－2018	2018－2019
HB	1.4	1.9	1.5	1.6	1.6	1.7	1.8	0.5	0.3	0.2	0.5	0.5	0.5	0.5	0.7
HH	3.6	3.5	3.5	3.4	3.0	3.3	3.2	2.8	2.5	1.7	2.2	2.0	2.1	1.9	1.7
HE	1.6	2.0	1.9	2.5	2.6	2.7	2.6	2.6	2.6	2.5	2.6	2.4	2.5	2.4	2.4
MV	4.3	4.6	4.8	4.8	4.6	4.5	2.5	2.3	2.9	2.7	2.4	2.5	2.7	2.5	2.5
NW	2.8	4.0	3.6	3.7	3.6	3.8	3.5	3.4	3.0	3.0	3.0	2.8	2.8	2.9	2.9
RP	2.2	2.3	2.3	2.5	2.6	3.0	2.8	2.8	3.1	3.0	2.7	2.9	2.8	3.0	3.2
SN	4.2	3.8	3.9	3.8	3.9	3.8	3.8	3.8	3.8	3.7	3.8	3.7	3.6	3.6	3.4
SH	2.3	2.3	2.4	1.8	1.9	1.4	1.4	1.4	1.2	1.3	1.2	1.3	1.2	1.4	1.4

续表

州名/性别	直接进入特殊学校的入学比例/(%)														
	2004－2005	2005－2006	2006－2007	2007－2008	2008－2009	2009－2010	2010－2011	2011－2012	2012－2013	2013－2015	2014－2015	2015－2016	2016－2017	2017－2018	2018－2019
TH	3.0	3.4	3.3	3.3	2.6	2.2	1.8	1.8	2.0	1.8	1.7	1.4	1.6	1.5	1.5
在入小学时未证明有特殊教育需求身份的联邦州															
BW	3.4	3.6	3.8	4.1	4.3	4.5	4.5	4.6	4.7	4.7	4.7	4.3	4.2	4.1	4.3
BE	4.3	2.8	3.2	3.0	3.2	3.2	2.9	2.9	2.6	2.3	1.8	1.9	1.9	2.2	1.8
NI	2.9	3.4	3.5	3.7	3.9	3.9	3.2	3.9	3.6	3.4	3.4	3.3	2.6	2.5	3.4
SL	1.8	1.8	1.8	1.9	2.3	2.6	2.1	1.9	2.0	2.2	2.6	2.1	2.2	2.1	2.3
ST	3.9	3.9	4.6	3.9	4.2	3.6	3.3	2.4	2.6	2.5	2.4	2.9	2.4	2.6	2.8

注：* 无论是否已正式确定特殊的教育需求，儿童都可以入读特殊学校。

（来源：2020 年德国教育报告）

附录14　2018年德国高等学府在九大专业领域中排名前五名的高校

一、工商管理

1. 曼海姆大学（Universität Mannheim）35.8%

2. 路德维希-马克西米利安-慕尼黑大学（Ludwig - Maximilian - Universität München）19.1%

3. 科隆大学（Universität zu Köln）19.8%

4. 奥托贝森商学院（WHU - Otto Beisheim School of Management）17.0%

5. 威斯特伐利亚-威廉-明斯特大学（Westfälische Wilhelms Universität Münster）14.7%

二、经济学

1. 路德维希-马克西米利安-慕尼黑大学（Ludwig - Maximilian - Universität München）19.4%

2. 约翰-沃尔夫冈-歌德-法兰克福大学（Johan Wolfgang - Goethe - Universität Frankfurt）17.2%

3. 曼海姆大学（Universität Mannheim）15.0%

4. 科隆大学（Universität zu Köln）14.0%

5. 柏林自由大学（Freie Universität Berlin）13.9%

三、信息学

1. 卡尔斯鲁厄理工学院（Karlsruher Institut für Technologie）28.8%

2. 亚琛工业大学（RWTH Aachen）25.7%

3. 慕尼黑工业大学（TU München）22.9%

4. 柏林工业大学（TU Berlin）21.0%

5. 达姆施塔特工业大学（TU Darmstadt）19.0%

四、电力工程

1. 亚琛工业大学（RWTH Aachen）28.7%

2. 卡尔斯鲁厄理工学院（Karlsruher Institut für Technologie）24.7%

3. 慕尼黑工业大学（TU München）22.3%

4. 达姆施塔特工业大学（TU Darmstadt）21.2%

5. 凯泽斯劳滕工业大学（TU Kaiserslautern）18.2%

五、法律

1. 路德维希-马克西米利安-慕尼黑大学（Ludwig - Maximilian -

Universität München)24.4%

2. 拜罗伊特大学(Universität Bayreuth)21.3%

3. 海德堡大学(Universität Heidelberg) 19.3%

4. 图宾根大学(Universität Tübingen)16.3%

5. 科隆大学(Universität zu Köln)15.3%

六、机械制造

1. 亚琛工业大学 (RWTH Aachen)39.3%

2. 慕尼黑工业大学 (TU München) 36.3%

3. 卡尔斯鲁厄理工学院(Karlsruher Institut für Technologie) 36.3%

4. 达姆施塔特工业大学(TU Darmstadt) 25.8%

5. 柏林工业大学 (TU Berlin)23.8%

七、经济信息学

1. 达姆施塔特工业大学(TU Darmstadt) 27.7%

2. 慕尼黑工业大学 (TU München)26.5%

3. 曼海姆大学 (Universität Mannheim)17.9%

4. 德累斯顿工业大学(TU Dresden)13.2%

5. 科隆大学(Universität zu Köln)12.2%

八、工程管理

1. 亚琛工业大学 (RWTH Aachen)48.9%

2. 卡尔斯鲁厄理工学院(KIT)45.9%

3. 达姆施塔特工业大学(TU Darmstadt) 37.8%

4. 柏林工业大学 (TU Berlin)25.7%

5. 德累斯顿工业大学(TU Dresden)24.1%

九、自然科学

1. 柏林工业大学 (TU Berlin)24.3%

2. 亚琛工业大学 (RWTH Aachen)21.3%

3. 路德维希-马克西米利安-慕尼黑大学(Ludwig - Maximilian - Universität München) 19.3%

4. 柏林洪堡大学 (Humboldt Universität zu Berlin)17.3%

5. 海德堡大学 (Universität Heidelberg)16.2%

(来源：karrierebibel.de 网站)

附录15　按年龄段和大学类型划分德国2005—2006学年、2008—2009学年至2018—2019学年冬季学期的一年级学生分布情况*

单位：%

入学年龄段	冬季学期													
	2005—2006	2008—2009	2009—2010	2010—2011	2011—2012	2012—2013	2013—2014	2014—2015	2015—2016	2016—2017	2017—2018	2018—2019	其中	
													德国人	外国人
入高等院校新生的比例														
18岁以下					0.3	0.5	0.6	0.7	0.8	0.9	1.0	1.0	1.2	0.5
18岁	2.8	3.6	3.4	3.4	6.8	9.7	13.2	14.6	16.2	16.1	16.5	17.1	20.6	4.2
19岁至21岁以下	46.0	46.5	46.6	46.7	47.4	45.5	43.6	40.9	41.3	42.5	42.4	41.6	46.3	23.7
21岁至23岁以下	25.9	25.7	25.9	25.2	22.7	20.3	18.5	18.6	17.6	17.1	17.0	17.4	15.3	25.2
23岁至25岁以下	12.2	11.2	11.2	11.3	10.6	10.8	10.7	10.9	10.2	9.8	9.5	9.3	6.8	18.8
25岁至30岁以下	9.2	8.9	9.0	9.0	8.3	9.0	9.2	9.6	9.6	9.1	9.0	8.8	6.0	19.3
30岁至35岁以下	2.1	2.2	2.3	2.4	2.2	2.4	2.4	2.6	2.5	2.5	2.5	2.6	1.8	5.3
35岁以及以上	1.8	1.9	1.8	1.9	1.7	1.8	1.8	2.1	1.9	1.9	2.0	2.1	1.8	3.1
入学年龄中值	20.1	20.0	20.0	20.0	19.8	19.7	19.6	19.7	19.5	19.4	19.4	19.4	19.0	21.7

续表

入学年龄段	冬季学期													
	2005—2006	2008—2009	2009—2010	2010—2011	2011—2012	2012—2013	2013—2014	2014—2015	2015—2016	2016—2017	2017—2018	2018—2019	其中	
													德国人	外国人
大学														
18 岁以下					0.4	0.6	0.8	1.0	1.1	1.2	1.4	1.4	1.7	0.5
18 岁	2.8	3.7	3.6	3.5	7.8	11.2	15.5	17.3	18.9	18.9	19.3	19.9	25.1	4.3
19 岁至 21 岁以下	53.4	53.0	53.2	53.2	52.9	50.4	47.7	44.8	44.3	45.3	45.1	44.0	51.0	23.0
21 岁至 23 岁以下	24.5	24.4	24.5	23.4	20.7	18.0	16.1	16.2	15.1	14.6	14.6	14.8	11.7	24.1
23 岁至 25 岁以下	9.3	8.9	8.8	8.8	8.3	8.8	8.7	9.1	8.6	8.3	8.1	8.2	4.4	20.0
25 岁至 30 岁以下	7.1	6.9	7.0	7.4	6.8	7.6	7.8	8.1	8.4	8.0	7.9	7.9	4.0	19.8
30 岁至 35 岁以下	1.5	1.6	1.6	1.9	1.7	1.9	1.9	1.9	2.0	2.1	2.0	2.1	1.0	5.3
35 岁以及以上	1.3	1.5	1.3	1.7	1.4	1.5	1.5	1.5	1.6	1.5	1.5	1.6	1.2	3.0
入学年龄中值	19.8	19.8	19.8	19.8	19.6	19.5	19.3	19.3	19.2	19.1	19.1	19.1	•	•
应用科学大学														
18 岁以下					0.1	0.2	0.3	0.3	0.4	0.4	0.5	0.5	0.5	0.3

续表

入学年龄段	冬季学期													
	2005—2006	2008—2009	2009—2010	2010—2011	2011—2012	2012—2013	2013—2014	2014—2015	2015—2016	2016—2017	2017—2018	2018—2019	其中	
													德国人	外国人
18 岁	2.9	3.3	3.0	3.2	5.1	7.4	9.7	10.6	12.2	12.1	12.4	13.2	14.9	3.8
19 岁至 21 岁以下	30.8	35.5	35.6	35.9	38.2	37.9	37.2	35.2	36.7	38.3	38.5	38.1	40.4	25.3
21 岁至 23 岁以下	28.9	27.9	28.1	28.1	26.0	23.9	22.1	22.1	21.2	20.7	20.5	21.2	19.9	27.7
23 岁至 25 岁以下	18.0	15.0	15.1	15.5	14.3	13.9	13.7	13.4	12.6	12.0	11.6	10.9	10.0	16.1
25 岁至 30 岁以下	13.5	12.3	12.3	11.8	11.0	11.2	11.5	11.8	11.4	10.8	10.6	10.2	8.7	18.3
30 岁至 35 岁以下	3.2	3.3	3.3	3.2	3.1	3.1	3.1	3.5	3.2	3.2	3.3	3.3	2.9	5.4
35 岁以及以上	2.7	2.6	2.6	2.3	2.2	2.3	2.3	3.1	2.3	2.5	2.7	2.7	2.6	3.1
入学年龄中值	21.0	20.7	20.7	20.7	20.4	20.3	20.2	20.3	20.1	20.0	19.9	19.9	•	•

注：* 一年级本科新生，包括行政学院。

（来源：2020 年德国教育报告）

附录 16　2019 年德国高校毕业人数最多的前 20 所高等院校排名

高等院校校名	总计			大学毕业生(不包括教师考试)①			博士生			教师考试②			应用科学大学毕业生③			学士学位			硕士学位		
	排名	人数	比例	排名	人数	比例	排名	人数	比例	排名	人数	比例	排名	人数	比例	排名	人数	比例	排名	人数	比例
TU München 慕尼黑工业大学	1	10 591	2.1	28	439	1.4	3	1113	3.9	41	434	49	52	—	—	2	3 552	2.4	1	5 053	3.5
Duale Hochschule Baden - Württemberg. Stuttgart (FH) 巴登-符腾堡州双轨制州立大学	2	10 271	2.0	153	—	—	123	—	—	108	—	—	52	—	—	1	9 780	3.8	88	491	0.5
U München 慕尼黑大学	3	8 904	1.7	2	1639	5.3	1	1235	43	20	836	2.8	52	—	—	3	3 040	22	8	2 154	1.5

续表

高等院校校名	总计			大学毕业生(不包括教师考试)[①]			博士生			教师考试[②]			应用科学大学毕业生[③]			学士学位			硕士学位		
	排名	人数	比例	排名	人数	比例	排名	人数	比例	排名	人数	比例	排名	人数	比例	排名	人数	比例	排名	人数	比例
RWTH Aachen 亚琛工业大学	4	8 387	1.6	35	254	0.8	4	1 068	5.7	38	450	1.0	52	—	—	4	3 003	2.2	2	5612	2.5
U Köln 科隆大学	5	8 368	1.6	9	844	2.7	12	697	2.4	1	2 733	9.9	52	—	—	8	2 606	2	24	1 488	2.0
U Erlangen – Nürnberg 埃尔朗根–纽伦堡大学	6	7 810	1.5	14	739	2.4	8	770	2.7	27	666	2.4	52	—	—	7	2 633	2	3	5 002	2.2
U Münster 明斯特大学	7	7 558	1.5	3	1 216	5.9	9	748	2.6	4	1 939	42	52	—	—	30	1 899	47	13	1 756	1.2
U Tübingen 图宾根大学	8	7 400	1.4	4	1 171	5.8	6	852	5	11	1 074		52	—	—	10	2 487	2	9	1 816	1.2

续表

高等院校校名	总计			大学毕业生(不包括教师考试)[①]			博士生			教师考试[②]			应用科学大学毕业生[③]			学士学位			硕士学位		
	排名	人数	比例	排名	人数	比例	排名	人数	比例	排名	人数	比例	排名	人数	比例	排名	人数	比例	排名	人数	比例
U Frankfurt a. M. 法兰克福大学	9	7 209	1.4	5	1 115	5.6	10	744	2.6	17	877	2.39 7.	52	—	—	6	2 672	2.2	11	1 803	1.2
U Hamburg 汉堡大学	10	6 725	1.3	8	971	3.2	5	911	3.2	10	1 111	2.4	52	—	—	23	1 981	48	14	1 751	2.2
U Duisburg - Essen 杜伊斯堡-埃森大学	11	6 286	1.2	34	255	48	19	545	2.9	5	1 528	5.3	52	—	—	20	2 142	48	9	1 816	2.2
U Mainz 美因兹大学	12	5 788	1.1	10	840	2.7	17	613	2.1	15	958	2.1	52	—	—	21	2 035	48	29	1 342	0.9
Karlsruher Institut für Technologie (KIT) - Bereich Hochschule (U) 卡尔斯鲁厄理工学院	13	5 722	1.1	115	9	0.0	18	552	2.9	69	119	43	52	—	—	14	2 264	49	4	2 778	1.9

续表

高等院校校名	总计			大学毕业生(不包括教师考试)[①]			博士生			教师考试[②]			应用科学大学毕业生[③]			学士学位			硕士学位		
	排名	人数	比例	排名	人数	比例	排名	人数	比例	排名	人数	比例	排名	人数	比例	排名	人数	比例	排名	人数	比例
U Bochum 波鸿鲁尔大学	14	5 673	1.1	22	564	1.8	24	502	1.7	33	551	2.2	52	—	—	16	2 254	0.9	12	1 802	1.2
U Göttingen 哥廷根大学	15	5 646	1.1	18	664	2.2	11	734	2.6	47	351	48	52	—	—	13	2 275	0.9	18	1 624	2.2
U Heidelberg 海德堡大学	16	5 633	1.1	7	978	5.2	2	1 164	42	49	331	47	52	·	—	35	1 722	47	26	1 438	1.0
FU Berlin 柏林自由大学	16	5 633	1.1	23	546	1.8	16	629	2.2	22	809	2.7	52	—	—	25	1 961	48	17	1 688	2.2
TU Dresden 德累斯顿工业大学	18	5 511	1.1	1	1 763	5.7	14	694	2.4	50	312	47	52	—	—	69	1 259	0.5	25	1 483	2
U Stuttgart 斯图加特大学	19	5 436	1.1	153	—	—	28	460	2.6	57	216	45	52	—	—	18	2 209	0.9	5	2 551	1.8

续表

高等院校校名	总计			大学毕业生(不包括教师考试)[①]			博士生			教师考试[②]			应用科学大学毕业生[③]			学士学位			硕士学位		
	排名	人数	比例	排名	人数	比例	排名	人数	比例	排名	人数	比例	排名	人数	比例	排名	人数	比例	排名	人数	比例
U Bonn 波恩大学	20	5 424	1.1	12	819	2.7	15	677	2.4	46	353	48	52	—	—	31	1 849	0.7	16	1 726	2.2
前 20 所院校毕业生人数合计	X	139 977	27.9	X	14 824	440	X	14 708	52.3	X	15 648	33.7	X	—	—	X	53 623	21.2	X	41 174	243
所有院校毕业生人数总和	X	512 285	100	X	30 862	200	X	28 690	100	X	46 454	100	X	6 764	100	X	254 142	100	X	145 573	200

注:①包括考试组为“艺术学位”和“其他学位”,不含学士和硕士学位;

②包括双学士和硕士学位;

③不含学士和硕士学位。

(来源:德国联邦统计局网站)

附录17　2019年德国高校毕业人数中外国人最多的20个国家

高等院校	总计			大学毕业生（不包括教师考试）[①]			博士生			教师考试[②]			应用科学大学毕业生[③]			学士学位			硕士学位		
	排名	人数	比例	排名	人数	比例	排名	人数	比例	排名	人数	比例	排名	人数	比例	排名	人数	比例	排名	人数	比例
中国	1	8 253	13.8	1	305	10.9	1	898	15.8	30	5	0.4	2	11	2.8	2	2 280	11.3	1	4 754	16.1
土耳其	2	4 337	7.2	4	153	5.5	7	149	2.6	1	427	32.8	4	6	1.5	1	2 418	11.9	3	1 184	4.0
印度	3	4 146	6.9	55	9	0.3	3	355	6.2	60	1	0.1	34		—	41	99	0.5	2	3 682	12.4
意大利	4	2 538	4.2	7	100	3.6	2	382	6.7	2	123	9.4	3	8	2.0	3	996	4.9	5	929	3.1
俄国	5	2 529	4.2	5	118	4.2	6	195	3.4	4	67	5.1	14	1	0.3	4	988	4.9	4	1 160	3.9
奥地利	6	2 263	3.8	3	176	6.3	5	197	3.5	8	34	2.6	1	320	80.6	5	815	40	10	721	2.4
法国	7	1 597	2.7	12	72	2.6	15	91	1.6	6	50	3.8	34		—	7	624	3.1	8	760	2.6
乌克兰	8	1 484	2.5	9	92	3.3	16	88	2.5	9	32	2.5	12	2	0.5	6	667	3.3	11	603	2.0
伊朗	9	1 336	2.2	16	40	2.4	4	284	5	27	6	0.5	8	3	0.8	25	191	0.9	6	812	2.7
波兰	10	1 166	1.9	8	98	3.5	9	140	2.5	10	28	2.1	34		—	13	468	2.3	17	432	1.5
希腊	11	1 145	1.9	10	83	3	10	134	2.4	3	73	5.6	8	3	0.8	14	461	2.3	20	391	13
韩国	12	1 113	1.9	2	197	7.0	27	57	2.0	36	4	0.3	14	1	0.3	20	261	1.3	12	593	2.0
西班牙	13	1 107	1.8	19	36	1.3	8	145	2.5	5	56	4.3	34		—	15	348	1.7	13	522	1.8
美国	14	1 075	1.8	20	34	1.2	13	109	2.9	11	26	2.0	34		—	28	167	0.8	9	739	2.5

续表

高等院校	总计			大学毕业生(不包括教师考试)①			博士生			教师考试②			应用科学大学毕业生③			学士学位			硕士学位		
	排名	人数	比例	排名	人数	比例	排名	人数	比例	排名	人数	比例	排名	人数	比例	排名	人数	比例	排名	人数	比例
保加利亚	15	1 008	1.7	6	102	3.6	23	63	1.1	40	3	0.2	14	1	0.3	10	543	2.7	25	296	1.0
越南	16	990	1.6	20	34	1.2	19	74	1.3	21	10	0.8	14	1	0.3	12	480	2.4	20	391	1.3
巴基斯坦	17	976	1.6	61	8	0.3	14	96	1.7	91		—	34		—	44	84	0.4	7	788	2.7
喀麦隆	18	933	1.6	22	33	1.2	52	19	0.3	91		—	34		—	8	572	2.8	23	309	1.0
印度尼西亚	19	927	1.5	30	22	0.8	29	50	0.9	60	1	0.1	12	2	0.5	9	544	2.7	24	308	1.0
卢森堡	20	858	1.4	13	42	2.5	44	27	0.5	14	18	1.4	34		—	11	499	2.5	27	272	0.9
前20名的外国人毕业生合计	X	39 781	66.3	X	1 754	62.7	X	3 553	62.5	X	964	74.0	X	359	90.4	X	13 505	66.7	X	19 646	66.4
所有院校外国人毕业生总和	X	60 006	100	X	2 796	100	X	5 688	100	X	1 303	100	X	397	100	X	20 247	100	X	29 575	100

注：①包括考试组为“艺术学位”和“其他学位”，不含学士和硕士学位；

②包括双学士和硕士学位；

③不含学士和硕士学位。

（来源：德国联邦统计局网站）

附录 18　德国最大的 100 家公司

2018 年排名	2017 年排名	公司名称	2018 年销售额 /亿欧元
1	1	Volkswagen	2 358
2	2	Daimler	1 673
3	7	Allianz	130
4	4	Schwarz Dienstleistungen	1 043
5	3	BMW	974
6	5	Siemens	830
7	8	Lidl Stiftung	812
8	6	Robert Bosch GmbH	784
9	9	Uniper*	781
10	7	Deutsche Telekom	756
11	10	BASF	626
12	11	Deutsche Post	615
13	13	Rewe Group	611
14	12	Audi	592
15	14	Edeka Zentrale	536
16	15	Aldi Süd	505
17	17	Continental	444
18	19	Deutsche Bahn	440
19	20	ThyssenKrupp	427
20	25	Bayer	395
21	18	Innogy SE	369
22	23	ZF Friedrichshafen	369
23	24	Deutsche Lufthansa	358
24	26	Fresenius SE	335
25	27	Aldi Nord	333

续表

2018 年排名	2017 年排名	公司名称	2018 年销售额/亿欧元
26	21	E. ON*	302
27	22	Metro	294
28	29	BP Europa	293
29	31	Daimler Financial	262
30	30	Phoenix Pharma	258
31	32	Porsche	257
32	33	SAP	247
33	34	Hochtief	238
34	39	Kaufland	226
35	41	Adidas	219
36	36	Ceconomy AG	214
37	40	Telekom Deutschland	213
38	37	EnBW	206
39	44	Shell Deutschland	203
40	38	Heraeus	202
41	43	Henkel	198
42	45	TUI	195
43	52	Adam Opel AG	183
44	49	HeidelbergCement	180
45	50	Bertelsmann	176
46	47	Boehringer Ingelheim	174
47	53	Schenker AG	170
48	54	Baywa	166
49	48	Fresenius Medical Care	165
50	56	Lufthansa Air Plus Servicekarten	164
51	57	Evonik Industries	150

续表

2018 年排名	2017 年排名	公司名称	2018 年销售额/亿欧元
52	55	Merck KGaA	148
53	59	Covestro	146
54	60	Schaeffler	142
55	69	Adolf Würth GmbH	136
56	62	Otto GmbH	134
57	58	BSH Hausgeräte	134
58	16	RWE	133
59	64	Netto	133
60	63	Marquard & Bahls AG	131
61	66	Vattenfall	130
62	65	Amprion GmbH	130
63	67	Mahle GmbH	125
64	71	Brenntag	125
65	70	Penny - Markt	124
66	68	Lekkerland	123
67	58	MAN SE	121
68	75	Aurubis	116
69	82	Hapag - Lloyd	115
70	99	VNG - Verbundsnetz Gas	112
71	74	Droege	110
72	81	MAN Truck & Bus GmbH	108
73	78	dm - drogerie markt	107
74	77	Vodafone Kabel Deutschland	103
75	80	maxingvest AG	101
76	79	50Hertz Transmission	102
77	83	Freudenberg & Co.	94

续表

2018年排名	2017年排名	公司名称	2018年销售额/亿欧元
78	88	Edeka	93
79	85	Salzgitter	92
80	86	DB Regio	89
81	87	Sandoz International GmbH	86
82	98	Stadtwerke München	83
83	93	Helm AG	82
84	90	Dirk Rossmann	82
85	91	Kion Group	79
86	95	Remondis SE	79
87	94	Obi	77
88	101	Infineon	75
89	92	Globus Handelshof Gruppe	77
90	103	Tengelmann Warengesellschaft KG	75
91	96	Telefónica Deutschland	73
92	102	Beiersdorf	72
93	105	Knauf Iphofen	72
94	84	Lanxess	71
95	73	Dr. August Oetker KG	71
96	97	Real GmbH	70
97	117	Noweda	70
98	109	Hella GmbH	70
99	106	T-Systems	69
100	108	B. Braun Melsungen	69

注：①此处保留德文原文，以避免因翻译造成误解。

* 更改了名称。

（来源：boerse. de 网站）

附录 19　德国最大的私人基金会一览表

序号	基金会名称	所在地	所在州	持股资本/百万欧元	总支出/百万欧元	项目支出/百万欧元	法律形式
1	Alfried Krupp von Bohlen und Halbach - Stiftung	Essen	NW	1100(BW)		5.0	B
2	Baden - Württemberg Stiftung gGmbH	Stuttgart	BW	2176(BW)	64.3	43.0	B
3	Bertelsmann Stiftung	Gütersloh	NW	1244(BW)	86.2	67.8	B
4	Bremer Heimstiftung	Bremen	HB	34(BW)	91.0	91.0	T
5	Carl-Zeiss - Stiftung[1]	Heidenheim a. d. Brenz	BW	874(BW)	92.9	91.6	B
6	Deutsche Bundesstiftung Umwelt	Osnabrück	NI	2376(BW)	59.3		B
7	Deutsche Stiftung Denkmalschutz	Bonn	NW	144(BW)	43.9	26.2	B
8	Dietmar Hopp Stiftung	Walldorf	BW			85.5	B
9	Else Kröner - Fresenius - Stiftung	Bad Homburg v. d. Höhe	HE	6200(VW)		53.7	B
10	Evangelische Stiftung Alsterdorf	Hamburg	HH	50(BW)	299.9		T
11	Fritz Thyssen Stiftung	Köln	NW	537(BW)	20	17.1	B
12	Gemeinnützige Hertie - Stiftung	Frankfurt am Main	HE	955(VW)	29.9	26.4	B
13	Gerda Henkel Stiftung	Düsseldorf	NW	159(BW)		15.8	B
14	Joachim Herz Stiftung	Hamburg	HH	1509(BW)	15.8	15.8	B
15	Klaus Tschira Stiftung gGmbH	Heidelberg	BW	4091(BW)		53.6	B
16	Körber - Stiftung	Hamburg	HH	527(BW)	19		B

续表

序号	基金会名称	所在地	所在州	持股资本/百万欧元	总支出/百万欧元	项目支出/百万欧元	法律形式
17	Mahle - Stiftung GmbH	Stuttgart	BW	$286^{(BW)}$	6.6	5.7	B
18	RAG - Stiftung[1)]	Essen	NW	$15314^{(VW)}$	32.7	16.4	B
19	Robert Bosch Stiftung GmbH	Stuttgart	BW	$5352^{(BW)}$	226.5	158.9	B
20	Samariterstiftung	Nürtingen	BW	$94^{(BW)}$		145.8	T
21	Siemens Stiftung	München	BY	$431^{(BW)*}$	12.1^{*}	10.8^{*}	B
22	Software AG - Stiftung	Darmstadt	HE	$1077^{(VW)}$	51.2	27.8	B
23	SRH Holding (SdbR)	Heidelberg	BW	$707^{(BW)}$	1.071.80		T
24	Stiftung Bethel	Bielefeld	NW	$168^{(BW)}$	478.2		T
25	Stiftung caesar - center of advanced european studies and research	Bonn	NW	$405^{(BW)}$	18.6		B
26	Stiftung Eben - Ezer	Lemgo	NW	$51^{(BW)}$	82.6	82.6	T
27	Stiftung Liebenau	Liebenau	BW	$486^{(BW)}$	357.2		T
28	Stiftung Mercator GmbH	Essen	NW	$116^{(BW)}$	69.2	59.4	B
29	Stiftung Polytechnische Gesellschaft Frankfurt am Main	Frankfurt am Main	HE	$437^{(BW)}$	8.3	7.5	B
30	Stiftung Warentest	Berlin	BE	$202^{(BW)}$	53.7		B
31	VolkswagenStiftung	Hannover	NI	$2682^{(BW)}$	247.1	207.2	B
32	Wilhelm Sander - Stiftung	Neustadt a. d. Donau	BY	$419^{(VW)}$	9.1	8.4	B
33	WWF - Deutschland	Berlin	BE	$28^{(BW)**}$	83.9^{**}	28.8^{**}	B

续表

序号	基金会名称	所在地	所在州	持股资本/百万欧元	总支出/百万欧元	项目支出/百万欧元	法律形式
34	ZEIT - Stiftung Ebelin und Gerd Bucerius	Hamburg	HH	786(BW)	21.3	17.9	B

注：* 调查期：2017 年 10 月 1 日至 2018 年 9 月 30 日。

* * 调查期：2017 年 7 月 1 日至 2018 年 6 月 30 日。

①非公共福利的。

②关于股权的说明：BW 为账面价值；VW 为市场价值。

③关于法律形式的说明：B＝民法下的法律基础、有限公司或注册社团；T＝民法基础。

④关于排序的注意事项：基金会顺序按字母顺序排序。空字意味着没有可用信息。

⑤此处保留德文原文，以避免因翻译造成的误解。

（来源：Bundesverband Deutscher Stiftungen 网站）

附录 20　德国最大的公法下基金会一览表

序号	基金会名称	所在地	所在州	持股资本/百万欧元	总支出/百万欧元	项目支出/百万欧元	法律形式
1	Alexander von Humboldt - Stiftung	Bonn	NW		130.3	113	H
2	Bayerische Forschungsstiftung	München	BY	405(BW)	15.1		Ö
3	Bischof Arbeo Stiftung	München	BY	689(BW)		6	Ö
4	Blindeninstitutsstiftung	Würzburg	BY	69(BW)	104.7	104.5	Ö
5	Breisgauer Katholischer Religionsfonds	Freiburg im Breisgau	BW	65(BW)	2.1	0.6	Ö
6	Deutsches Elektronen - Synchrotron DESY	Hamburg	HH		384.3		H
7	Evangelische Pfarrpfründestiftung Baden (EPSB)	Heidelberg	BW	249(VW)	15.7	13.6	Ö

续表

序号	基金会名称	所在地	所在州	持股资本/百万欧元	总支出/百万欧元	项目支出/百万欧元	法律形式
8	Evangelische Stiftung Pflege Schönau	Heidelberg	BW	840(VW)	44.3	33.3	Ö
9	GeoForschungsZentrum Potsdam	Potsdam	BB		90.3		Ö
10	Max Weber Stiftung – Deutsche Geisteswissenschaftliche Institute im Ausland	Bonn	NW		44		Ö
11	Pfälzer Katholische Kirchenschaffnel in Heidelberg	Heidelberg	BW	333(BW)	6.7	2.4	Ö
12	Pfarrpfründestiftung der Erzdiözese Freiburg	Freiburg im Breisgau	BW	466(BW)	7	6	Ö
13	St. Antonius – Stiftung der Erzdiözese München und Freising	München	BY	683(BW)		6.1	Ö
14	St. Korbinian – Stiftung der Erzdiözese München und Freising	München	BY	694(BW)		3	Ö
15	Stiftung Deutsches Krebsforschungszentrum (DKFZ)	Heidelberg	BW		277		Ö

注:①关于股权的说明:BW=账面价值;VW=市场价值。

②关于法律形式的说明:H =(主要是)私法下的公共资助基金会;Ö=公法基础。

③关于排序的注意事项:基金会顺序按字母顺序排序。空字表示没有可用信息。

(来源:Bundesverband Deutscher Stiftungen 网站发布于 2019 年 12 月 2 日)

附录 21　德国最大的政治基金会一览表

序号	基金会名称	所在地	所在州	持股资本/百万欧元	总支出/百万欧元	项目支出/百万欧元	法律形式
1	Friedrich - Ebert - Stiftung e. V.	Bonn	NW		194.6		P
2	Friedrich - Naumann - Stiftung für die Freiheit	Potsdam	BB		71.7		P
3	Hanns - Seidel - Stiftung e. V.	München	BY		72.3		P
4	Hans - Böckler - Stiftung	Düsseldorf	NW	59(BW)*	72.6*	46.6*	P
5	Heinrich - Böll - Stiftung e. V.	Berlin	BE		67		P
6	Konrad - Adenauer - Stiftung e. V.	Bonn	NW		183.1		P
7	Rosa - Luxemburg - Stiftung - Gesellschaftsanalyse und Politische Bildung e. V.	Berlin	BE		66.7		P

注：* 调查期：2017 年 10 月 1 日至 2018 年 9 月 30 日。

①关于股权的说明：BW＝账面价值；VW＝市场价值。

②关于法律形式的说明：P＝政治基金会。

③关于排序的注意事项：基金会顺序按字母顺序排序。空字表示没有可用信息。

④此处保留德文原文，以避免因翻译造成的误解。

（来源：Bundesverband Deutscher Stiftungen 网站调查期：2018 年）

附录 22　2020 年德国最富有前 100 人的排名以及公司和资产

排名	姓名/家庭	公司名称	资产/亿美元
1	Dieter Schwarz	Lidl，Schwarz－Gruppe	192
2	Susanne Klatten	BMW，Altana	191
3	Stefan Quandt	BMW	183
4	Michael Otto	Otto Gruppe	178
5	Klaus－Michael Kühne	Kühne Gruppe	171
6	Beate Heister	Aldi Süd	157
7	Heinz H. Thiele	Knorr，Vossloh	141
8	Dietmar Hopp	SAP	133
9	Alexander Otto	Otto Gruppe	125
10	Georg Schaeffler	Schaeffler Gruppe	118
11	Hasso Plattner	SAP	112
12	Udo Tschira	SAP	102
13	Walter P. J. Droege	Droege Gruppe	102
14	Rheinhold Würth	Würth	92
15	August von Finck jr.	Investment	88
16	Familie Bosch	Robert Bosch	88
17	Theo Albrecht jr.	Aldi Nord	81
18	Andreas v. Bechtolsheim	Investment	78
19	Heinrich Deichmann	Deichmann	73
20	Familie Merckle	Merckle Gruppe	71
21	Willi Liebherr	Liebherr	69
22	Berthold Albrecht	Aldi Nord	67
23	Maria－E. Schaeffler	Schaeffler Gruppe	59
24	Familie Rethmann	Rethmann	58
25	Theo Müller	Müller Molkerei	57
26	Aloys Wobben	Enercon	56

续表

排名	姓名/家庭	公司名称	资产/亿美元
27	Wolfgang Herz	Tschibo	56
28	Berhard groβe Broermann	Asklepios Kliniken	53
29	Wolfgang Porsche	Porsche，VW	52
30	Ralph Dommermuth	United Internet	44
31	Familie Leibinger	Trumpf	44
32	Axel Oberweller	Storck Süβwaren	44
33	Alexandra Schörghuber	Schörghuber	42
34	Familie Dachser	Dachser Transport	42
35	Familie Baus	Bauhaus	39
36	Familie Kipp	Massa，Handel	37
37	Matthias Reimann - Andersen	Benckiser，Investment	37
38	Renate Reimann - Haas	Benckiser，Investment	36
39	Hans - Peter Wild	Wild - Werke	36
40	Liz Mohn	Bertelsmann	35
41	Wilfried Stoll	Festo	35
42	Familie Kärcher	Kärcher	35
43	Reiner Schmidt - Ruthebeck	Metro，Investment	35
44	Familie Claas	Claas	34
45	Erwin Franz Müller	Müller Drogerie	34
46	Katharina Otto - Bernstein	Otto Gruppe	34
47	Familie Still	Still	33
48	Familie Zinkmann	Miele	33
49	Georg H. Nemetschek	Nemetschek AG	33
50	Friede Springer	Axel Springer	32
51	Günther Herz	Investment	32
52	Stefan Reimann - Andersen	Benckiser，Investment	32
53	Familie Diehl	Diehl	32
54	Familie Jahr	Gruner＋Jahr	32

续表

排名	姓名/家庭	公司名称	资产/亿美元
55	Otto Happel	Gea Maschienenbau	32
56	Daniela Herz - Schnöckel	Investment	31
57	Hubert Burda	Burda Medien	31
58	Wolfgang Reimann	Benckiser, Investment	31
59	Lutz M. Helming	Helios - Kliniken	31
60	Friedhelm Loh	Loh	31
61	Horst Julius Pudwill	Techtronic	31
62	Jürgen Blickle	SEW	30
63	Wolfgang Merguerre	Octapharma	30
64	Martin Viessmann	Viessmann	30
65	Familie Hymer	Hymer Wohnmobile	30
66	Familie Engelhorn	Boehringer	30
67	Andreas Strüngmann	Hexal	29
68	Günther Fielmann	Fielmann	29
69	Dirk Roßmann	Rossmann	29
70	Thomas Bruch	Globus - Märkte	29
71	Familie Messer	Messer, MEC BIT	29
72	Hans Georg Näder	Ottobock Pharma	29
73	Gebrüder Samwer	Rocket Internet	29
74	Familie Vaillant u. Müller	Vaillant	29
75	Yvonne Bauer	Bauer Media	28
76	Thomas Strüngmann	Hexal	28
77	Rainer Blickle	SEW	28
78	Familie Wacker	Wacker Chemie	28
79	Familie Schleicher	Schenk Zement	27
80	Christian Haub	Tengelmann	27
81	Brüder Wirtz	Mäurer & Wirtz	26
82	Familie Busch	Busch Maschinenbau	26

续表

排名	姓名/家庭	公司名称	资产/亿美元
83	Brüder Phol	DVAG	26
84	Stefan v. Holtzbrinck	Holtzbrinck	26
85	Kurt Krieger	Höffner	26
86	Familie Sixt	Sixt	25
87	Familie Haindl	Haindl Papier	25
88	Johannes Mann	Mann Mobilia，Investment	25
89	Familie Voith	Voith Maschinenbau	24
90	Monika Schöller	Holtzbrinck	24
91	Willibert Krüger	Krüger Gruppe	24
92	Familie Tönnies	Tönnies	23
93	Peter Unger	ATU	23
94	Klaus - Peter Schlenberg	CTS Eventim	22
95	Familie Weisser	Marquard & Bahls	22
96	Richard Oetker	Oetker	21
97	Wilhelm v. Finck jr.	Merck & Fink	21
98	Peter Thiel	Founder Fund	20
99	Rolf Gerling	Gerling - Konzern	19
100	Arend Oetker	Oetker	18

注：此处保留德文原文，以避免因翻译造成的误解。

（来源：whoswho. de 网站）

参考文献

[1] 陶翠屏. 联邦德国教育概况［M］. 武汉：中国地质大学出版社，1993.

[2] Statistisches Bundesamt. Statistisches Jahrbuch 2018：Deutschland und Internationales［R］. Wiesbaden：Statistisches Bundesamt，2018.

[3] Statistisches Bundesamt . Statistisches Jahrbuch 2019：Deutschland und Internationales［R］. Wiesbaden：Statistisches Bundesamt，2019.

[4] Autorengruppe Bildungsberichterstattung. Bildung in Deutschland 2018：Ein indikatorengestützter Bericht mit einer Analyse zu Wirkungen und Erträgen von Bildung［R］. Bielefeld：Wbv Publikation，2018.

[5] Statistisches Bundesamt . Berufsbildung auf einen Blick［R］. Wiesbaden：Statistisches Bundesamt，2013.

[6] Hessisches Kultusministerium. Curriculare Grundlagen für den Unterricht：Lehrpläne［EB/OL］.［2020 - 11 - 30］. https://kultusministerium. hessen. de/schulsystem/bildungsstandards- kerncurricula - und - lehrplaene/lehrplaene.

[7] Statistisches Bundesamt. Ausländische Bevölkerung nach Geschlecht und ausgewählten Staatsangehörigkeiten am 31. 12. 2019［EB/OL］.［2020 - 11 - 30］. https://www. destatis. de/DE/Themen/Gesellschaft - Umwelt/Bevoelkerung/Migration - Integration/Tabellen/auslaendische - bevoelkerung - geschlecht. html.

[8] Statistisches Bundesamt. Bevölkerung nach Religionszugehörigkeit 2012 bis 2019［EB/OL］.［2020 - 11 - 30］. https://www. destatis. de/DE/Themen/Gesellschaft - Umwelt/Bevoelkerung/Bevoelkerungsstand/Tabellen/bevoelkerung - religion. html.

[9] Statistisches Bundesamt. Bruttoinlandsprodukt für Deutschland 2019：Begleitmaterial zur Pressekonferenz am 15. Januar 2020 in Berlin［EB/OL］.［2020 - 01 - 16］. https://www. destatis. de/DE/Presse/Pressekonferenzen/2020/BIP2019/pressebroschuere - bip. pdf? __blob=publicationFile.

[10] Statistisches Bundesamt. Jahr 2019：Anstieg der Erwerbstätigkeit setzt sich fort，Pressemitteilung Nr. 001 vom 2. Januar 2020［EB/OL］.［2020 - 01 - 16］. https://www. destatis. de/DE/Presse/Pressemitteilungen/2020/01/PD20_001_13321. html.

[11] Statistisches Bundesamt. Arbeitslosenquote.［EB/OL］.［2020 - 02 - 16］. https://www. destatis. de/DE/Themen/Wirtschaft/Konjunkturindikatoren/arbeitslosenquote. html.

[12] Statistisches Bundesamt. Ausgaben（Grundmittel）der öffentlichen Haushalte für Bildung［EB/OL］.［2020 - 12 - 31］. https://www. destatis. de/DE/Themen/Gesellschaft - Umwelt/Bildung - Forschung - Kultur/Bildungsfinanzen - Ausbildungsfoerderung/Tabellen/ausgaben - oeffentliche - haushalte. html.

[13] Statistisches Bundesamt. Bevölkerung nach Bildungsabschluss in Deutschland [EB/OL]. [2020 - 12 - 31]. https://www. destatis. de/DE/Themen/Gesellschaft - Umwelt/Bildung- Forschung - Kultur/Bildungsstand/Tabellen/bildungsabschluss. html.

[14] Statistisches Bundesamt. Pressemitteilung Nr. 055 vom 18. Februar 2019 [EB/OL]. [2020 - 12 - 31]. https://www. destatis. de/DE/Presse/Pressemitteilungen/2019/02/PD19_055_213. html.

[15] Statistisches Bundesamt. Betreuungsquote von Kindern unter 6 Jahren nach Bundesländern [EB/OL]. [2020 - 12 - 31]. https://www. destatis. de/DE/Themen/Gesellschaft - Umwelt/Soziales/Kindertagesbetreuung/Tabellen/betreuungsquote - 2018. html.

[16] Statistisches Bundesamt. Betreuungsquote von Kindern unter 6 Jahren mit und ohne Migrationshintergrund [EB/OL]. [2020 - 12 - 31]. https://www. destatis. de/DE/Themen/Gesellschaft - Umwelt/Soziales/Kindertagesbetreuung/Tabellen/betreuungsquote - migration- unter6jahren - aktuell. html.

[17] Jugendministerkonferenz, Kultusministerkonferenz. Gemeinsamer Rahmen der Länder für die frühe Bildung in Kindertageseinrichtungen:(Beschluss der Jugendministerkonferenz vom 13./14. 05. 2004/ Beschluss der Kultusministerkonferenz vom 03./04. 06. 2004) [Z/OL]. [2020 - 12 - 31]. https://www. kmk. org/fileadmin/Dateien/veroeffentlichungen _ beschluesse/2004/2004_06_03 - Fruehe - Bildung - Kindertageseinrichtungen. pdf.

[18] Statistisches Bundesamt. Kinder in Tageseinrichtungen:Deutschland, Stichtag, Altersgruppen [EB/OL]. [2020 - 12 - 31]. https://www - genesis. destatis. de/genesis/online? operation = abruftabelleBearbeiten&levelindex = 1&levelid =1606917634169&auswahloperation=abruftabelleAuspraegungAuswaehlen&auswahlverzeichnis=ordnungsstruktur&auswahlziel=werteabruf&code=22541 - 0001&auswahltext=&werteabruf=Werteabruf#abreadcrumb.

[19] Statistisches Bundesamt. Betreuungsquote der unter 3 - jährigen Kinder auf 35. 0% gestiegen:Pressemitteilung Nr. 380 vom 30. September 2020 [EB/OL]. [2020 - 12 - 31]. https://www. destatis. de/DE/Presse/Pressemitteilungen/2020/09/PD20_380_225. html;jsessionid=144B1FF11904ECBCCF64055AC23A4434. internet8722.

[20] Bundesministerium für Familie, Senioren, Frauen und Jugend. Elterngeld und ElterngeldPlus [EB/OL]. [2020 - 12 - 31]. https://www. bmfsfj. de/bmfsfj/themen/familie/familienleistungen/elterngeld/elterngeld - und - elterngeldplus/73752.

[21] Statistisches Bundesamt. Übernachtungen in Beherbergungsbetrieben nach Herkunftsländern 2019 [EB/OL]. [2020 - 12 - 31]. https://www. destatis. de/DE/Themen/Branchen - Unternehmen/Gastgewerbe - Tourismus/_Grafik/_Interaktiv/uebernachtungen - herkunftslaender. html.

[22] Statistisches Bundesamt. Sozialleistungen - Elterngeld [EB/OL]. [2020 - 12 - 31]. https://www. destatis. de/DE/ Themen/Gesellschaft - Umwelt/Soziales/Elterngeld/ Tabellen/zeitreihe- vaeteranteil. html.

[23] Statistisches Bundesamt. Kinder in öffentlich geförderter Kindertagespflege nach Bundesländern [EB/OL]. [2020 - 12 - 31]. https://www. destatis. de/DE/Themen/ Gesellschaft - Umwelt/Soziales/Kindertagesbetreuung/Tabellen/kinder - tagespflege - 2018. html.

[24] Autorengruppe Fachkräftebarometer. Fachkräftebarometer: Frühe Bildung 2019 [R]. München: Deutsches Jugendinstitut e. V. (DJI), 2019.

[25] Weiterbildungsinitiative Frühpädagogische Fachkräfte. Zahl des Monats [EB/OL]. [2020 - 12 - 31]. https://www. fachkraeftebarometer. de/zahl - des - monats.

[26] Wissenschaftsrat. Empfehlungen zur Rolle der Fachhochschulen im Hochschulsystem [M]. Berlin: Wissenschaftsrat, 2010.

[27] Statistisches Bundesamt. Kindertagesbetreuung: Tageseinrichtungen für Kinder nach Art und Trägern[EB/OL]. [2020 - 12 - 31]. https://www. destatis. de/DE/Themen/Gesellschaft - Umwelt/Soziales/Kindertagesbetreuung/Tabellen/kindertageseinrichtungen - traeger - 2018. html.

[28] Hochschulrektorenkonferenz. Handhabung der Kooperativen Promotion - Empfehlung der 18. HRK - Mitgliederversammlung am 12. 5. 2015 [Z/OL]. [2020 - 12 - 31]. https:// www. hrk. de/positionen/beschluss/detail/handhabung - der - kooperativen - promotion/.

[29] Hochschulrektorenkonferenz. Ungewöhnliche Wege zur Promotion? —Rahmenbedingungen und Praxis der Promotion von Fachhochschul - und Bachelor - Absolventen [Z]. Bonn: Hochschulrektorenkonferenz (HRK), 2006.

[30] Universität GH Essen, FB 2. Entstehung, Struktur und Steuerung des deutschen Schulsystems: Skriptum zur Einführungsvorlesung in den Studienbereich, AG Bildungsforschung /- planung [Z/OL]. [2020 -12 - 31]. https://duepublico. uni - duisburg - essen. de/servlets/DerivateServlet/Derivate - 1082/skript_15052000. pdf.

[31] Edelstein B, Veith H. Schulgeschichte bis 1945: Von Preußen bis zum Dritten Reich [EB/OL]. [2020 - 12 - 31]. https://www. bpb. de/gesellschaft/bildung/zukunft - bildung/229629/schulgeschichte - bis - 1945? p=all.

[32] Forschungsgruppe Weltanschauungen in Deutschland. Kindertagesstä tten öffentlicher und freier Träger 2017 [EB/OL]. [2020 - 12 - 31]. https://fowid. de/meldung/kindertagesstaetten - oeffentlicher - und - freier -traeger - 2017.

[33] Statistisches Bundesamt. Schulen: Schulanfänger an allgemeinbildenden Schulen (Einschulungen) [EB/OL]. [2020 - 12 - 31]. https://www. destatis. de/DE/ Themen/Gesellschaft - Umwelt/Bildung - Forschung - Kultur/Schulen/Tabellen/ allgemeinbildende - schulen - einschulungen. html.

[34] Land Hessen. Verordnung über die Stundentafeln für die Primarstufe und die Sekundarstufe I vom 5. September 2011 [EB/OL]. [2020 - 12 - 31]. https://www.rv.hessenrecht.hessen.de/bshe/document/hevr - Pr_SekIStdTafVHE2011pP2.

[35] Bundesministerium für Familie, Senioren, Frauen und Jugend. Bundestag beschließt Elterngeldreform [EB/OL]. [2021 - 01 - 29]. https://www.bmfsfj.de/bmfsfj/aktuelles/alle - meldungen/elterngeld - verbesserungen - gesetz - aenderung/160558.

[36] Hessisches Kultusministerium. Abiturprüfungen mit landesweit einheitlicher Aufgabenstellung:Landesabitur [EB/OL]. [2020 - 12 - 31]. https://kultusministerium.hessen.de/schulsystem/schulformen/gymnasium/landesabitur.

[37] Hessisches Kultusministerium. Abitur in Hessen — ein guter Weg: Eine Informationsbroschüre zur OAVO für Schülerinnen und Schüler der gymnasialen Oberstufe und des beruflichen Gymnasiums [Z]. 7. überarbeitete Auflage, Wiesbaden:Hessisches Kultusministerium, Dezember 2019.

[38] Kultusministerkonferenz. Bildungsdatenkompakt: Die wichtigsten statistischen Daten zum Bildungswesen in Deutschland [Z]. Berlin: Sekretariat der Ständigen Konferenz der Kultusminister der Länder in der Bundesrepublik Deutschland, 2019.

[39] Autorengruppe Bildungsberichterstattung. Bildung in Deutschland 2020:Ein indikatorengestützter Bericht mit einer Analyse zu Bildung in einer digitalisierten Welt [R]. Bielefeld:wbv Publikation, 2020.

[40] Bundesamt für Familie und zivilgesellschaftliche Aufgaben. BFD im Dienst November 2020 [EB/OL]. [2021 - 01 - 29]. https://www.bundesfreiwilligendienst.de/fileadmin/de.bundesfreiwilligendienst/content.de/Service_Menue_Kopf/Presse/Statistiken/BFD - Statistik_11_2020.pdf.

[41] Statistisches Bundesamt. Bildung und Kultur:Berufliche Bildung - Fachserie 11 Reihe 3 - 2018. [R]. Wiesbaden:Statistisches Bundesamt, 2019.

[42] Becker T. Die Ursprünge gewerblicher Ausbildung:Industrielle, handwerkliche und schulische Ausbildungsmethoden und - orte im zeitlichen Wandel [Z/OL]. [2021 - 01 - 29]. http://paedagogik.homepage.t - online.de/ausb_wa.htm.

[43] Greinert, Wolf - Dietrich. Das deutsche Systemder Berufsausbildung. Geschichte, Organisation, Perspektive[M]. 2. Aufl. Baden - Baden: Nomos, 1995.

[44] Greinert, Wolf - Dietrich. Erwerbsqualifizierung jenseits des Industrialismus. Zu Geschichte und Reform des deutschen Systems der Berufsbildung [M]. 3. überarb. Aufl. Grundlagen der Berufs - und Erwachsenenbildung, Bd. 81. Baltmannsweiler: Schneider Verlag Hohengehren Gmbh,2015.

[45] Heukäufer S, Jähnert H. Historische Entwicklung der Berufsschule im dualen System [Z/OL]. [2021 - 01 - 29]. https://de.slideshare.net/foulder/historische - entwicklung - der - berufsschule - im - dualen - system - 2396746.

[46] Bundesinstitut für Berufsbildung. Verzeichnis der anerkannten Ausbildungsberufe 2019 [Z]. Bonn: Bundesinstitut für Berufsbildung, 2019. https://www. bibb. de/dokumente/pdf/verzeichnis_anerkannter_ausbildungsberufe_2018. pdf.

[47] Bundesministerium für Bildung und Forschung. Duale Berufsausbildung sichtbar gemacht: Eine illustrierte Einführung mit digitalem Foliensatz [Z]. Bonn: Bundesministerium für Bildung und Forschung (BMBF), 2017.

[48] Bundesministerium für Bildung und Forschung. Berufsausbildung sichtbar gemacht [Z]. Bonn: Bundesministerium für Bildung und Forschung (BMBF), 2003.

[49] Berufliche Oberschule Bamberg. Was Fachoberschule und Berufsoberschule gemeinsam haben [EB/OL]. [2020 - 11 - 29]. https://www. bos - bamberg. de/fos - und - bos/.

[50] Ministerium für Kultus, Jugend und Sport Baden - Württemberg. Berufsoberschulen (BOS) [EB/OL]. [2020 - 11 - 29]. https://km - bw. de/, Lde/Startseite/Schule/Berufsoberschule.

[51] Bohlinger S. Internationale Standardklassifikation im Bildungswesen [J/OL]. [2020 - 11 - 29]. https://www. bibb. de/veroeffentlichungen/de/publication/download/6915.

[52] UNESCO. International Standard Classification of Education ISCED 2011 [S]. Montreal: UNESCO - UIS, 2012.

[53] UNESCO. International Standard Classification of Education ISCED 19972011 [S]. Montreal: UNESCO - UIS, 2006.

[54] Statistisches Bundesamt. Auszubildende nach Ausbildungsberufen (TOP 20) [EB/OL]. [2020 - 12 - 31]. https://www. destatis. de/DE/Themen/Gesellschaft - Umwelt/Bildung - Forschung - Kultur/Berufliche - Bildung/Tabellen/liste - azubi - rangliste. html.

[55] Statistisches Bundesamt. Berufliche Bildung: 513 300 neue Azubi - Verträge im Jahr 2019: Pressemitteilung Nr. 304 vom 12. August 2020 [EB/OL]. [2020 - 12 - 31]. https://www. destatis. de/DE/Presse/Pressemitteilungen/2020/08/PD20_304_212. html.

[56] Kultusministerkonferenz. Sonderpädagogische Förderung in Schulen 2009 bis 2018 [R/OL]. [2020 - 11 - 30]. https://www. kmk. org/fileadmin/Dateien/pdf/Statistik/Dokumentationen/Dok223_SoPae_2018. pdf.

[57] Autorengruppe Bildungsberichterstattung. Bildung in Deutschland 2014: Ein indikatorengestützter Bericht mit einer Analyse zur Bildung von Menschen mit Behinderungen [R/OL]. [2020 - 12 - 31]. https://www. bildungsbericht. de/de/bildungsberichte - seit - 2006/bildungsbericht - 2014/pdf - bildungsbericht - 2014/bb - 2014. pdf.

[58] Brügelmann H. 10 Jahre Inklusion: Geschichte einer gescheiterten Reform? [EB/OL]. [2020 - 12 - 31]. https://www. bpb. de/gesellschaft/bildung/zukunft - bildung/

298912/10 - jahre - inklusion.

[59] Deutscher Akademischer Austauschdienst. Kommentierte Grafiken zum deutschen Hochschul - und Forschungssystem: Annotated Chartson Germany's Higher Educationand Research System [Z]. Bonn: Deutscher Akademischer Austauschdienst, 2019.

[60] Kultusministerkonferenz, Bundesministerium für Bildung und Forschung. Die Umsetzung der Ziele des Bologna - Prozesses 2015 - 2018 [R/OL]. [2020 - 11 - 30]. https://www.bmbf.de/files/2018 - 03 - 28_15 - Nationaler_Bericht_Bologna_2018.pdf.

[61] Kultusministerkonferenz. Grundstruktur des Bildungswesens in der Bundesrepublik Deutschland: Diagramm [Z/OL]. [2020 - 11 - 30]. https://www.kmk.org/fileadmin/Dateien/pdf/Dokumentation/dt_2017.pdf.

[62] Bundesministerium für Bildung und Forschung. Bericht über die Umsetzung des Bologna - Prozesses in Deutschland [R/OL]. [2020 - 11 - 30]. http://archiv.akkreditierungsrat.de/fileadmin/Seiteninhalte/Sonstige/BMBF_KMK_2012_Bolognabericht.pdf.

[63] Hochschulrektorenkonferenz. Hochschulen in Zahlen 2020 [Z/OL]. [2020 - 11 - 30]. https://www.hrk.de/fileadmin/redaktion/hrk/02 - Dokumente/02 - 06 - Hochschulsystem/Statistik/2020 - 08 - 27_Statistikfaltblatt_Deutsch_2020_Hochschulen_in_Zahlen.pdf.

[64] Kultusministerkonferenz. Das Bildungswesen in der Bundesrepublik Deutschland 2015/2016: Darstellung der Kompetenzen, Strukturen und bildungspolitischen Entwicklungen für den Informationsaustausch in Europa[R]. Bonn: KMK, 2019.

[65] Karrierebibel. Das deutsche Uniranking 2018 für verschiedene Fachbereiche [EB/OL]. [2020 - 11 - 30]. https://karrierebibel.de/uniranking/.

[66] Topuniversities. QS World University Rankings 2020 [EB/OL]. [2021 - 01 - 30]. https://www.topuniversities.com/university - rankings/world - university - rankings/2020.

[67] Shanghairanking. Academic Ranking of World Universities 2020[EB/OL]. [2021 - 01 - 30]. http://www.shanghairanking.com/ARWU2020.html.

[68] timeshighereducation.com. World University Rankings 2020 [EB/OL]. [2021 - 01 - 30]. https://www.timeshighereducation.com/world - university - rankings/2020/world - ranking#! /page/0/length/25/sort_by/rank/sort_order/asc/cols/stats.

[69] Bundesministerium für Familie, Senioren, Frauen und Jugend. ElterngeldPlus mit Partnerschaftsbonus [Z]. Berlin: Bundesministerium für Familie, Senioren, Frauen und Jugend, 2017.

[70] Deutschen UNESCO. Deutscher Akademischer Austauschdienst: Der DAAD fördert deutsche und internationale Studierende und Wissenschaftler * innen rund um den Globus [EB/OL]. [2021 - 01 - 30]. https://www.kulturweit.de/netzwerk/deutsc-

her - akademischer - austauschdienst

[71] Bertelsmann Stiftung. Jahresbericht 2018 [Z]. Gütersloh:Bertelsmann Stiftung, 2019.

[72] Stiftung für Hochschulzulassung. Auswahlgrenzen in den bundesweit zulassungsbeschränkten Studiengängen:Wintersemester 2019/20 [Z]. Dortmund:Stiftung für Hochschulzulassung, 2019.

[73] Statistisches Bundesamt. Ergebnis - 21311 - 0014 [EB/OL]. [2020 - 12 - 31]. https://www- genesis. destatis. de/genesis/online? operation=find&suchanweisung _language=de&query=21311 - 0014 # abreadcrumb

[74] Weber E. Studiengebühren:Alle Infos im Überblick! [EB/OL]. [2020 - 12 - 31]. https://www. unicum. de/de/studentenleben/geld - finanzen/studiengebuehren

[75] Studis Online. Aktuelle Übersicht:Studiengebühren in Deutschland [EB/OL]. [2020 - 12 - 31]. https://www. studis - online. de/StudInfo/Gebuehren/

[76] Deutsches Studentenwerk e. V. Studienfinanzierung:Voraussetzungen für BAföG [EB/OL]. [2020 - 12 - 31]. https://www. studentenwerke. de/de/content/voraussetzungen - f%C3%BCr - baf%C3%B6g.

[77] Bundesministerium für Bildung und Forschung. Bundesausbildungs förderungsgesetz - BaföG [Z/OL]. [2020 - 12 - 31]. https://www. bafög. de/de/bundesausbildungs - foerderungsgesetz - bafoeg - 204. php.

[78] Bundesministerium für Bildung und Forschung. Inland - Studium (einschließlich Praktika) [EB/OL]. [2020 - 12 - 31]. https://www. bafög. de/de/inland - studium - einschliesslich - praktika - 303. php/www. augustana. de/studium/www. uni - muenster. de/protalent? D=143&M=438&V=list.

[79] Hochschulrektorenkonferenz. Statistische Daten zu Studienangeboten an Hochschulen in Deutschland - Studiengänge, Studierende, Absolventinnen und Absolventen Wintersemester 2019/2020: Statistiken zur Hochschulpolitik 2/2019 [R]. Berlin: Hochschulrektorenkonferenz (HRK), 2019. https://www. wissenschaftsrat. de/download/2020/Arbeitsprogramm. pdf? __blob=publicationFile&v=11

[80] Wilde A. Welche Voraussetzungen gibt es für eine Habilitation? [EB/OL]. [2020 - 12 - 31]. https://www. academics. de/ratgeber/habilitation - voraussetzungen.

[81] Statistisches Bundesamt. Bildung und Kultur:Prüfungen an Hochschulen - Fachserie 11, Reihe 4. 2 - 2019 [EB/OL]. [2020 - 12 - 31]. https://www. destatis. de/DE/Themen/Gesellschaft - Umwelt/Bildung - Forschung - Kultur/Hochschulen/Publikationen/Downloads - Hochschulen/pruefungen - hochschulen - 2110420197004. html.

[82] Bundesministerium für Bildung und Forschung. Bildung und Forschung in Zahlen 2020:Ausgewählte Fakten aus dem Daten - Portal des BMBF[R]. Berlin:Bundesministerium für Bildung und Forschung (BMBF), 2020.

[83] Bundesministerium für Bildung und Forschung. Die Exzellenzstrategie [EB/OL]. [2020 - 12 - 31]. https://www. bmbf. de/de/die - exzellenzstrategie - 3021. html.

[84] Bundesministerium für Bildung und Forschung. Die Exzellenzinitiative stärkt die universitäre Spitzenforschung [EB/OL]. [2020 - 12 - 31]. https://www. bmbf. de/de/die - exzellenzinitiative - staerkt - die - universitaere - spitzenforschung - 1638. html.

[85] Göbel, Johannes. Deutschlands Top - Universitäten [EB/OL]. [2020 - 12 - 31]. https://www. deutschland. de/de/topicwissenuniversitaet - und - forschung/exzellenzuniversitaeten - in - deutschland - im - ueberblick.

[86] Wissenschaftsfreiheit. Die Allianz der Wissenschafts - Organisationen [EB/OL]. [2020 - 12 - 31]. https://wissenschaftsfreiheit. de/ueber - uns/.

[87] Wissenschaftsrat. Wissenschaftsrat [EB/OL]. [2020 - 12 - 31]. https://www. wissenschaftsrat. de/DE/Ueber - uns/Wissenschaftsrat/wissenschaftsrat_node. html.

[88] Wissenschaftsrat. Arbeitsprogramm des Wissenschaftsrats Juli 2020 bis Januar 2021 [EB/OL]. [2020 - 12 - 31]. https://www. wissenschaftsrat. de/download/2020/Arbeitsprogramm. pdf.

[89] Bundesministerium für Bildung und Forschung. Die Alexander von Humboldt - Stiftung [EB/OL]. [2020 - 12 - 31]. https://www. bmbf. de/de/die - alexander - von - humboldt - stiftung - 426. html.

[90] Bundesministerium für Bildung und Forschung. Deutsche Forschungsgemeinschaft e. V. (DFG) [EB/OL]. [2020 - 12 - 31]. https://www. bmbf. de/de/deutsche - forschungsgemeinschaft - e - v - dfg - 570. html.

[91] Deutsche Forschungsgemeinschaft. Jahresbericht 2019:Aufgaben und Ergebnisse [Z]. Bonn:Deutsche Forschungsgemeinschaft, 2020.

[92] Deutsche Forschungsgemeinschaft e. V. 100 Jahre Wissenschafts - förderung im Rückblick [EB/OL]. [2020 - 12 - 31]. https://dfg2020. de/100 - jahre - fuer - das - wissen/.

[93] Deutsche Forschungsgemeinschaft e. V. Die DFG in Zahlen: Über 31 000 DFG - geförderte Projekte im Jahr 2019[EB/OL]. [2020 - 12 - 31]. https://www. dfg. de/dfg_profil/zahlen_fakten/statistik/dfg_in_zahlen/index. html.

[94] Leibniz - Gemeinschaft. Die Geschichte der Leibniz - Gemeinschaft [EB/OL]. [2020 - 12 - 31]. https://www. leibniz - gemeinschaft. de/ueber - uns/geschichte/leibniz - gemeinschaft. html.

[95] Bundesministerium für Bildung und Forschung. Leibniz Gemeinschaft. [EB/OL]. [2020 - 12 - 31]. https://www. bmbf. de/de/leibniz - gemeinschaft - 830. html.

[96] Leibniz - Gemeinschaft. Über die Leibniz - Gemeinschaft [EB/OL]. [2020 - 12 - 31]. https://www. leibniz - gemeinschaft. de/ueber - uns/ueber - die - leibniz - gemeinschaft. html.

[97] Wissenschaftsrat. Empfehlungen zur Entwicklung des dualen Studiums: Positionspa-

pier [EB/OL]. [2020 - 12 - 31]. https://www. wissenschaftsrat. de/download/archiv/3479- 13. pdf.

[98] Bundesinstitut für Berufsbildung. Empfehlung des Hauptausschusses des Bundesinstituts für Berufsbildung vom 21. Juni 2017 zum dualen Studium [EB/OL]. [2020 - 12 - 31]. https://www. bibb. de/dokumente/pdf/HA169. pdf.

[99] Bundesinstitut für Berufsbildung. Grundlegendes zum dualen Studium [EB/OL]. [2020 - 12 - 31]. https://www. bibb. de/ausbildungplus/de/34707. php.

[100] Wegweiser Duales Studium. Block - und Wochenmodell: Die Zeitmodelle des dualen Studiums [EB/OL]. [2020 - 12 - 31]. https://www. wegweiser - duales - studium. de/infos/zeitmodelle/.

[101] Bundesinstitut für Berufsbildung. AusbildungPlus: Duales Studium in Zahlen 2019 - Trends und Analysen [R]. Bonn: Bundesinstitut für Berufsbildung, 2020.

[102] Bundesministerium für Bildung und Forschung. Berufsbildungsbericht 2019 Bonn: Bundesinstitut für Bildung und Forschung, 2019.

[103] Bilger F, Gnahs D, Hartmann J, Kuper H. Weiterbildungsverhalten in Deutschland: Resultate des Adult Education Survey 2012 [R]. Bielefeld: W. Bertelsmann Verlag GmbH & Co. KG, 2013.

[104] Süddeutsche Zeitung. Fachschulen [EB/OL]. [2020 - 12 - 31]. https://bildung. sueddeutsche. de/kategorie/berufsfoerdernde - schulen/fachschulen/.

[105] Ministerium für Kultus, Jugend und Sport Baden - Württemberg. Fachschulen [EB/OL]. [2020 - 12 - 31]. https://km - bw. de/,Lde/Startseite/Schule/Fachschulen.

[106] Lux T. Volkshochschulen in der Bundesrepublik Deutschland 2018 in Zahlen. Zahlen in Kürze [EB/OL]. [2020 - 12 - 31]. https://www. die - bonn. de/id/37224/about/html/.

[107] Deutscher Volkshochschul - Verband e. V. Jahresbericht 2019: 100 Jahre Volkshochschule Jubiläum im Zeichen des Zusammenhalts [Z]. Bonn: Deutscher Volkshochschul - Verband e. V., 2020.

[108] Christ J, Koscheck S, Martin A, Ohly, et al. Digitalisierung: Ergebnisse der wbmonitor Umfrage 2019 [R]. Bonn: Bundesinstitut für Berufsbildung, 2020.

[109] Bundesinstitut für Berufsbildung. Wbmonitor - Die Weiterbildungslandschaft aus Anbietersicht [EB/OL]. [2021 - 01 - 31]. https://www. bibb. de/de/12164. php.

[110] Bundesverband Deutscher Stiftungen. Die Grundsätze guter Stiftungspraxis [R]. Berlin: Bundesverband Deutscher Stiftungen, 2014.

[111] Behringer F. Was ist Weiterbildung? Begrifflichkeiten und Indikatoren [R/OL]. [2020 - 01 - 31]. https://www. bibb. de/dokumente/pdf/pr_indikatorentagung_20160422_behringer. pdf.

[112] Kommission Der Europäischen Gemeinschaften. Mitteilung der Kommission: Einen

europäischen Raum des lebenslangen Lernens schaffen [Z/OL]. [2020 - 01 - 31]. https://eur- lex. europa. eu/LexUriServ/LexUriServ.

[113] Statistisches Bundesamt. Monitoring der Agenda 2030 durch das Statistische Bundesamt [EB/OL]. [2020 - 01 - 31]. https://www. destatis. de/DE/Themen/Gesellschaft - Umwelt/Nachhaltigkeitsindikatoren/Internationale - Nachhaltigkeit/entstehung - entwicklung. html.

[114] Kommission Der Europäischen Gemeinschaften. Mitteilung der Kommission: Einen europäischen Raum des lebenslangen Lernens schaffen [Z/OL]. [2020 - 01 - 31]. https://eur- lex. europa. eu/LexUriServ/LexUriServ. do? uri = COM: 2001: 0678: FIN:DE:PDF.

[115] Statistisches Bundesamt. Monitoring der Agenda 2030 durch das Statistische Bundesamt [EB/OL]. [2020 - 01 - 31]. https://www. destatis. de/DE/Themen/Gesellschaft - Umwelt/Nachhaltigkeitsindikatoren/Internationale - Nachhaltigkeit/entstehung - entwicklung. html.

[116] Kultusministerkonferenz. Medienbildung in der Schule Beschluss der Kultusministerkonferenz vom 8. März 2012 [EB/OL]. [2020 - 12 - 30]. https://www. kmk. org/fileadmin/veroeffentlichungen_beschluesse/2012/2012_03_08_Medienbildung. pdf.

[117] Kultusministerkonferenz. Empfehlungen zur Digitalisierung in der Hochschullehre (Beschluss der Kultusministerkonferenz vom 14. 03. 2019) [Z]. Berlin/Bonn: Sekretariat der Ständigen Konferenz der Kultusminister der Länder in der Bundesrepublik Deutschland, 2019.

[118] Kultusministerkonferenz. Medienbildung in der Schule (Beschluss der Kultusministerkonferenz vom 8. März 2012) [EB/OL]. [2020 - 12 - 30]. https://www. kmk. org/fileadmin/veroeffentlichungen_ beschluesse/2012/2012 _ 03 _ 08 _ Medienbildung. pdf . Schwerpunkt

[119] Bundesverband Deutscher Stiftungen. Zahlen und Daten [EB/OL]. [2020 - 12 - 30]. https://www. stiftungen. org/stiftungen/zahlen - und - daten. html.

[120] Fresenius SE & Co. KGaA. Fresenius 100 Jahre [Z]. München: August Dreesbach Verlag, 2012.

[121] Bayerisches Staatsministerium für Unterricht und Kultus. Die bayerische Mittelschule [EB/OL]. [2020 - 12 - 30]. https://www. km. bayern. de/schueler/schularten/mittelschule. html.

[122] Körber - Stiftung. Jahresbericht 2018: Gesellschaft besser machen [EB/OL]. [2020 - 12 - 30]. https://www. koerber - stiftung - jahresbericht - 2018. de/.

[123] Statistische Bundesamt. Indikatoren der UN - Nachhaltigkeitsziele, Inklusive, gleichberechtigte und hochwertige Bildung gewährleisten und Möglichkeiten lebenslangen Lernens für alle fördern [EB/OL]. [2020 - 12 - 30]. https://sustainabledevelop-

ment - germany. github. io/4/.

[124] Bertelsmann SE & Co. KGaA. Reinhard Mohn: Ein Jahrhundertunternehmer [EB/OL]. [2020 - 12 - 30]. https://www. bertelsmann. de/unternehmen/geschichte/reinhard- mohn/.

[125] Who's who Germany. Reinhard Mohn [EB/OL]. [2020 - 12 - 30]. https://whoswho. de/bio/reinhard - mohn. html.

[126] Bertelsmann Stiftung. Jahresbericht 2019 [Z]. Gütersloh: Bertelsmann Stiftung, 2020.

[127] Carl-Zeiss - Stiftung. Jahresthema [EB/OL]. [2020 - 12 - 30]. https://www. carl - zeiss - stiftung. de/german/programme/jahresthema. html.

[128] Carl-Zeiss - Stiftung. Jahresbericht der Carl-Zeiss - Stiftung für das Geschäftsjahr 2018/2019 [Z]. Stuttgart: Carl-Zeiss - Stiftung, 2020.

[129] Dietmar Hopp Stiftung GmbH. Über die Stiftung [EB/OL]. [2020 - 12 - 30]. https://dietmar- hopp - stiftung. de/die - stiftung/.

[130] Who's who Germany. Dietmar Hopp [EB/OL]. [2020 - 12 - 30]. http://www. whoswho. de/bio/dietmar - hopp. html.

[131] Else Kröner - Fresenius - Stiftung (EKFS). Else Kröner [EB/OL]. [2020 - 12 - 30]. https://www. ekfs. de/ueber - uns/geschichte/else - kroener.

[132] Bundesministerium für Familie, Senioren, Frauen und Jugend. Bundesprogramm, „Schwerpunkt- Kitas Sprache & Integration" [EB/OL]. [2020 - 12 - 30]. https://sprach - kitas. fruehe - chancen. de/programm/ueber - das - programm/rueckschau - schwerpunkt - kitas/.

[133] Else Kröner - Fresenius - Stiftung. Aktivitäten & Zahlen [EB/OL]. [2020 - 12 - 30]. https://www. ekfs. de/ueber - uns/unsere - arbeit/aktivit%C3%A4ten - und - zahlen.

[134] Bundesministerium für Familie, Senioren, Frauen und Jugend. Bundesprogramm„ Schwerpunkt - Kitas Sprache & Integration" [EB/OL]. [2020 - 12 - 30]. https://sprach - kitas. fruehe - chancen. de/programm/ueber - das - programm/rueckschau - schwerpunkt - kitas/.

[135] Fritz Thyssen Stiftung. Jahresbericht 2019 [Z]. Köln: Fritz Thyssen Stiftung, 2020.

[136] Robert Bosch Stiftung GmbH. Bericht 2019: Die Stiftung in Zahlen [Z]. Stuttgart: Robert Bosch Stiftung GmbH, 2020.

[137] Studienstiftung des deutschen Volkes e. V. Jahresbericht 2019 [Z]. Bonn: Studienstiftung des deutschen Volkes e. V. , 2020.

[138] VolkswagenStiftung. Geschichte [EB/OL]. [2020 - 12 - 30]. https://www. volkswagenstiftung. de/stiftung/geschichte.

[139] Volkswagen Stiftung. Jahresbericht 2019: Die Stiftung setzt Impulse [Z]. Hannover: Volkswagen Stiftung, 2020.

[140] Körber - Stiftung. Gesellschaft besser machen [Z]. Hamburg: Körber - Stiftung 2020.

[141] Die Bundesregierung & Die Regierungschefs der Länder. Aufstieg durch Bildung: Die Qualifizierungsinitiative für Deutschland [EB/OL]. [2020 - 12 - 30]. https://www.kmk.org/fileadmin/Dateien/pdf/Bildung/AllgBildung/2008 - 10 - 22 - Qualifizierungsinitiative.pdf.

[142] Bundesministerium für Bildung und Forschung. Aufstieg durch Bildung [EB/OL]. [2020 - 12 - 30]. https://www.bmbf.de/de/aufstieg - durch - bildung - 1240.html.

[143] Robert Bosch Stiftung. Robert Bosch: Unternehmer, Bürger und Stifter [EB/OL]. [2020 - 12 - 30]. https://www.bosch - stiftung.de/de/robert - bosch - 0.

[144] Bundesministerium der Justiz und für Verbraucherschutz. Gesetz über den Bundesfreiwilligendienst [EB/OL]. [2020 - 12 - 30]. https://www.gesetze - im - internet.de/bfdg/index.html.

[145] Statistisches Bundesamt. Bildung und Kultur: Berufliche Bildung - Fachserie 11, Reihe 3 - 2019 [EB/OL]. [2020 - 12 - 31]. https://www.destatis.de/DE/Themen/Gesellschaft - Umwelt/Bildung - Forschung - Kultur/Berufliche - Bildung/Publikationen/_publikationen - innen - berufliche - bildung.html.

[146] Bundesministerium für Familie, Senioren, Frauen und Jugend. Bundesprogramm „Sprach - Kitas: Weil Sprache der Schlüssel zur Welt ist“ [EB/OL]. [2020 - 12 - 31]. https://sprach - kitas.fruehe - chancen.de/programm/ueber - das - programm/.

[147] Statistisches Bundesamt. Kinder und tätige Personen in Tageseinrichtungen und in öffentlich geförderter Kindertagespflege am 01.03.2018 [EB/OL]. [2020 - 12 - 31]. https://www.destatis.de/DE/Themen/Gesellschaft - Umwelt/Soziales/Kindertagesbetreuung/Publikationen/Downloads - Kindertagesbetreuung/tageseinrichtungen - kindertagespflege - 5225402187004.pdf? __blob=publicationFile .

[148] Deutscher Bundestag. Bericht über die Auswirkungen der Regelungen zum Elterngeld Plus und zum Partnerschaftsbonus sowie zur Elternzeit [EB/OL]. [2020 - 12 - 31]. https://www.bmfsfj.de/blob/121264/6bfce747d8a948b19ddbeb73e4bfdaef/bericht - elterngeldplus - data.pdf.

[149] Statistisches Bundesamt. Kinder und tätige Personen in Tageseinrichtungen und in öffentlich geförderter Kindertagespflege am 01.03.2018 [EB/OL]. [2020 - 12 - 31]. https://www.destatis.de/DE/Themen/Gesellschaft - Umwelt/Soziales/Kindertagesbetreuung/Publikationen/Downloads - Kindertagesbetreuung/tageseinrichtungen - kindertagespflege - 5225402187004.pdf.

[150] Statistisches Bundesamt. Pressemitteilung Nr. 379 vom 26. September 2019 [EB/OL]. [2020 - 12 - 31]. https://www.destatis.de/DE/Presse/Pressemitteilungen/2019/09/PD19_379_225.html.

[151] Hippach - Schneider U, Krause M, Woll C. Berufsausbildung in Deutschland:

Kurzbeschreibung [EB/OL]. [2020 - 12 - 31]. https://www. cedefop. europa. eu/files/5173_de. pdf.

[152] Statistisches Bundesamt. Kindertagesbetreuung: Kinder in öffentlich geförderter Kindertagespflege nach Bundesländern [EB/OL]. [2020 - 12 - 31]. https://www. destatis. de/DE/Themen/Gesellschaft - Umwelt/Soziales/Kindertagesbetreuung/Tabellen/kinder - tagespflege - 2018. html.

[153] Statistisches Bundesamt. Kindertagesbetreuung: Betreuungsquote von Kindern unter 6 Jahren nach Bundesländern [EB/OL]. [2020 - 12 - 31]. https://www. destatis. de/DE/Themen/Gesellschaft - Umwelt/Soziales/Kindertagesbetreuung/Tabellen/betreuungsquote - 2018. html.

[154] Bayerische Staatskanzlei. Stundentafel [EB/OL]. [2020 - 12 - 31]. https://www. verkuendung - bayern. de/files/kwmbl/2013/08/anhang/Anlage_2_PDF_A. pdf.

[155] Hessisches Kultusministerium. Abschluss: Mittlerer Abschluss [EB/OL]. [2020 - 12 - 31]. https://kultusministerium. hessen. de/schulsystem/schulformen/realschule/mittlerer - abschluss.

[156] Konferenz der Kultusminister der Länder in der Bundesrepublik Deutschland. Digitale Lernangebote [EB/OL]. [2020 - 12 - 31]. https://www. kmk. org/themen/bildung - in - der - digitalen - welt/lernen - von - zu - hause - digitale - lernangebote. html.

[157] Bayerisches Staatsministerium für Unterricht und Kultus. Das bayerische Gymnasium [EB/OL]. [2020 - 12 - 31]. https://www. km. bayern. de/eltern/schularten/gymnasium. html.

[158] Hessisches Kultusministerium. Studienqualifizierender Abschluss: Berufliches Gymnasium [EB/OL]. [2020 - 12 - 31]. https://kultusministerium. hessen. de/schulsystem/schulwahl/schulformen/berufliche - schulen/berufliches - gymnasium.

[159] Duale Hochschule Baden - Württemberg. Geschichte der DHBW [EB/OL]. [2020 - 12 - 31]. https://www. dhbw. de/die - dhbw/wir - ueber - uns/geschichte - der - dhbw. html.

[160] Bundesagentur für Arbeit. Ausbildungsmarkt: Die aktuellen Entwicklungen im Berichtsjahr 2018/2019 in Kürze - Stand: September 2019 DHBW [EB/OL]. [2019 - 12 - 31]. https://statistik. arbeitsagentur. de/Navigation/Statistik/Statistik - nach - Themen/Ausbildungsstellenmarkt/Ausbildungsstellenmarkt - Nav. html.

[161] Bundesinstitut für Berufsbildung. Datenreport zum Berufsbildungsbericht 2020: Informationen und Analysen zur Entwicklung der beruflichen Bildung [R]. Leverkusen: Verlag Barbara Budrich, 2020.

[162] Bundesinstitut für Berufsbildung. Wbmonitor - Die Weiterbildungslandschaft aus Anbietersicht [EB/OL]. [2020 - 12 - 31]. https://www. bibb. de/de/11920. htm.

[163] Statistisches Bundesamt. Erhebung zu Weiterbildungseinrichtungen in Deutschland -

2010 [EB/OL]. [2020 - 01 - 31]. https://www. destatis. de/DE/Themen/Gesellschaft - Umwelt/Bildung - Forschung - Kultur/Weiterbildung/Publikationen/Downloads - Weiterbildung/weiterbildungseinrichtungen - 5215401109004. html.

[164] Qualitäts - und UnterstützungsAgentur - Landesinstitut für Schule NRW. Das Berufskolleg in NRW [EB/OL]. [2020 - 01 - 31]. https://www. berufsbildung. nrw. de/cms/das - berufskolleg - in - nordrhein - westfalen/abschluesse - und - anschluesse/index. html.

[165] Eurostat. Classification of learning activities - Manual [S]. Luxembourg: Publications Office of the European Union, 2016.

[166] Deutscher Bildungsrat. Empfehlungen der Bildungskommission - Strukturplan für das Bildungswesen [M]. Stuttgart: Ernst Klett Verlag, 1970.

[167] Statistisches Bundesamt. Pressemitteilung Nr. 253 vom 4. Juli 2019 [EB/OL]. [2020 - 01 - 31]. https://www. destatis. de/DE/Presse/Pressemitteilungen/2019/07/PD19_253_212. html.

[168] Statistisches Bundesamt. Schulen auf einen Blick: Ausgabe 2018. [R]. Wiesbaden: Statistisches Bundesamt, 2018.

[169] Bundesverband Deutscher Stiftungen e. V. Jahresbericht 2019 [R]. Berlin: Bundesverband Deutscher Stiftungen e. V. , 2020.

[170] Deutsche Akademie der Naturforscher Leopoldina - Nationale Akademie der Wissenschaften. Leitbild der Nationalen Akademie der Wissenschaften Leopoldina [EB/OL]. [2020 - 11 - 31]. https://www. leopoldina. org/ueber - uns/ueber - die - leopoldina/leitbild - der - leopoldina/.

[171] Hochschulrektorenkonferenz. Das Hochschulsystem in Deutschland [EB/OL]. [2020 - 01 - 31]. https://www. hrk. de/fileadmin/_migrated/content_uploads/Das_Hochschulsystem_In_DEUTSCHLAND. pdf.

[172] Kehm, Barbara M. Deutsche Hochschulen: Entwicklung, Probleme, Perspektiven. Bundeszentrale für politische Bildung [EB/OL]. [2020 - 01 - 31]. https://www. bpb. de/gesellschaft/bildung/zukunft - bildung/205721/hochschulen - in - deutschland.

[173] Humboldt - Universität zu Berlin & Deutsches Zentrum für Hochschul - und Wissenschaftsforschung (DZHW). Nicht - traditionelle Studierende: Studienverlauf, Studienerfolg und Lernumwelten [EB/OL]. [2020 - 01 - 31]. https://www. erziehungswissenschaften. hu - berlin. de/de/hsf/projekte/laufende - projekte/nichttraditionelle/2017.

[174] Wegweiser Duales Studium. Was ist ein duales Studium? [EB/OL]. [2020 - 01 - 31]. https://www. wegweiser - duales - studium. de/infos/was - ist - ein - duales - studium/.

[175] Studieren - berufsbegleitend. de. Präsenzstudium oder Fernstudium: Ein Überblick [EB/OL]. [2020 - 01 - 31]. https://www. studieren - berufsbegleitend. de/infos/praesenz - oder - fernstudium/.

[176] Bundesministerium für Bildung und Forschung. Bericht der Bundesregierung über die Umsetzung des Bologna - Prozesses 2012 - 2015 in Deutschland [R/OL]. [2020 - 01 - 31]. https://www. bmbf. de/files/Bericht_der_Bundesregierung_zur_Umsetzung_des_Bologna - Prozesses_2012 - 2015. pdf.

[177] Bundesministerium für Bildung und Forschung. Bologna - Prozess bringt Internationalisierung voran [EB/OL]. [2020 - 01 - 31]. https://www. bmbf. de/de/bologna - prozess - bringt - internationalisierung - voran - 997. html.

[178] Kultusministerkonferenz& Hochschulrektorenkonferenz. Qualifikationsrahmen für deutsche Hochschulabschlüsse [R/OL]. [2020 - 11 - 30]. https://www. kmk. org/fileadmin/Dateien/veroeffentlichungen_ beschluesse/2017/2017 _02 _16 - Qualifikationsrahmen. pdf.

[179] Deutscher Bildungsserver. Verschiedene Hochschularten [EB/OL]. [2020 - 01 - 31]. https://www. bildungsserver. de/Hochschulverzeichnisse - und - Studienfuehrer - 264 - de. html# Verschiedene_Hochschularten.

[180] Who's who Germany. Die 100 reichsten Deutschen - 2020 [EB/OL]. [2020 - 11 - 30]. http://www. whoswho. de/sonderseite/die - 100 - reichsten - deutschen. html.

[181] Hochschulrektorenkonferenz. Statistische Daten zu Studienangeboten an Hochschulen in Deutschland: Wintersemester 2018/2019 [R]. Berlin: Hochschulrektorenkonferenz (HRK), 2018.

[182] Hochschulrektorenkonferenz. Akkreditierungssystem [EB/OL]. [2020 - 12 - 30]. https://www. hrk. de/en/themen/lehre/qualitaetssicherung - und - entwicklung/.

[183] Alfried Krupp von Bohlen und Halbach - Stiftung. Zahlen und Projekte [EB/OL]. [2020 - 11 - 31]. https://www. krupp - stiftung. de/zahlen - und - projekte/.

[184] Gemeinnützige Deutsche Stiftungen. Stiftung bürgerlichen Rechts [EB/OL]. [2020 - 11 - 31]. https://www. stiftungsindex. de/stiftung - buergerlichen - rechts/.

[185] Hessisches Ministerium der Finanzen. Duales Studium im Finanzamt [EB/OL]. [2020 - 11 - 31]. https://finanzverwaltung - mein - job. hessen. de/duales - studium/diplom - finanzwirtin/duales - studium - im - finanzamt.

[186] Edelstein B, Veith H. Schulgeschichte nach 1945: Von der Nachkriegszeit bis zur Gegenwart [EB/OL]. [2020 - 11 - 31]. https://www. bpb. de/gesellschaft/bildung/zukunft - bildung/229702/schulgeschichte - nach - 1945.

[187] Bundesministerium für Bildung und Forschung. Das Berufsbildungsgesetz (BBiG) [EB/OL]. [2020 - 12 - 31]. https://www. bmbf. de/de/das - berufsbildungsgesetz - bbig - 2617. html.

[188] Bundesministerium für Bildung und Forschung (BMBF). Daten und Fakten zum deutschen Forschungs - und Innovationssystem: Datenband Bundesbericht Forschung und Innovation 2020 [R]. Bonn: Bundesministerium für Bildung und Forschung (BMBF), 2020.

[189] Kultusministerkonferenz (KMK). Ländervereinbarung über die gemeinsame Grundstruktur des Schulwesens und die gesamtstaatliche Verantwortung der Länder in zentralen bildungspolitischen Fragen (Beschluss der Kultusministerkonferenz vom 15. 10. 2020) [Z/OL]. [2020 - 12 - 31]. https://www.kmk.org/fileadmin/Dateien/veroeffentlichungen_beschluesse/2020/2020 - 10 - 15 - Laendervereinbarung.pdf.

[190] Hochschulrektorenkonferenz. Pressemitteilungen [EB/OL]. [2019 - 06 - 01]. https://www.hrk.de/presse/pressemitteilungen/.

[191] wbmonitor. Ergebnisse der Umfrage》wbmonitor 2019: Digitalisierung《 [EB/OL]. [2020 - 12 - 31]. https://wbmonitor.bibb.de/index.php? cmd = usrInquiryResults&inq_id=111.

[192] Kultusministerkonferenz (KMK). Studienplatzvergabe im Zentralen Vergabeverfahren: Kultusministerkonferenz verabschiedet Entwurf des Staatsvertrags über die Hochschulzulassung [EB/OL]. [2020 - 12 - 31]. https://www.kmk.org/aktuelles/artikelansicht/studienplatzvergabe - im - zentralen - vergabeverfahren - kultusministerkonferenz - verabschiedet - entwurf - des.html.

[193] Wbmonitor. Ergebnisse der Umfrage wbmonitor 2019: Digitalisierung [EB/OL]. [2020 - 12 - 31]. https://wbmonitor.bibb.de/index.php? cmd=usrInquiryResults&inq_id=111.

[194] Presseportal.de. Deutscher Volkshochschul - Verband: Volkshochschulen geben sechs Millionen Deutsch - Stunden [EB/OL]. [2020 - 12 - 31]. https://www.presseportal.de/pm/120024/3806602.

[195] Bundesministerium für Bildung und Forschung. Weiterbildungsverhalten in Deutschland 2018: Ergebnisse des Adult Education Survey - AES - Trendbericht[R]. Bonn: Bundesministerium für Bildung und Forschung (BMBF), 2019.

[196] Bundesministerium für Bildung und Forschung. Duale Ausbildung sichtbar gemacht [EB/OL]. [2020 - 11 - 30]. http://www.worldskillsleipzig2013.com/download/downloads/edu/BMBF_Duale_Ausbildung.pdf.

[197] Institut für Bildungsforschung der Wirtschaft. Duale Berufsbildung in Deutschland, Liechtenstein, Österreich und der Schweiz: vergleichender Expertenbereicht, Gesamtbericht [R]. Wien: ibw - Institut für Bildungsforschung der Wirtschaf, 2016.

[198] Schultheis K, Sell S. Die drei Sektoren der beruflichen Bildung - Duales System [EB/OL]. [2020 - 11 - 30]. https://www.bpb.de/politik/innenpolitik/arbeitsmarktpolitik/187850/duales - system.

[199] Bundesministerium für Bildung und Forschung. Digitalisierung in der Weiterbildung: Ergebnisse einer Zusatzstudie zum Adult Education Survey 2018 [R]. Bonn: Bundesministerium für Bildung und Forschung, 2020.

[200] Fernstudi. net. 2. Bildungsweg: Alle Abendschulen und Kollegs in Deutschland [EB/OL]. [2020 - 11 - 30]. https://www. fernstudi. net/abendschulen.

[201] Martin A et al. Das Personal in der Weiterbildung. Arbeits - und Beschäftigungsbedingungen, Qualifikationen, Einstellungen zu Arbeit und Beruf [M]. Bielefeld: W. Bertelsmann Verlag GmbH & Co. KG., 2016.

[202] Max - Planck - Gesellschaft. Kriegsende und Übergang. Max Planck als Interimspräsident der KWG [EB/OL]. [2020 - 11 - 30]. https://www. mpg. de/953476/3_event1 - 1945.

[203] Bundesverband Deutscher Stiftungen. Liste der größten gemeinwohlorientierten Stiftungen [EB/OL]. [2020 - 11 - 30]. https://www. stiftungen. org/de/stiftungen/zahlen - und - daten/liste - der - groessten - stiftungen. html.

[204] Bundesverband Deutscher Stiftungen. TOP 50 Stiftungsdichte in Großstädten 2018 [EB/OL]. [2020 - 11 - 30]. https://www. stiftungen. org/fileadmin/stiftungen_org/Stiftungen/Zahlen - Daten/2019/TOP50 - Stiftungsdichte - 2018. pdf.

[205] Statistisches Bundesamt. Bildung und Kultur: Personal an Hochschulen - Vorläufige Ergebnisse - 1. Dezember 2018 [R]. Wiesbaden: Statistisches Bundesamt (Destatis), 2019.

[206] Stiftungsindex - Gemeinnützige Deutsche Stiftungen. Stiftungen in Deutschland [EB/OL]. [2020 - 11 - 30]. https://www. stiftungsindex. de/deutschland/.

[207] Bundesministerium für Bildung und Forschung. Max - Planck - Gesellschaft [EB/OL]. [2020 - 11 - 30]. https://www. bmbf. de/de/max - planck - gesellschaft - 834. html.

[208] Kristina Reiss, Mirjam Weis, Eckhard Klieme, Olaf Köller. PISA 2018: Grundbildung im internationalen Vergleich [M]. Münster: Waxmann Verlag GmbH, 2019.

[209] OECD, Bundesministerium für Bildung und Forschung. Bildung auf einen Blick [EB/OL]. [2021 - 01 - 30]. https://www. oecd - ilibrary. org/docserver/6001821nw. pdf? expires=1599576532&id=id&accname=guest&checksum=CF71BF5C2CC58DF538A59E7E90339A9E.

[210] Das Deutschland - Portal deutschland. de. Exzellente Universitäten [EB/OL]. [2021 - 01 - 30]. https://www. deutschland. de/de/topic/wissen/das - sind - deutschlands - exzellenzuniversitaeten.

[211] Schönherr - Mann, H. - M. Gottfried Wilhelm Leibniz: Philosoph, Naturwissenschaftler und Heiratsvermittler [Z/OL]. [2021 - 01 - 30]. https://www. deutschlandfunk. de/gottfried - wilhelm - leibniz - philosoph - naturwissenschaftler. 700.

de. html? dram:article_id=371262.

[212] Dietmar Hopp Stiftung GmbH. Förderrichtlinien [EB/OL]. [2021 - 01 - 30]. https://dietmar- hopp - stiftung. de/die - stiftung/foerderrichtlinien.

[213] VolkswagenStiftung. Jahresbericht 2018:Die Stiftung setzt Impulse [Z/OL]. [2021 - 01 - 30]. https://www. volkswagenstiftung. de/sites/default/files/downloads/VolkswagenStiftung_Jahresbericht_2018. pdf.

[214] VolkswagenStiftung. Satzung der VolkswagenStiftung [EB/OL]. [2021 - 01 - 30]. https://www. volkswagenstiftung. de/sites/default/files/downloads/Satzung%20der%20VolkswagenStiftung. pdf.

[215] Bundesministerium für Bildung und Forschung. Die Helmholtz - Gemeinschaft [EB/OL]. [2021 - 01 - 30]. https://www. bmbf. de/de/die - helmholtz - gemeinschaft - 828. html.

[216] Carl Zeiss Stiftung. Statut der Carl Zeiss Stiftung [EB/OL]. [2021 - 01 - 30]. https://www. carl- zeiss - stiftung. de/d/corporate/6a01faeb - f50a - 42ca - bade - bfa88847dc9f/20180925133303/carl - zeiss - stiftung - stiftungsstatut - der - carl - zeiss - stiftung - german - 24092018. pdf.

[217] Deutscher Akademischer Austauschdienst. Jahresbericht 2019 [Z]. Bonn:Deutscher Akademischer Austauschdienst, 2020.

[218] Körber - Stiftung. Der Stifter [Z/OL]. [2021 - 01 - 30]. https://www. koerber - stiftung. de/ueber - uns/der - stifter.

[219] Hermann von Helmholtz - Gemeinschaft. Der Universalgelehrte mit Sinn für die Praxis:Unser Namensgeber: Hermann von Helmholtz [Z/OL]. [2021 - 01 - 30]. https://www. helmholtz. de/ueber_uns/die_gemeinschaft/geschichte/hermann_von_helmholtz/.

[220] Bundesministerium für Bildung und Forschung. Wissenschafts - und Hochschulforschung [EB/OL]. [2021 - 01 - 30]. https://www. bmbf. de/de/wissenschafts - und - hochschulforschung - 3666. html.

[221] Eichstäd H, Fußmann M, Leiste M. Bildungsausgaben:Budget für Bildung, Forschung und Wissenschaft 2017/2018 [R]. Wiesbaden: Statistisches Bundesamt (Destatis), 2021.

[222] European Commission. Deutschland:Finanzierung der Hochschulbildung [EB/OL]. [2020 - 11 - 30]. https://eacea. ec. europa. eu/national - policies/eurydice/content/higher - education - funding - 31_de.

[223] Deutsche Akademie der Naturforscher Leopoldina - Nationale Akademie der Wissenschaften. „Niemals müßig" - Die Gründung der Leopoldina [EB/OL]. [2020 - 11 - 31]. https://www. leopoldina. org/ueber - uns/ueber - die - leopoldina/akademiegeschichte/geschichte - der - leopoldina/.

[224] Westdeutscher Rundfunk. Schulgeschichte [EB/OL]. [2020 - 11 - 30]. https://www.planet - wissen.de/gesellschaft/lernen/schulgeschichte/index.html.

[225] Deutsche Akademie der Naturforscher Leopoldina - Nationale Akademie der Wissenschaften. „Niemals müßig"- Die Gründung der Leopoldina [EB/OL]. [2020 - 11 - 31]. https://www.leopoldina.org/ueber - uns/ueber - die - leopoldina/akademiegeschichte/geschichte - der - leopoldina/.

[226] Bundesministerium für Bildung und Forschung & Gemeinsame Wissenschaftskonferenz. Aufstieg durch Bildung - Die Qualifizierungsinitiative für Deutschland: Bericht zur Umsetzung 2015. [Z]. Bonn: Bundesministerium für Bildung und Forschung (BMBF), 2015.

[227] Statistisches Bundesamt. Gesamtkatalog 2020 [R]. Wiesbaden: Statistisches Bundesamt (Destatis), 2020.

[228] Klaus Resch Verlag KG. Duales Studium: Doppelt lernen. Doppelt leben [Z]. Groß enkneten: Klaus Resch Verlag KG, 2020.

[229] Uhly, A. Erläuterungen zum Datensystem AuszubildendeAuszubildenden - Daten, Berufsmerkmale, Berechnungen des BIBB [R]. Bonn: Bundesinstitut für Berufsbildung, 2020.

[230] Bundesinstitut für Berufsbildung. Datenreport. [DB/OL]. [2020 - 11 - 30]. https://www.bibb.de/datenreport/de/2019/101311.php.

[231] Bundesministerium für Bildung und Forschung. Berufsbildungsbericht 2018 [R]. Bonn: Bundesministerium für Bildung und Forschung, 2018.

[232] Statistisches Bundesamt. 2019 voraussichtlich geringstes Bevölkerungswachstum seit 2012, Pressemitteilung Nr. 022 vom 17. Januar 2020 [EB/OL]. [2020 - 01 - 31]. https://www.destatis.de/DE/Presse/Pressemitteilungen/2020/01/PD20_022_12411.html.

[233] Bundesinstitut für Berufsbildung. AusbildungPlus: Duales Studium in Zahlen - Sonderauswertung im Handwerk [R/OL]. [2020 - 01 - 31]. https://www.bibb.de/veroeffentlichungen/de/publication/show/8604.

[234] Kultusministerkonferenz. Sonderpädagogische Förderung in Schulen 2007 bis 2016 [R/OL]. [2020 - 11 - 30]. https://www.kmk.org/fileadmin/Dateien/pdf/Statistik/Dokumentationen/Dok_214_SoPaeFoe_2016.pdf.

[235] Bundesministerium für Bildung und Forschung. Neue KMK - Statistik für Ganztagsschulen 2017/2018 [EB/OL]. [2020 - 01 - 31]. https://www.ganztagsschulen.org/de/32176.php.

[236] Grimm R. Geschichte der Berufsschulen in Deutschland [Z/OL]. [2020 - 01 - 31]. https://www.baustoffwissen.de/kategorie - ausbildung/azubi - ratgeber/hintergrundwissen/geschichte - der - berufsschulen - in - deutschland/.

[237] Trifonov A. Das duale System der Berufsausbildung und seine Vorläufer - Eine historisch - systematische Analyse der Entwicklung in Deutschland von 1869 bis 1945 [M]. München: GRIN Verlag, 2010.

[238] Bundesministerium für Familie, Senioren, Frauen und Jugend. Kindertagesbetreuung Kompakt: Ausbaustand und Bedarf 2019 [Z/OL]. [2020 - 01 - 31]. https://www.fruehe - chancen. de/fileadmin/PDF/Fruehe_ Chancen/Betreuungszahlen/Kindertagesbetreuung_Kompakt_2019_Ausbaustand_und_Bedarf_Ausgabe_5a_bf. pdf.

[239] Bundesinstitut für Berufs Bildung. Geschichte der Berufsbildung, Berufsbildung in Wissenschaft und Praxis [A/OL]. [2020 - 01 - 31]. https://www. bwp - zeitschrift. de/de/bwp. php/de/bwp/show/7065.

[240] Bundesministerium für Bildung und Forschung. Die Akademien der Wissenschaften. [Z/OL]. [2020 - 01 - 31]. https://www. bmbf. de/de/die - akademien - der - wissenschaften - akademienprogramm - 418. html.

[241] Travelbook. Die 5 ältesten Universitäten Deutschlands [EB/OL]. [2020 - 01 - 31]. https://www. travelbook. de/orte/die - 5 - aeltesten - universitaeten - deutschlands.

[242] Bundesministerium der Justiz und für Verbraucherschutz & das Bundesamt für Justiz. Hochschulrahmengesetz [Z/OL]. [2020 - 01 - 31]. https://www. gesetze - im - internet. de/hrg/.

[243] Deutsche Forschungsgemeinschaft. Exzellenzstrategie des Bundes und der Länder [EB/OL]. [2020 - 11 - 31]. https://www. dfg. de/foerderung/exzellenzstrategie/index. html.

[244] Bundesministerium für Bildung und Forschung. Das BAföG: Informationen für Schülerinnen und Schüle [Z]. Bonn: Bundesministerium für Bildung und Forschung, 2020.

[245] Mitteldeutscher Rundfunk. Bildung in der DDR: Lernen an der Polytechnischen Oberschule [EB/OL]. [2020 - 01 - 31]. https://www. mdr. de/zeitreise/stoebern/damals/pos - lernen- in - der - ddr - 100. html.

[246] Max - Planck - Gesellschaft zur Förderung der Wissenschaften e. V (2019). Jahresbericht 2018. [Z/OL]. [2020 - 01 - 31]. https://www. mpg. de/13594246/jahresbericht - 2018. pdf.

[247] Zöller M, Bundesinstitut für Berufsbildung. (Vollzeit -)Schulische Ausbildungsgänge mit einem beruflichen Abschluss gemäß und außerhalb BBiG/HwO - Vertiefende Analysen der Entwicklungen in Deutschland [EB/OL]. [2020 - 11 - 31]. https://www. bibb. de/veroeffentlichungen/de/publication/show/7661.

[248] Hessisches Kultusministerium. Landesabitur [EB/OL]. [2020 - 11 - 31]. https://kultusministerium. hessen. de/schulsystem/schulformen/gymnasium/landesabitur.

[249] OECD, Bundesministerium für Bildung und Forschung. Bildung auf einen Blick

2019:OECD - Indikatoren [Z/OL]. [2020 - 11 - 31]. https://www.bmbf.de/files/6001821mw.pdf.

[250] Fraunhofer - Gesellschaft. Jahresbericht 2019: Mission Zukunft: Forschen Für Nachhaltige Wertschöpfung [Z/OL]. [2020 - 11 - 31]. https://www.fraunhofer.de/content/dam/zv/de/publikationen/Jahresbericht/jb2019/Fraunhofer - Jahresbericht - 2019.pdf.

[251] Bundesverband Deutscher Stiftungen. „Schweriner Erklärung" des Arbeitskreises Kunst und Kultur des Bundesverbandes Deutscher Stiftungen 20./21. Januar 2014 [EB/OL]. [2020 - 11 - 31]. http://www.sudermannstiftung.de/wp - content/uploads/2014/01/AK_Kunst_und_Kultur_Schweriner_Erklaerung_Februar2014.pdf.

[252] Bundesverband Deutscher Stiftungen. Statistiken zum deutschen Stiftungswesen Bildungsberichterstattung [EB/OL]. [2020 - 11 - 31]. https://www.stiftungen.org/stiftungen/zahlen - und - daten/statistiken.html.

[253] Bundesverband Deutscher Stiftungen. Schweriner Erklärung des Arbeitskreises Kunst und Kultur des Bundesverbandes Deutscher Stiftungen 20./21. Januar 2014 [EB/OL]. [2020 - 11 - 31]. http://www.sudermannstiftung.de/wp - content/uploads/2014/01/AK_Kunst_und_Kultur_Schweriner_Erklaerung_Februar2014.pdf.

[254] Bundesverband Deutscher Stiftungen. Stifterinnen und Stifter in Deutschland: Engagement - Motive - Ansichten [Z/OL]. [2020 - 11 - 31]. https://shop.stiftungen.org/media/mconnect_uploadfiles/s/t/stifterstudie_rgb_final.pdf.

[255] Kultusministerkonferenz. Vereinbarung über die Schularten und Bildungsgänge im Sekundarbereich I. (Beschluss der Kultusminister Konferenz vom 03.12.1993 Ld. F. vom 02.06.2006) [Z/OL]. [2020 - 11 - 31]. https://www.kmk.org/fileadmin/pdf/PresseUndAktuelles/Beschluesse_Veroeffentlichungen/allg_Schulwesen/Schulart_Bildungsg_Sek1.pdf.

[256] Studienstiftung des deutschen Volkes e. V. Jahresbericht 2018[Z/OL]. [2020 - 11 - 31]. https://www.studienstiftung.de/pool/sdv/public/documents/SERVICE/Publikationen/Jahresbericht/studienstiftung_jahresbericht_2018.pdf.

[257] Statistisches Bundesamt. Bildung, Forschung und Kultur, Anzahl der Studierenden in Deutschland - Insgesamt [EB/OL]. [2020 - 01 - 31]. https://www.destatis.de/DE/Themen/Gesellschaft - Umwelt/Bildung - Forschung - Kultur/_inhalt.html.

[258] Statistisches Bundesamt. Zahl der Studierenden erreicht im Wintersemester 2019/2020 neuen Höchststand, Pressemitteilungen am 27. November 2019 [EB/OL]. [2020 - 01 - 31]. https://www.destatis.de/DE/Themen/Gesellschaft - Umwelt/Bildung - Forschung - Kultur/Hochschulen/_inhalt.html.

[259] Reichart E, Huntemann H, Lux T. Volkshochschul - Statistik 57. Folge, Berichtsjahr 2018 [Z/OL]. [2020 - 11 - 31]. https://www.die - bonn.de/doks/2019 - volkshochschule - 01.pdf.